Ani Patchèn

Ani Patchèn vit aujourd'hui à Dharamsala en Inde auprès du Dalaï-Lama et de son gouvernement en exil. Elle consacre tout son temps à la pratique spirituelle et poursuit son engagement en faveur de la liberté et de l'indépendance du Tibet. Ce livre présente son autobiographie.

Adelaide Donnelley

Adelaide Donnelley fut psychologue et photographe avant de devenir écrivain.

ANI PATCHEN

Ani Patchen vit aujourd'hui à Dharamsala en Inde auprès du Dalaï-Lama et de son gouvernement en exil. Elle consacre tout son temps à la pratique spirituelle et poursuit son engagement en faveur de la liberté et de l'indépendance du Tibet. Ce livre présente son autobiographie.

ADELAIDE DONNELLEY

Adelaide Donnelley fut psychologue et photographe avant de devenir écrivain.

ET QUE RIEN NE TE FASSE PEUR...

ANI PATCHÈN
ADELAIDE DONNELLEY

ET QUE RIEN NE TE FASSE PEUR...

Le combat d'une princesse tibétaine

Préface de Sa Sainteté le Dalaï-Lama

Avant-propos de Richard Gere

Traduit et adapté de l'anglais par Carisse Busquet

NiL éditions

Titre original
Sorrow Mountain

(Édition originale : Kodansha America, Inc., New York)

Remerciements de la traductrice

Je tiens à remercier Matthieu Ricard, qui a suggéré cette traduction, et mon mari, Gérard Busquet, qui l'a plusieurs fois relue.

ISBN 2-266-11878-1

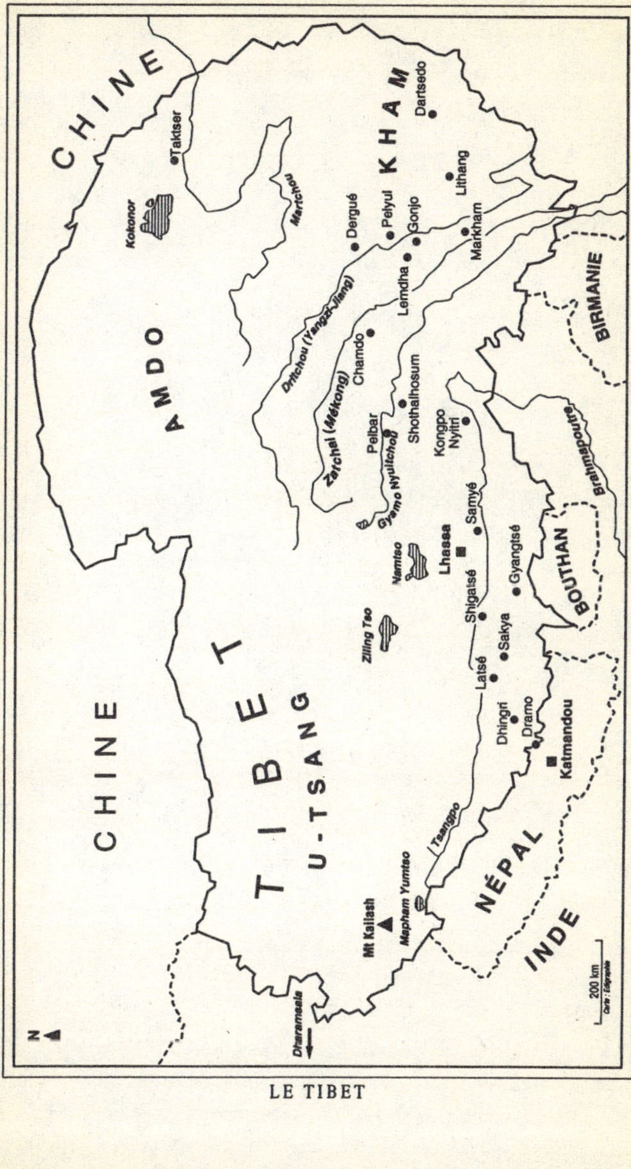
CHINE
CHINE
AMDO
KHAM
TIBET
U-TSANG
Kokonor
Taktser
Martchou
Dergué
Pelyul
Gonjo
Dartsedo
Lithang
Markham
Lemdha
Dritchou (Yangzi-Jiang)
Chamdo
Zatchel (Mékong)
Pelbar
Shothalhosum
Gyamo Nyultchou
Kongpo Nyitri
Samyé
Lhassa
Namtso
Gyangtsé
Shigatsé
Ziling Tso
Sakya
Latsé
Dhingri
Dramo
Katmandou
Tsangpo
Mapham Yumtso
Mt Kailash
Dharamsala
Brahmapoutre
BIRMANIE
BOUTHAN
NÉPAL
INDE
N
200 km

LE TIBET

Préface

Tout a changé lorsque les communistes chinois ont pris le Tibet. Notre mode de vie traditionnel pacifique a été bouleversé. Rien n'a été épargné. Non seulement le peuple tibétain a été martyrisé au-delà de ce qu'on peut imaginer, mais les animaux sauvages, la terre, les arbres, les lacs et les fleuves eux-mêmes ont souffert. Si nombre de Tibétains s'accordent à dire aujourd'hui que le Tibet devait se transformer et se développer, on comprend mal comment les Chinois escomptaient mener cette tâche à bien en s'y prenant d'une façon si cruelle et si brutale.

En relatant les événements de sa vie, Ani Patchèn raconte une histoire malheureusement caractéristique du Tibet en cette seconde moitié du XXe siècle. Les dernières années de liberté de ce pays appartenaient à un mode de vie simple et heureux. La compassion, l'interdépendance liées à la conscience que rien ne perdure, enseignements bouddhistes par excellence, guidaient la famille d'Ani Patchèn, comme tant d'autres. Son père, un chef khampa, était respecté davantage pour son sens de la justice et des responsabilités que pour sa position sociale. Si l'on compare ces jours heureux avec ce qui allait survenir, on peut dire que nous, Tibétains, vivions dans l'opulence.

Ainsi que le montre ce récit, les habitants du Kham et du Tibet oriental ont subi les premiers le choc de la brutalité des Chinois qui ne cessa de s'intensifier. Une puissance écrasante et impitoyable accabla ces hommes fiers et forts. Leur lutte pour défendre leur pays, sa religion et sa culture connut des revers cinglants. La souffrance et le deuil n'ont épargné aucune famille.

Ani Patchèn elle-même, comme de nombreux Tibétains qui ont vécu cette période, a été emprisonnée pendant plus de vingt ans dans des conditions d'une indescriptible dureté. Parce qu'elle refusa de se plier à la volonté des Chinois. Rares sont les pays où les criminels sont soumis à de semblables traitements.

Ce qui touche dans cette histoire tellement triste et émouvante, c'est le patriotisme inébranlable d'Ani Patchèn, le souci constant de ses compatriotes et le désir, profondément ancré en elle, de se retirer dans la solitude afin de poursuivre sa vie spirituelle. Le ressort et la force d'âme qu'elle incarne me permettent d'espérer que la vérité et la légitimité de notre cause finiront par triompher.

S.S. le Dalaï-Lama

Avant-propos

Cela fait maintenant un demi-siècle que les Chinois ont envahi et violé le Tibet, quarante ans que Sa Sainteté le Dalaï-Lama s'est réfugié en exil, dix ans qu'il a reçu le prix Nobel de la paix. Et la tragédie des Tibétains continue.

En bien des points semblables à ceux de l'Holocauste juif, ces récits tibétains où il est question de cruauté aveugle, de traîtrise, de perte mais aussi d'une tendresse sereine abondent. Il faut qu'ils soient entendus.

Selon un vieux proverbe, Dieu aurait créé l'homme parce qu'Il aime les histoires. Voici l'une des plus extraordinaires qui soient : le récit authentique d'une princesse exceptionnelle qui vivait dans une région reculée du Tibet et dont le bonheur fut un jour brutalement détruit. Cette jeune fille fut plongée dans l'obscurité durant des décennies et ne survécut qu'en se remémorant les paroles de ses maîtres chers affirmant qu'elle était en vérité un être de lumière, que sa nature était à jamais clarté et radiance.

Ce récit tout à la fois beau, troublant et profondément émouvant est empreint parfois d'une dimension d'irréalité, qui ne lui est malheureusement pas propre en cette période troublée de l'histoire tibétaine. La longue occupation chinoise du Tibet — qui se prolonge aujourd'hui encore — reste une source intarissable de tragédies et de luttes pour survivre.

Dharamsala est une petite station climatique du nord de l'Inde, à une nuit de train de New Delhi en allant vers l'Himalaya, non loin de la frontière tibétaine, située plus au nord. Depuis 1959, elle est le siège du gouvernement en exil de Sa Sainteté le Dalaï-Lama, son lieu de résidence ainsi que celui d'environ quinze mille Tibétains et d'une poignée d'Occidentaux dont le nombre ne cesse de croître. Elle forme le cœur de la cause tibétaine, le centre de toutes les activités culturelles, religieuses et politiques des Tibétains.

Tout se passe à Dharamsala car c'est là que vit le Dalaï-Lama : le centre de l'univers des Tibétains. L'axe du monde. Le mont Mérou. Le soleil.

Il y a quelques années, lors d'une pause pendant les enseignements que donnait Sa Sainteté, je me suis trouvé nez à nez avec un vieil ami tibétain que je n'avais pas rencontré depuis un certain temps. Il dirigeait alors l'*Amnyé Matchèn*, une publication littéraire qui offrait un nouvel espace de création aux penseurs, écrivains et poètes tibétains. Nous avons parlé de leurs projets avec enthousiasme et je lui ai demandé pourquoi aucune œuvre littéraire n'avait encore été écrite sur l'holocauste tibétain. Il existe des ouvrages philosophiques, religieux et visionnaires sur ce thème, mais fort peu de récits et aucun roman. Pourquoi les écrivains tibétains ne racontaient-ils pas cette page de leur histoire à leurs compatriotes — et au reste du monde — dans une œuvre littéraire ? Nous sommes finalement convenus qu'un ouvrage de ce genre aiderait considérablement la cause tibétaine.

Mon ami me parla d'Ani Patchèn. Cette nonne pouvait constituer le sujet d'un tel ouvrage. Princesse du Kham devenue l'un des chefs de la résistance contre les Chinois, elle avait été capturée, puis emprisonnée et torturée pendant vingt et un ans. Libérée, elle avait réussi à rejoindre l'Inde, avait prononcé les vœux de nonne bouddhiste et résidait par chance dans un couvent près de Dharamsala.

Intrigué, je franchis la porte d'entrée qui séparait le bâtiment des rues commerçantes et animées de McLeod Ganj. On me conduisit dans la petite pièce où elle vivait. Elle m'accueillit sur le seuil avec le large sourire d'un grand méditant et le regard de défi de quelqu'un qui a survécu à une vie extrêmement dure, battue mais jamais vaincue. Une femme hors du commun. Je l'ai aimée dès le premier instant. Elle est à l'origine de ce livre.

J'ai jugé nécessaire la participation d'un écrivain occidental. Une chance extraordinaire nous a conduits à Daidie Donnelley, qui répondit avec enthousiasme à notre projet. Elle ne tarda pas à devenir l'amie et la confidente d'Ani-la. Daidie a couché par écrit l'histoire d'Ani Patchèn avec une simplicité émouvante. Sa puissance émotionnelle et poétique, tout comme la personnalité même d'Ani-la, s'empare lentement du lecteur.

Que ce livre puisse dissiper les ténèbres de la nuit la plus noire de l'histoire du Tibet et être bénéfique à tous les êtres où qu'ils vivent ! Que le cœur de nos frères et sœurs chinois s'ouvrent et qu'ils retrouvent rapidement la raison.

Richard Gere,
juillet 1999.

À l'époque lointaine du roi Gésar, le Tibet était la demeure des dieux. Mais au cours du règne du cinquième Dalaï-Lama, la contrée qui s'étend de l'ouest, célèbre pour ses muscadiers, jusqu'à l'est, renommé pour ses brocarts, fut placée sous l'administration du gouvernement tibétain. Depuis ce temps, une succession d'administrateurs de district, laïcs et moines, gouvernèrent ce territoire selon les principes bouddhistes de compassion et de justice.

À cette époque, l'usage voulait que des chefs veillent au bien des communautés de leur région. C'étaient des hommes vertueux, honnêtes et érudits. Connaissant parfaitement les affaires de leurs administrés, sachant vaincre avec courage leurs ennemis, ils avaient pour tâche d'accroître la richesse de leur peuple et de le protéger. Ils gouvernaient selon les préceptes du Bouddha, veillant sur leurs sujets avec affection. Sous leur égide, le pays prospérait et le bonheur régnait.

Au fil des ans, le Tibet fut divisé en trois provinces : à l'ouest U-Tsang, province de la religion ;

au nord, l'Amdo, province des splendides chevaux ; à l'est, le Kham, province des peuples aux têtes noires.

Au Kham, les villages du district de Gonjo se développèrent sur les rives de deux fleuves : le Martchou qui descend du sud vers l'ouest, et le Retchou qui coule d'ouest en est. Dans les bassins creusés par ces deux cours d'eau, des campements de nomades s'établirent sur les hautes terres et des agriculteurs occupèrent les vallées.

Peu à peu, des ermitages et des monastères furent édifiés au pied des montagnes avoisinantes, en des lieux solitaires et silencieux. Ils étaient source de vie. Et comme la lune est liée à l'océan, ceux qui étaient liés par le karma et la prière vivaient en harmonie.

Prologue

Un jour, un seul jour par an, la lumière du soleil levant frappe le sommet du monastère de mon enfance de telle sorte que l'espace d'un instant il semble illuminé de l'intérieur. Les extrémités des stoupas coniques s'embrasent comme autant de torches dans le ciel. En ces rares moments, le monastère rayonne d'une telle lumière que tout s'arrête pour lui rendre hommage : les vents de la vallée faiblissent, les oiseaux cessent de chanter et les familles travaillant aux champs se taisent. Cette iridescence ne dure que le temps d'un battement de paupières. Mais cette lumière si pure, si étincelante ne m'a jamais quittée pendant toutes ces années.

Je m'appelle Lemdha Patchèn, cheffesse de Lemdha dans le district de Gonjo. Je suis née en 1933, l'année de l'Oiseau d'eau femelle. Depuis cette date, j'ai vécu de nombreuses vies. Existences de privilèges et de bonheur, de douleur et de perte. Mes maîtres m'ont enseigné qu'en ce monde rien n'est permanent. J'ai vu leurs enseignements se vérifier. Mon pays, le Toit du Monde, était jadis un lieu où vivaient les plus éminents esprits. Ses vastes espaces s'étendaient aussi loin que portait le regard. D'immenses pâturages, vertes couvertures, tapissaient le fond des vallées. Le blé, l'orge et la moutarde poussaient en abondance.

Aujourd'hui, les forêts ont été abattues, les animaux tués et les enseignements éparpillés aux quatre vents. Je vivais autrefois dans une maison de quatre étages ; aujourd'hui ma chambre a la taille d'un mouchoir de poche. Certains jours, les longues années que j'ai passées en prison me donnent mal à l'estomac au point de m'obliger à rester allongée sur mon lit dans l'obscurité. Je tiens mon chapelet serré dans ma main et je récite les textes sacrés comme je le faisais alors.

La nuit, quand le vent souffle au-dessus des collines environnantes, je crois entendre la voix de ma mère. Dans le calme qui s'ensuit, cette voix s'estompe, mais j'y réponds comme si elle résonnait encore : « Ça va, ne t'en fais pas. » Après vingt et un ans, je suis enfin libre. Je vis en Inde, auprès de notre maître tant aimé, Sa Sainteté le Dalaï-Lama. Mes prières ont été entendues. Je suis comblée.

1

Dharamsala

J'entends un bruit de pas sur le sol en ciment à l'extérieur de ma chambre. Quelqu'un traverse le couloir. Et se rapproche. J'aperçois une ombre derrière la porte. Om mani pémé houng [1]. *Mon estomac se serre à l'idée de ce qui va arriver. « Lemdha Patchèn », ordonne une voix. La porte s'ouvre brutalement.*

Dans la pièce familière, remplie de cordes, de baguettes de bambou et de seaux en métal, aux murs tachés de sang et au sol souillé d'urine, ils me lient les mains derrière le dos. Ils me hissent par les poignets. Une fois de plus, des flammes traversent mes épaules comme un éclair, la bile remplit ma bouche.

J'oscille sans connaissance. La pièce sombre dans l'obscurité.

1. Mantra, ou prière que les Tibétains adressent à Chenrézi, le Bouddha de la Compassion. (Toutes les notes sont de la traductrice.)

Je me réveille hors d'haleine. Quelqu'un frappe à l'extérieur de ma chambre. J'attends, l'estomac serré.

Toc-toc-toc.

Je me recroqueville contre le mur.

— Patchèn... Ani Patchèn... Tu es là ?

Je tourne la tête pour entendre.

— Ani Patchèn-la [1]...

Bénis soient les Trois Joyaux [2]. C'est Détchèn, la nonne de la chambre d'à côté. Je repose ma tête sur l'oreiller. Je me rappelle avec soulagement que je suis à Dharamsala.

— Ani-la...

La voix de Détchèn se fait pressante.

— Oui... Qu'est-ce qu'il y a ?

En me retournant je m'aperçois que ma peau colle aux draps de mon lit.

— Il arrive, Ani-la... Il arrive aujourd'hui.

— Aujourd'hui ?

— Oui.

— Loués soient les Trois Joyaux !

— Pas la peine de te lever tout de suite. Tu as le temps, murmure Détchèn.

Il arrive enfin ! Les battements de mon cœur s'accélèrent et se confondent avec le bruit de la pluie sur le toit de tôle ondulée. Je me retourne et je fixe le mur. Par endroits la peinture grisâtre s'est écaillée et a disparu, laissant apparaître le

1. *Ani* est le terme poli par lequel on s'adresse à une nonne et le suffixe *la* est un terme de respect.

2. Désigne les trois piliers du bouddhisme que sont le Bouddha, les enseignements ou *Dharma* et la communauté ou *Sangha*.

plâtre usé qui s'effrite. De petites gouttes d'humidité perlent le long d'une fissure tel le sérum d'une plaie. Je suis du regard la craquelure du plafond jusqu'à l'endroit où elle rejoint un réseau de lignes qui s'entrecroisent comme les cicatrices laissées par des tiges de bambou. Dans un coin, une forme sombre s'accroche au mur, les pattes repliées, le corps luisant. Je rabats les couvertures sur ma tête. J'essaie de rester immobile.

Il y a encore tant de choses qui sont difficiles à accepter en Inde. Les pluies s'abattent sans relâche jour après jour, mes pieds s'engluent dans la boue épaisse, l'air chaud me laisse hors d'haleine et les araignées... Je me recroqueville à la pensée de la créature qui se promène au-dessus de ma tête.

Maman avait peur des araignées. « Une araignée ! » criai-je un jour. Elle courut en hurlant dans toute la maison. « C'est une blague », lui dis-je en essayant de la rattraper. Je riais sans pouvoir m'arrêter, mais elle ne sortait pas de sa cachette.

Maman. Son visage se dessine lentement.

Dans un obscur recoin de mon esprit apparaît une petite tache verte. Je la vois grandir, s'illuminer, s'élargir jusqu'à ce qu'une vaste prairie s'étende à mes pieds. Cette prairie sans arbres, excepté un ou deux saules, est constellée de bouquets de fleurs. Un fleuve calme et sinueux la traverse ; sur ses rives se trouve un village. À l'autre bout de la petite bourgade s'élève une maison plus haute que les autres. Une vieille bâtisse chaulée, semblable à une forteresse. Sur le mur est, au-dessus des fentes qui faisaient autrefois office de guets, le pisé rouge apparaît par endroits, balafres d'antan, cicatrices d'un ancien assaut. Aux extrémités du toit, des drapeaux de prières se dressent telles des sentinelles spirituelles. Leur forme longue et silencieuse ondule doucement dans la brise, déroulant les prières dans le souffle du vent. En dessous, vers l'avant de la maison, un petit groupe de gens est assis dans le soleil du matin. À leurs pieds, la vapeur des pots de thé miroite dans la lumière. Sur un banc, une vieille femme prépare de la *tsampa* [1], un enfant sur les genoux.

Recroquevillée dans le doux giron de mon Anya, entre ses larges bras puissants, je regarde ses doigts noueux mêler le thé et la farine dans une petite écuelle en bois. En un geste circulaire, elle ramasse le mélange déposé sur le rebord du plat et le pétrit entre ses doigts. Elle rassemble et malaxe la chaude pâte humide, préparant ma tsampa matinale. Derrière elle, craque un feu ; dans l'air, l'odeur du lait chaud est douce.

La chambre commence à s'éclairer. Les affiches que j'ai mises pour couvrir les fissures des murs reprennent leurs couleurs. Le petit oiseau jaune sur le poster qui représente un jardin sort des branches vert sombre. Les lettres de l'affiche américaine disant « Maman, je t'aime » deviennent distinctes.

Il arrive aujourd'hui ! Je m'en souviens et je sors du lit. J'ajuste mon sous-vêtement jaune et passe autour de la taille ma jupe intérieure orange.

1. La *tsampa* est une sorte de bouillie à base d'orge. C'est le plat de base de la cuisine tibétaine.

Je m'assieds en tailleur au pied de mon lit. Mon chapelet dans une main, je récite mes prières du matin.

Hommage au Bouddha, au Dharma, à la Sangha
En lesquels je prends refuge.
Puissé-je atteindre l'Éveil pour le bien d'autrui.

Sur l'autel au-dessus de mon lit, des représentations de Sa Sainteté le Dalaï-Lama, du Bouddha et de Padmasambhava sont disposées côte à côte. Je m'incline devant chacune d'elles : « Que l'essence de vos enseignements s'exprime dans mon esprit, ma parole et mon corps. » J'élève mes mains au-dessus de ma tête, m'incline jusqu'à ce qu'elle touche le sol et me prosterne trois fois devant l'autel : « Que tous les êtres connaissent le bonheur et la joie. » Les sept bols de métal de mon autel contiennent encore l'eau d'hier. Je la vide dans un broc dont je verse le contenu sur un buisson, dehors, en bas des escaliers, tout en psalmodiant : « Sur cette base jonchée de fleurs et ointe d'encens... » Je vais remplir le broc dans une pièce sombre au bout du couloir... « ornée du mont Kailash [1], des quatre continents, du soleil et de la lune... » Puis, de retour dans la chambre, je remplis chaque bol : « ... que tous les êtres soient bénis. »

Ensuite je vaque à mes tâches matinales : prépa-

1. Le mont Kailash, situé à l'ouest du Tibet, est la montagne la plus sacrée de ce pays, haut lieu de pèlerinage pour les bouddhistes et les hindous. De nombreux bouddhistes tibétains récitent cette prière d'offrande le matin.

rer le thé, la tsampa, rouler la pâte à pain que je fais cuire dans une petite poêle sur mon vieux réchaud rouillé. Chaque jour les mêmes gestes. Prévisibles. Petits conforts après des années d'incertitude.

— Ani-la ! Les gens arrivent. Il ne va pas tarder.

— Oui.

J'ouvre la malle qui se trouve au pied de mon lit. Il s'en dégage une bouffée d'air frais, odeur de laine humide, de vieille soie, de peau de mouton, d'encens et d'argent terni. Avec une certaine tendresse, mes mains se glissent entre les vêtements de la malle. Mes seuls biens. J'en retire une blouse de soie jaune que je porte sous ma longue robe brune, ma *tchouba*, avec une pochette contenant des graines bénies que je noue par une cordelette autour de mon cou. Bien qu'il fasse chaud, j'enfile une paire de chaussettes blanches bordées de rouge. « Ce sont des chaussettes de sportif », m'a dit un jour une touriste américaine. « Qu'est-ce que ça peut faire ? Elles me tiennent chaud », lui ai-je répondu. Avant de sortir, je prends mon parapluie, au cas où il pleuvrait. Et un petit chapeau de soleil marron clair. Le miroir posé sur la table près de mon lit saisit mon reflet au moment où je passe. L'espace d'une minute, mon estomac se serre. Sur le verre jauni, je vois un paysage parcheminé. De profonds sillons, des lignes entremêlées, des taches brunes qui s'étendent, comme la terre desséchée par le soleil d'été.

« Tu es ma belle petite fille, dit mon père, en me tapotant le front. La plus belle de tout le Kham. » Ma tête contre son épaule, je souris.

Les étrangers m'apportent des photographies.

— Regardez ! N'êtes-vous pas belle ? disent-ils.

— Tout ce que je vois est un visage plein de rides.

Et pour les faire taire, je les accentue encore. « Belle ! Qu'est-ce qu'ils en savent ? » me dis-je en mon for intérieur. Je sens une chaleur monter dans ma poitrine et je saisis le rosaire passé autour de mon cou. « Afin de te protéger contre la colère, pratique la tolérance... » : les paroles de mon maître me viennent à l'esprit... : « Apprends à accepter toutes les situations, tous les gens, sans discrimination, considère-les comme exempts de pensées réductrices. » Mon esprit s'adoucit, mais la chaleur dans ma poitrine demeure, des petits coups aigus vrillent mon cœur. *Om mani pémé houng*, récité-je en moi-même. Oublier mes pensées. Surtout aujourd'hui.

Une bouffée d'air chaud me frappe dès que je quitte ma chambre. Je ferme la porte à clef. Observer ce banal objet de métal tourner dans la serrure me donne un sentiment de joie. Après tant d'années passées à Dharamsala, glisser la clef dans cette serrure fait toujours battre mon cœur. Je suis libre. Ma beauté s'est fanée, ma jeunesse s'est enfuie. Mais je suis libre.

L'agitation règne au bout de la rue. Une vache aux longues cornes court en zigzag. De part et d'autre, les vendeurs crient : « *Bago, bago ! Chelo* [1] *!* » Une grappe d'enfants suit l'animal en lui jetant des pierres, au milieu des rires et des

1. « Avance, avance, allez, va ! » en hindi.

interjections. La boue, les fruits et les légumes volent en tous sens. J'enjambe un filet d'eau créé par les pluies de la nuit dernière et marche d'un pas rapide. La rue qui mène au couvent est bordée d'éventaires de marchands hindous. Je relève ma tchouba, évitant soigneusement la boue brunâtre et les nattes décolorées où sont disposés fruits et légumes. J'aperçois mon vendeur préféré, un borgne à la voix chantante. Comme d'habitude il est assis sur ses talons, derrière une haute pyramide de fruits. Je désigne de la main un tas de pommes. Je les prends une à une en les examinant. En signe d'assentiment, il fait osciller sa tête d'avant en arrière un peu comme un serpent. Celle-ci, celle-là et encore celle-ci. Je les prends toutes. Une offrande pour le Dalaï-Lama. Je donne une pièce au vendeur. Il proteste, il veut davantage, mais je fais signe que non. Je mets les fruits dans ma tchouba et je m'en vais. La rue est pleine de marchands, de mendiants, de nonnes, de moines, d'écoliers et de touristes étrangers. Je me fraie un chemin, m'inclinant pour saluer ceux que je connais. Au bout d'une rangée de bâtiments, je débouche sur la route principale qui descend la colline.

Les gens sont déjà alignés sur les bas-côtés. Les femmes portent des tchouba aux couleurs vives et les hommes des chemises amples. Certains sont assis sur leurs talons, égrenant leur rosaire, d'autres tiennent des bâtons d'encens ou empilent des rameaux de genévriers [1] pour les faire brûler.

1. Les Tibétains font brûler des branches de genévrier pour saluer le Dalaï-Lama et les grands maîtres en signe d'accueil et de purification.

Un groupe de jeunes nonnes portant des bannières de soie jaune et des paniers de fleurs me dépasse en courant. Là où elle est pavée, la route est recouverte de grandes lettres blanches tracées à la chaux. Au-dessus flottent des drapeaux de prières que l'on a accrochés aux arbres et aux poteaux. Six cents mètres plus bas, des moines drapent de brocarts les piliers de la porte du temple principal. Ils garnissent une table ornée de vases de fleurs et de fruits. Des volutes de fumée commencent à s'échapper de grandes urnes placées de part et d'autre de l'entrée.

— Ani-la.

Je me retourne. Yéshé Dhondèn, un vieux moine, me fait signe de l'autre côté de la route.

— *Tashi Délèk* [1], Ani-la.

— *Tashi Délèk*, Yéshé Dhondèn.

Un instant, nous nous regardons intensément. Derrière ses yeux pâles, au-delà du blanc décoloré de leur pourtour, au-delà des paupières tombantes et des fines ridules de douleur, je vois un jeune homme. Libre. Fier.

Je le vois courbé sur son cheval au galop, saisissant une écharpe sur le sol et la brandissant avec fierté au-dessus de sa tête. Je le vois chevaucher à la tête d'une longue file d'hommes qu'il mène dans les collines. Je le vois pénétrer dans la grande salle du Peuple à Chamdo, à côté d'un soldat chinois qui lui enfonce un fusil entre les côtes. Et dans ses yeux, à travers le cristallin décoloré, je

1. Expression tibétaine d'adresse et de salutation qui signifie littéralement : « Que tout soit propice. »

vois son corps flasque, recroquevillé sur lui-même, gisant sur le sol.

En quelques secondes nos deux histoires, qui sont aussi celles de notre peuple, passent entre nous aussi vite que le vent à travers les arbres. Inutile de parler. Il me désigne du doigt un espace libre à côté de lui. En silence, je m'assieds sur mes talons.

« Il ne va plus tarder », murmure une femme à mes côtés. De ma main, je vérifie que l'écharpe cérémonielle et l'encens sont bien dans ma tchouba. Je m'adosse contre la colline et j'attends.

Des gens passent. Des hommes et des femmes s'arrêtent pour bavarder. Un jeune Tibétain vêtu à l'occidentale, portant une chemise blanche bien repassée, un pantalon de laine grise et des chaussures noires impeccablement cirées, marche rapidement de la porte du temple jusqu'en haut de la route, faisant signe de se ranger sur les bas-côtés. Un murmure traverse les rangs. Dans la vallée en contrebas, j'entends des coups de klaxon. L'assistance se tait, attentive. Le klaxon s'arrête et, pendant un instant, tout est silencieux. Un milan plane au-dessus de la fumée des urnes où brûlent les rameaux de genévrier. Dans le lointain, de sombres nuages se déplacent lentement au-dessus des hauts sommets. Une tempête se prépare.

En équilibre instable, j'oscille d'un pied sur l'autre. Une vieille femme traverse la route en courant. Le jeune homme vêtu à l'occidentale revient d'un pas pressé vers la porte du temple. Moines et nonnes sont rassemblés de chaque côté du seuil. Ils se tiennent debout, rajustent leurs robes monastiques tout en se parlant à voix basse.

Une épaisse fumée bleue monte des brindilles de genévrier qui se consument de chaque côté de la route. Dans la foule, un bâton d'encens allumé passe de main en main. Des centaines de fines volutes s'élèvent dans le ciel.

Tout à coup, une voiture débouche du sommet de la colline et descend lentement la route. Elle est brune, spacieuse et usagée, avec un toit arrondi. Au-dessus des rétroviseurs extérieurs, deux petits drapeaux tibétains flottent au vent. Elle avance doucement ; de part et d'autre de la chaussée, la foule s'incline. Au fur et à mesure qu'elle se rapproche de moi, les battements de mon cœur s'accélèrent, j'ai le souffle court. Lentement, centimètre par centimètre, comme si elle traversait des siècles, la voiture se dirige vers moi. Je me penche en avant pour essayer de voir. Les branches des arbres dessinent des ombres sur le pare-brise. À travers les reflets changeants, je distingue les formes de deux hommes. Celui de droite, le plus proche de moi, est légèrement penché en avant. Le reflet des nuages, des oiseaux et du ciel glisse dans ma direction, comme s'il était porté sur un trône d'or qui s'approcherait silencieusement.

Deux personnes. Une, maintenant, juste en face de moi. Un frisson parcourt mon corps. Là, devant moi, avec une expression d'indicible compassion, Sa Sainteté Gyalwa Rimpotché, Ténzin Gyatso, Océan de Sagesse, le quatorzième Dalaï-Lama, me regarde droit dans les yeux. Mon maître tant aimé ! Il lève la main en signe de salutation. En moins d'un soupir, il est passé, parti. Les moines et les nonnes postés sur le seuil du temple s'inclinent au moment où la voiture franchit l'enceinte. Une file de voitures, de Jeep et de camions se presse dans son sillage. Quelques minutes plus tard, tout est fini, comme les tempêtes venues de nulle part et aussitôt évanouies. On enlève les brocarts qui recouvraient les piliers, on emporte les fruits disposés sur la table. La foule remonte la colline. Demain, elle reviendra écouter les enseignements du Dalaï-Lama.

Je marche un moment en compagnie de Tashi Norbou, de Gonjo, et de Thinlé Tashi, de Kanzé. Eux aussi vivent à Dharamsala auprès de Sa Sainteté, comme les milliers de Tibétains qui ont fui les Chinois. Silencieux, nous faisons un bout de chemin ensemble, mais bientôt, je reste en arrière, perdue dans mes pensées. Le visage de Sa Sainteté est toujours devant moi. Quand je le vois, ma tristesse disparaît, la solitude et l'attente de longues années s'abolissent. Tel un soleil rayonnant, son visage a dissipé les ténèbres. Comme je m'en suis remise à lui pendant tout ce temps, je suis enfin libre. « Vous avez vu la tragédie du Tibet. Vous avez vécu ses souffrances. Vous devez raconter votre histoire afin que les autres sachent », m'avait-il dit un jour.

2

Sauvée de justesse

En 1950, l'année du Tigre de fer, mes parents décidèrent de me donner en mariage au fils du chef de Markham. J'avais dix-sept ans et demi. Bien que le Tibet fût encore en paix, les troupes chinoises commençaient à se masser sur la rive orientale du Yangzi Jiang. Elles ne tarderaient pas à balayer mon pays. Sous le prétexte de libérer le Tibet des « puissances impérialistes », elles détruiraient les monastères, pilleraient les maisons, brûleraient les textes sacrés et réduiraient notre peuple à la pauvreté et au désespoir. Mais à cette époque-là, en cette fin d'été, le Tibet était encore libre et j'étais perdue dans mes préoccupations.

J'étais restée toute la nuit à écouter le vent d'ouest ; il hurlait contre les volets, sifflait, ululait sous les grandes portes de bois. Il venait tous les ans à la fin de la saison quand les fleurs avaient déserté les champs. Il soufflait des jours durant. Venu des collines, il ployait les hautes herbes, faisait bouillonner le fleuve, remontait la route en rafales et traversait le village jusqu'à notre maison, à l'extrême est. Il naissait sur les cimes, à l'orée de notre pays, puis descendait vers l'est, balayant la grande plaine d'U-Tsang jusqu'à notre province du Kham. On disait que c'était le vent des changements.

Étendue à côté de moi, maman dormait profondément. De temps à autre elle soupirait, un frémissement parcourait son corps menu, comme cela arrive parfois en fin de journée. Une fois, même, elle tressaillit, tel un petit oiseau pris dans un buisson. Je me suis rapprochée d'elle et j'ai rabattu la peau de mouton sur son épaule, écartant les cheveux de son visage. Sous ses yeux, de fines ridules fuyaient comme des larmes, mais dans la pénombre, son visage avait la clarté de celui d'un enfant. Depuis qu'elle avait épousé l'un des neuf chefs du district de Gonjo, elle était écrasée par la lourdeur des tâches. Laver le linge dans le fleuve. Faire la cuisine pendant de longues heures sur le poêle à bois. Superviser les domestiques. S'occuper des invités. C'était sans fin. Toute la journée, les gens venaient chez nous afin que le chef règle leurs querelles [1]. Toute la journée, nous entendions leurs pas lourds sur les escaliers qui menaient à la salle d'audience et leurs voix furieuses parvenaient jusqu'à nous. Ils restaient souvent pour dîner. Ma mère devait parfois nourrir une cinquantaine de personnes supplémentaires. Certains affirmaient que la fortune et les serviteurs de mon père lui donnaient

1. Dans le Tibet d'avant l'occupation chinoise, les chefs de comté ou de district rendaient la justice et arbitraient les querelles qui s'élevaient sur le territoire dont ils avaient la responsabilité.

davantage de liberté, mais cela ne faisait qu'accroître son fardeau. Plus on possédait de biens, plus il fallait s'en occuper.

Incapable de dormir, j'observais le glissement des ombres du feu moribond sur les poutres de bois au-dessus de ma tête. Par moments, je croyais entendre le chuchotement des invités dans le sifflement du vent. Mais les matelas [1] recouverts de tapis le long du mur étaient vides et nos serviteurs avaient débarrassé les petites tables de bois. Libérée de ses occupants, la grande salle commençait à livrer ses bruits solitaires. Les portes grinçaient sur leurs larges gonds de métal. Des pas feutrés effleuraient le plancher de bois rugueux. Des murmures flottaient le long de la cage d'escalier noire et glissante — voix d'un autre temps.

Des générations étaient nées dans cette maison et y étaient mortes. Je sentais parfois leur présence dans les couloirs sombres entre deux pièces : un souffle frais sur mon épaule, un éclair de lumière dans une chambre sans fenêtre, une porte soudain grande ouverte, un rideau brusquement tiré. Mais il n'y avait personne. Un jour, au quatrième étage, à l'extérieur de notre chapelle [2], j'entendis la voix de ma grand-tante Kunsang qui chantait une psalmodie d'un ton grave et monocorde. Elle avait mon âge quand elle est morte, et pourtant elle avait déjà fait preuve de pouvoirs extraordinaires.

1. Au Tibet, les chaises n'existent pas. Dans les maisons aisées, on s'assied sur des matelas de coton recouverts de tapis, parfois somptueux ; dans les familles pauvres, un simple matelas dur et peu épais tient lieu de lit et de siège.

2. Les riches demeures tibétaines et certains monastères possèdent une chapelle privée au dernier étage.

On disait que les jours propices elle s'enfermait dans sa chambre et que des lettres lui apparaissaient. De grandes formes rondes ondulaient dans l'espace au-dessus d'elle. Elles emplissaient ses yeux au point qu'elle ne pouvait plus rien voir d'autre tant qu'elle ne les avait pas couchées par écrit. Je me souviens d'avoir vu plusieurs lignes ainsi écrites. Pour moi, elles n'avaient alors aucun sens. Seuls les Rimpotché, les maîtres réincarnés, pouvaient les déchiffrer, car elles composaient la langue des divinités.

En essayant de trouver le sommeil dans le lit situé dans un coin de la cuisine, je croyais les distinguer parmi les ombres dessinées sur le mur. Frissonnante, je me rapprochai de ma mère.

La fenêtre se referma avec un claquement sec. Ou était-ce un coup de fusil ? Je me retournai pour écouter. Du bout du couloir, j'entendis des pas qui venaient vers nous et résonnaient de plus en plus fort. Ils s'arrêtèrent devant la porte. Dans l'encadrement, je distinguai une forme sombre.

— Qui est-ce ? murmurai-je.

La silhouette se tint un moment immobile. Puis elle pénétra dans la pièce. Quand je la vis se diriger vers le poêle, je me recroquevillai tout contre maman. Les braises éclairèrent d'une faible lueur la forme penchée sur le feu presque éteint. Tashi ! Notre vieux et fidèle serviteur. Il se versa une tasse de thé de la grande bouilloire posée sur le poêle, puis s'éloigna en claudiquant vers la porte. Je me tournai contre le mur. Les braises du feu déclinèrent, les ombres s'estompèrent et l'inquiétude qui dominait mon attention réapparut. Toute la soirée, j'avais éprouvé une sorte de malaise, tel un bateau sur une eau calme soudainement emporté par le courant d'une cascade. Un sentiment d'épouvante m'enveloppait : à tout moment ma vie pouvait être bouleversée.

Je priai dans le calme du matin. « Gourou Rimpotché, que votre compassion et votre amour illimités guident les êtres désemparés. »

La lumière des lampes à beurre dessinait une auréole d'or autour de la statue de Padmasambhava [1]. La chapelle était silencieuse à l'exception du bruit du grand moulin à prières qui tournait. Seul mon cœur amorça son glissement silencieux dans l'espace. Au sein de ce calme, je me retrouvai.

— On est libres comme des oiseaux, comme quand on était petites, dit Lhamo en posant sa tête contre la mienne, les bras étendus devant elle.

Ce matin-là, après les prières, j'avais rencontré Lhamo au détour du fleuve et nous étions montées au-dessus de Lemdha. Nous nous étions installées tout en haut d'une colline et regardions la vallée en contrebas. Les cinquante maisons du petit bourg ressemblaient à des pierres éparpillées dans une prairie.

Nous avions déballé nos provisions et versé le lait caillé dans des bols en bois. Adossées l'une à l'autre, nous savourions son goût sucré et sa tex-

1 Padmasambhava est le grand saint qui introduisit le bouddhisme tantrique au Tibet au VIIIe siècle et fonda l'ordre des Nyingmapa ou École des Anciens, la première école philosophique du bouddhisme tibétain.

ture gluante. Le dos de Lhamo contre le mien me rassurait, comme lorsque nous étions des enfants insouciantes. Ces années-là, nous construisions des maisons de pierre au bord du fleuve et avec l'argile de ses berges nous façonnions des poupées. Nous fabriquions des perruques en poils de yak, des colliers de cailloux et même des tambours comme ceux des nonnes. L'hiver, nous patinions sur la surface gelée du fleuve ; l'été, nous campions en famille sur ses rives. Entre la fin de l'école et le début de la vie maritale, nos journées nous appartenaient. Nous reposions paisiblement l'une contre l'autre en fixant l'immensité qui s'étendait autour de nous. En bas, un petit ruban d'argent scintillait dans la lumière de midi. La journée était calme, mais il s'en dégageait une atmosphère d'attente planant comme un nuage qui s'enfle.

— Libres comme des oiseaux. Mais combien de temps cela va-t-il durer ? demanda Lhamo.

De retour chez moi, j'ouvris la grande porte de bois de la maison et descendis les quelques marches taillées dans des gros blocs de pierre menant aux étables situées au rez-de-chaussée. Parvenue dans le coin le plus obscur, à l'arrière, près de l'escalier conduisant à la cuisine, je longeai avec précaution la pièce qui abritait Lu, le demi-dieu protecteur de notre demeure. Sachant qu'il pouvait devenir dangereux si on provoquait sa colère, je me tenais à distance respectueuse. Un jour, quand j'étais plus petite, j'avais cru voir sa tête humaine et son corps de serpent nager près des rives d'un lac non loin de chez nous. Depuis, les jours propices, je prenais soin de déposer des noix et du fromage devant son petit sanctuaire.

Je gravis en courant les marches raides jusqu'au deuxième étage, puis m'arrêtai, haletante, sur le palier. Je sentis que l'on tirait le bas de ma tchouba : Dolma, mon petit terrier blanc, mordait l'ourlet de ma robe ! Je me penchai pour l'attraper. « Léopard féroce ! Tu essaies de me manger ? » lui murmurai-je en frottant mon nez contre son doux pelage blanc. J'allais ouvrir la porte lorsque j'entendis la voix de mon père. Elle avait quelque chose d'inhabituel. De sévère. J'eus soudain peur, comme au début d'une tempête, lorsque, sans prévenir, le climat change et que le paysage, étrange tout à coup, s'assombrit. « Chut ! » Je mis ma main sur le museau de Dolma et m'approchai. À travers l'épaisseur du bois, ses paroles assourdies me parvinrent.

— C'est pour son bien... (Sa voix était tranchante)... quand je ne serai plus là, elle aura besoin d'aide pour gouverner notre district de Gonjo. Rushok Pontsang propose l'un de ses trois fils en mariage. J'ai accepté son offre et fixé sa part de dot. Tout est conclu. Il ne nous reste plus qu'à préparer le *tchang* [1] et consulter la charte astrologique pour fixer la date propice. Le reste est fait.

Je collai mon oreille à la porte. J'avais peine à croire ce que je venais d'entendre.

— Avec le temps, elle reconnaîtra que c'était pour son bien, répétait-il avec une insistance particulière.

Troublée par le ton de sa voix, je serrai Dolma

1. Bière faite à partir d'orge fermentée.

dans mes bras et m'appuyai contre le chambranle de la porte. Je fermai les yeux. Je vis un large sourire se dessiner sur le visage rougeaud de mon père ; je le sentis me soulever dans ses bras et me caresser la tête. « Tu es mon unique enfant. Tu m'es très chère », disait-il en me tapotant la main.

J'entendis ma mère lui demander :

— Quand le lui annonceras-tu ?

J'ouvris les yeux. Par un interstice dans la porte, je la vis se redresser de toute sa hauteur pour croiser son regard. Mais il la dépassait de loin, écrasant son corps minuscule comme un père plutôt qu'un mari. Pourpre et mince, sa bouche s'étirait sur son visage comme une cicatrice. Ses paroles étaient coupantes.

— Ils viendront la semaine prochaine. Pas avant.

Les rainures de la porte commencèrent à s'entremêler. Je me sentis faiblir. Dolma sauta de mes bras. De mes mains, je me couvris les oreilles et descendis les escaliers en courant. Une fois dehors, je dévalai le chemin qui menait au fleuve Martchou.

Dolma me suivit.

— Va-t'en, va-t'en.

Je lui fis signe de rebrousser chemin, elle ne m'obéit pas.

Tout en courant, je m'efforçai de réfléchir, mais mon esprit s'y refusait. Je trébuchai à plusieurs reprises sur des pierres. Des larmes ruisselaient sur mon visage. Ils n'ont jamais rien fait sans me le demander et maintenant ils me traitent comme une chose que l'on peut échanger sur un coup de tête, ils m'envoient vivre avec un étranger dans une ville lointaine. Les images se pressaient dans ma tête. Des enfants accrochés aux jupes de leur mère, des femmes penchées sur leurs fourneaux, un étranger m'emportant vers son lit. « Non, non. » Je me sentais désespérée.

Lorsque j'atteignis le fleuve, je m'allongeai sur les grandes pierres chaudes près de la berge recouverte d'herbe. Et je pleurai. J'avais mal à la tête et mes pensées allaient en tous sens. Papa voulait assurer la sécurité de sa tribu, maman voulait des petits-enfants. Je ne pouvais pas les laisser tomber. Mais l'idée de perdre ma liberté me serrait le cœur au point de m'empêcher de respirer. Je me marierai pour leur faire plaisir. Je refuserai et consacrerai ma vie à la prière.

Toutes ces décisions me semblaient fausses. Dolma s'approcha. Je saisis son petit corps chaud et nous nous recroquevillâmes l'une contre l'autre. Je ne veux pas d'enfants ! Je ne veux pas nourrir une multitude de bouches ou devenir prisonnière des exigences des autres. Dolma léchait mes larmes. Sa langue douce sur mon visage ne fit que redoubler mes pleurs. Je ne sais pas combien de temps je suis restée allongée là, mais au bout d'un moment ma respiration se ralentit et mon esprit s'éclaircit. Je sus ce que je devais faire : je refuserai le mariage. Cette pensée me calma. La chaleur des pierres sur mon visage était apaisante. Dolma dans mes bras, je restai étendue à regarder le fleuve couler.

L'eau était claire. Aux endroits où dépassaient les rochers, le courant revenait en arrière et formait des tourbillons. Ces mouvements ressemblaient tantôt à l'écriture des textes sacrés, tantôt au visage des divinités. De temps à autre, aux endroits où l'eau était plus sombre et plus calme, les nageoires argentées d'un poisson apparaissaient, scintillantes, puis plongeaient à nouveau dans l'obscurité. Sur mon visage le soleil était chaud, l'air doux. Dans les champs au-delà du fleuve, j'entendais le bourdonnement des abeilles qui zigzaguaient entre les plants d'orge. Je songeai au monastère. Certains jours semblables à celui-ci, j'allais y chercher la paix. Je gravissais le sentier étroit et, après avoir franchi les murs épais et frais, je pénétrais dans un monde intemporel. Alors, dans le temple, devant les statues du Bouddha, je prenais refuge [1] et me libérais peu à peu des tensions de la vie quotidienne. Dans la pénombre, la lueur tremblotante des lampes à huile éclairait chacun des visages dorés, révélant l'expression d'une telle sagesse et d'une telle compassion que j'attendais toujours avec impatience le moment de me retrouver en leur présence. La courbe douce de leurs sourcils, leurs yeux clairs baissés, leurs lèvres pleines et rouges légèrement entrouvertes m'emplissaient de paix.

Le calme de cette salle silencieuse et la lumière changeante des lampes me rappelaient les enseignements de mon maître : « La nature de l'esprit

1. Prendre refuge est une prière par laquelle le pratiquant s'engage à vivre selon les préceptes de la voie bouddhiste. Le pratiquant la renouvelle tous les jours, voire plusieurs fois par jour. Il prend refuge dans le Bouddha qui symbolise l'Éveil ; le Dharma, ou corpus des textes sacrés, qui symbolisent la sagesse ; la Sangha, ou la communauté monastique, qui représente la compassion.

est claire lumière ; nos expériences de ce monde ne sont que des vagues à sa surface. »

Je restai près du fleuve jusqu'au soir, tour à tour en proie à des sentiments de paix et de désespoir. Les mots de la sœur de mon père, Ani Rigzin, ma tante bien-aimée, me revinrent à l'esprit : « Le mariage est souffrance. Une fois mariée, on ne peut plus revenir en arrière. Cette voie est pavée de tourments. » Ma mère avait emprunté ce chemin. Un jour, après avoir joué dans les champs, elle était rentrée chez elle et avait trouvé des gens rassemblés devant sa maison : la famille de son futur mari, prête à l'enlever. Le lendemain, sa famille escortée d'une centaine d'hommes l'avait accompagnée jusqu'à la frontière du district, ne lui laissant qu'une servante et un jeune garçon pour l'aider. Elle fut mariée le jour où elle arriva chez ses beaux-parents. Certaines de mes amies avaient violemment tenté de résister. En vain, les mariages avaient toujours lieu.

Cette nuit-là, quand je me glissai enfin dans le lit de ma mère, j'invoquai la protection du Bouddha. Incapable de dormir, j'écoutai maman finir les tâches ménagères de la journée. J'étais encore éveillée lorsqu'elle s'allongea à mes côtés. L'odeur de fumée qui se dégageait de sa peau, si familière et rassurante d'ordinaire, ne m'offrait plus aucun réconfort. Je regardai son visage. La courbe de ses lèvres à demi ouvertes ressemblait à celle d'un bébé, elle avait un petit menton pointu.

— Des yeux si grands. Ils sont faits pour regarder fixement, déclara maman pour me taquiner.

Je baissai la tête vers mon bol.

— *Ashe est une petite fille très sage. Toujours à l'écart, renchérit son amie.*

— *Laisse-la tranquille. (Ani Rigzin posa sa tasse et me prit la main.) Elle est timide.*

« Toujours à l'écart. » J'éprouvai un sentiment de solitude que je ne parvenais pas à balayer. À l'écart. Mes pensées dérivèrent. Je me souvins d'une courbe du fleuve où l'eau s'écoulait sans faire de bruit. Je m'y rendais souvent avant l'aube. Je foulais la berge marécageuse, pressant la boue entre mes orteils. Je contemplais les rais d'or du soleil sur la vallée, écoutant l'appel des colombes et les cris des aigles. J'éprouvais comme une attirance dans ces moments-là, un sentiment évanescent, une sensation trop ténue pour être exprimée. Tel un rêve en pleine nuit. Un appel.

Le vent se leva en longues rafales sifflantes et retomba comme la lointaine psalmodie des moines. « Le mariage est souffrance », semblait-il dire. Il gémissait, soupirait. « Une fois mariée, on ne peut plus revenir en arrière. » La voix d'Ani Rigzin sifflait à mes oreilles. Ani Rigzin. Sa silhouette courbée se mouvait lentement à travers les ombres, ses yeux clairs flottaient au-dessus de ma tête. « Viens, je vais t'aider, murmurait-elle. Viens », disait-elle en me faisant signe de sa main noueuse. « Oui. C'est ce qu'il faut faire. Je vais demander à Ani Rigzin », décidai-je.

Au moment où la pièce commençait à s'éclairer, maman se retourna. Croyant que j'étais toujours endormie, elle se déplaça vers le bord du lit et glissa sans bruit. J'observai sa petite silhouette voûtée se fondre dans l'obscurité et je ressentis un pincement dans mon cœur comme s'il était attaché au sien. À travers mes yeux mi-clos, je la vis enfiler sa lourde tchouba noire et nouer autour de sa taille le tablier des femmes mariées. Après avoir rapidement tressé ses cheveux, elle se dirigea vers le poêle. Elle jeta de la bouse sur les braises qui couvaient. Après quelques instants, celles-ci s'enflammèrent d'un coup. Ma mère attrapa un grand récipient en métal sur l'étagère, le remplit d'eau et le mit à chauffer. Puis elle gravit les escaliers menant à notre chapelle.

J'écoutai ses pas décroître. Une fois certaine qu'elle était sortie de la pièce, je me levai. Sous mes pieds le sol était froid et j'enfilai rapidement mes bottes. Je passai ma tchouba de brocart brun. Sur une étagère près du lit j'attrapai une peau de mouton que je remplis de thé et de tsampa. Je pris un chapeau en renard, mon rosaire et l'un de mes livres religieux. Je fixai sur ma poitrine un petit reliquaire [1]. J'attachai un couteau à ma ceinture d'argent ornée de fleurs incisées. Le jour croissait dans la pièce. Il fallait que je me dépêche.

Les vieilles planches de bois grincèrent sous mes pas et j'eus peur que maman m'entende descendre. Je passai sur la pointe des pieds près de Dolma endormie au coin du feu. Dolma ! Je voulais la prendre dans mes bras et l'emmener avec moi, mais ignorant ce qu'Ani Rigzin me conseillerait, je me raidis et poursuivis mon chemin. Sur le pas de la porte, je m'arrêtai un moment, fermai les

1. Les Tibétains portent souvent sur eux une sorte de petit reliquaire ou gao, attaché autour du cou, et qui contient les reliques de leur maître spirituel ou d'un grand saint.

yeux pour prier. « *Om mani pémé houng*. Joyau au cœur du lotus, protégez papa et maman ! » Après m'être inclinée rapidement en direction de mes parents, je franchis le seuil de la maison dans l'air vif du matin.

Au-delà de la vieille porte de bois, à l'est, s'étendait une route poussiéreuse qui traversait des champs et suivait les rives du fleuve vers le nord jusqu'à Chamdo et Dergué et, plus loin, le Yangzi Jiang. À l'ouest, la route traversait la grande plaine vers Lhassa. Jadis, c'était l'ancienne piste des caravanes qui reliait les grandes villes de Chine à la plaine indo-gangétique. Les marchands troquaient la corne et le musc contre le thé, les soies, la porcelaine et le tabac de Chine, ou l'argent et l'or de l'Inde. Mais à mon époque, ils circulaient à pied ou à cheval d'une ville à l'autre, apportant sur les marchés des céréales et de la laine, suivis par des pèlerins, qui se rendaient de monastère en monastère. Je regardai la maison. Anya devait se lever. La seconde épouse de mon père, Kunsang, aussi. Et tous les domestiques. Thouptèn s'occupait des chevaux, Tchimè allait chercher l'eau. Plus tard dans la matinée, toute la maisonnée se rendrait au monastère pour assister aux prières qui dureraient toute la journée. En prenant la piste qui menait au monastère de Khalè, je me retournai une dernière fois. Derrière la maison, les collines paraissaient noires et menaçantes. Dans la brume matinale, elles semblaient plus hautes que d'habitude, leurs saillies rocheuses se découpaient comme les cornes d'un esprit malin. Sinistre. Néfaste.

— Ani Rigzin, ils veulent me marier, criai-je en entrant précipitamment dans la chambre de ma tante.

J'éclatai en sanglots. Avalant la moitié de mes mots, je lui racontai les projets de mes parents.

Ses yeux pâles brillaient de compassion. Je posai ma tête sur ses genoux.

— Allons, allons. J'ai entendu parler de ce projet de mariage, mais je n'ai rien pu faire pour l'arrêter. Tout le monde en était malheureux mais il était inutile d'intervenir. Ton père avait donné sa parole.

Elle me regarda d'un air compréhensif. Elle avait renoncé au mariage et était devenue nonne très jeune. Étant l'unique sœur de mon père, elle connaissait bien la force de sa volonté : « Quand il a donné sa parole, c'est définitif. » Je lui faisais entièrement confiance ; je savais qu'elle avait raison. Je lui rendais de fréquentes visites au couvent. Je lui empruntais ses robes monastiques et je me joignais aux nonnes pour la prière. Mais au bout de quelques jours, mon absence pesait à mon père et il m'ordonnait de rentrer. Parfois, Ani Rigzin venait à la maison et aidait ma mère dans ses tâches domestiques. Comme une mère, elle s'asseyait à côté de moi quand je mangeais et faisait attention à ce que personne ne boive dans ma tasse. « Tu es précieuse. Personne ne doit souiller ta tasse », disait-elle. Au fil des années, un lien particulier s'était tissé entre nous. Nous nous ressemblions sur bien des points.

— Va tout de suite au monastère de Guialtsé Rimpotché. Pars au moment de la prière. Je suis trop âgée pour t'accompagner. Je reste ici, mais je prierai pour toi, me dit-elle, comme si elle voulait vraiment me soustraire aux projets de mes parents.

Comme nous nous préparions à quitter sa chambre, elle prit ma tête entre ses mains et l'approcha de la sienne jusqu'à ce que nos deux fronts se touchent [1]. Elle me mit une petite statue du Bouddha en argent dans les mains.

— Pars avec Tashi, le vieux serviteur de ton père ; il est âgé, mais il connaît bien le chemin. On peut lui faire confiance. Avec lui, tu seras en sécurité.

Des larmes coulaient de ses yeux et ruisselaient sur ses joues ridées. Trop triste pour parler, elle me serra les mains. Puis elle sortit de sa chambre et se dirigea vers la grande salle du monastère.

Quand j'arrivai à la maison, Tashi était assis dans la cuisine et se réchauffait près du feu. Lorsque je lui fis part de mon plan, il resta assis, silencieux, exposant ses doigts noueux à la chaleur. Ses yeux voilés fixaient les flammes, il semblait contempler un autre royaume. Son visage était immobile, pareil à un masque, sa peau tirée, comme celle d'un tambour. Je regardai ses longs bras minces. La veine de son poignet battait, tour à tour visible et invisible. J'observai mes propres bras, lisses et souples. Mais ils n'étaient rien d'autre que de la chair recouvrant des os, aussi impermanents que les siens. Aujourd'hui, je suis

1. Chez les Tibétains, lorsque deux personnes se rencontrent ou se quittent, elles se touchent le front, en signe d'amitié ou de profonde reconnaissance. À un niveau spirituel plus élevé, c'est le signe d'une communication d'esprit à esprit.

ici ; demain je peux me retrouver n'importe où. Tashi changea de position et se frotta le visage de ses mains.

— Ah, Ashe Patchèn, ce que vous me demandez n'est pas possible... Mon devoir est d'être fidèle à votre père Pomdha Gonor, murmura-t-il. (Il baissa la tête sur sa poitrine.) Ne me demandez pas de faire une telle chose. Il ne me le pardonnerait jamais.

Je n'étais pas habituée à ce qu'on me refuse quoi que ce soit. Sa réponse me fit l'effet d'une gifle. Je me retournai vivement en tapant du pied.

— Fais comme tu veux, mais si tu ne m'aides pas, je n'aurai pas le choix. Je me jetterai du toit.

Je me tus un moment, le temps que mes mots fassent leur effet, puis je me précipitai vers l'escalier. Tout en gravissant les marches quatre à quatre vers le sommet de la maison, j'entendais ses pas derrière moi.

— Ashe... Ashe Patchèn... appelait-il d'une voix essoufflée par l'effort.

Je m'élançai dans le couloir, accroissant la distance qui nous séparait. Sur le toit en terrasse, le soleil était bas, l'air encore frais. Je m'arrêtai pour reprendre mon souffle. Je contemplai la vallée. C'était l'automne. Au bord du fleuve, les roseaux étaient orangés comme les braises d'un feu. Dans le lointain, je vis la vapeur qui s'élevait des sources d'eaux chaudes. Je me rappelai soudain qu'à cette époque de l'année nous nous baignions moins fréquemment dans ces sources minérales. Et mon père ne me laissait pas y aller seule : en cette saison les loups commençaient à descendre des collines.

— Ashe Patchèn...

Tashi toussait, à bout de souffle derrière moi. Au moment où il franchit la dernière marche qui menait au toit, je m'approchai du bord.

— Non ! Ashe Patchèn, non, non.

Il se précipita vers moi et me prit la main de sa poigne d'oiseau.

— Je vous en prie, Ashe Patchèn... Je viens avec vous. Votre père me tuera pour avoir fait ça, mais je vous accompagnerai... ne sautez pas.

Il me tira vers lui et me pressa contre sa poitrine ; son souffle presque liquide haletait dans sa gorge. La moiteur de son corps dégageait une odeur métallique. Je ne m'étais jamais trouvée si près de lui. Il dut sentir ma gêne. Il recula et leva ses pouces desséchés en signe d'assentiment. Il avait l'air si triste. Son corps vacillait encore de l'effort qu'il avait fourni, ses pouces levés tremblaient. « Pauvre Tashi ! » me dis-je. Un instant, je songeai à renoncer à mes plans, ne serait-ce que pour alléger son malaise.

Afin de passer inaperçus, nous attendîmes la fin du jour. Nous partîmes en début de soirée. Tout était calme au monastère du village, mais je savais que les prières n'allaient pas tarder à se terminer. « Il faut nous dépêcher », pensai-je.

Tashi ouvrit lentement la grande porte de bois. Montée sur Shindrouk, mon cheval favori, je sortis. La pleine lune se levait dans le quartier est du ciel. Sa lueur éclaira notre chevauchée à travers les champs. Sur les récoltes couchées, une gelée blanche s'était formée que le miroitement de la lumière lunaire faisait scintiller comme des joyaux. À l'approche du fleuve, la mince couche de gel crissait et gémissait sous les sabots de nos chevaux. À chaque pas, je craignais qu'on ne nous entende. Mes craintes étaient injustifiées et nous atteignîmes le fleuve sans être remarqués.

Au bord de celui-ci, nous poussâmes nos chevaux dans l'eau. Ils avancèrent silencieusement à contre-courant jusqu'à l'autre rive. Là, je me retournai encore une fois pour apercevoir la maison. D'où nous étions, elle ressemblait à un rocher perché sur une colline, petite et inerte. La tristesse me pinça le cœur. Tant de souvenirs ! Avais-je raison de partir ? Je pensais à mon père et à ma mère qui assistaient à l'office du soir. Comprendront-ils ?

Maman. Elle avait toujours été très protectrice avec moi, comme si j'étais la personne la plus précieuse au monde. Même après l'enfance, elle continua à me prendre sur ses genoux et à me caresser la tête tout en me chantant des chansons de sa voix enfantine et aiguë. Elle me comblait d'affection.

Et papa. C'est avec moi qu'il se montrait le plus gentil. Jamais trop occupé pour refuser de me voir ou de m'accorder ce que je désirais. Il me soulevait dans ses bras jusqu'à ce que nos deux fronts se touchent : « Tu es ma petite cheffesse préférée, ma conseillère favorite. » Mon jeune frère mourut quand je n'avais que deux mois et sa disparition nous rapprocha. Les moments que nous passions ensemble m'étaient si chers !

Je m'éveille lentement, la douce odeur du pain en train de cuire dans le four à bois flotte au-dessus du lit. J'entends les projections d'huile et les kapsé [1] *en train de frire dans la poêle au-dessus du fourneau. L'air ne tarde pas à être saturé par l'odeur âcre du beurre de yak que l'on remue dans les grandes barattes de bois.*

Depuis plusieurs jours, maman et les serviteurs ont commencé à préparer notre voyage annuel chez les nomades. La nuit dernière, jusqu'à une heure avancée, ils ont découpé des morceaux de viande et de fromage séchés qu'ils ont disposés en couches superposées dans des boîtes rondes en fer-blanc. Et maintenant, dans la lumière qui s'éclaircit, ils se précipitent d'une étagère à l'autre dans un tournoiement de poussière, pour rassembler la tsampa et le thé, les bols en bois, les cuillers en argent et les baguettes qu'ils emballent dans de vieux coffres de voyage ayant jadis appartenu à ma grand-mère.

Quand tout est bien empaqueté, maman, papa et tante Rigzin, nos trois grands chiens jaunes, ma petite Dolma blanche et nos serviteurs se rassemblent dans la cour, derrière la maison. Après avoir chargé les caisses de bois sur le dos des yaks, nous enfourchons nos chevaux et cheminons vers les vallons. Notre procession serpente à travers les prairies, mince ruban noir qui se déplace lentement à flanc de colline, les couleurs des boîtes à provisions scintillant dans la lumière.

Au terme d'une journée de chevauchée, les tentes foncées des nomades, tissées de noirs poils de yak, apparaissent dans le lointain, s'élevant du sol comme de larges et sombres rochers. Arrivés à

1. Beignets à base de farine d'orge, d'eau, de sucre et de sel.

proximité de leurs campements, nous sommes accueillis par des sifflements [1] *et des cris. Vêtus de leurs épaisses peaux de mouton, les hommes forment un cercle autour de nous. Ils se saisissent de nos lourdes caisses et nous aident à décharger et à planter nos grandes tentes blanches. Nous apercevant depuis leurs abris, les femmes nous apportent du thé au beurre. Pieds nus et en haillons, les enfants excités courent ici et là, leurs gros mastiffs aboyant sur leurs talons.*

Les jours se ressemblent et s'écoulent lentement. Le matin, nous écumons à la cuillère l'épaisse crème des bidons de lait qui a reposé la nuit précédente et, assis près du feu, nous mangeons la tsampa et buvons le thé au beurre. Après le petit déjeuner, je suis libre d'aller vagabonder avec les enfants des nomades sur les hautes terres verdoyantes tandis que maman et tante Rigzin préparent le pique-nique de midi et que papa joue au bakchèn [2], *aux dominos et au mah-jong avec son secrétaire sous l'auvent de la tente.*

À cette époque de l'année, l'herbe est plus haute qu'un enfant de douze ans et les prairies regorgent de fleurs sauvages. Des heures durant, nous courons à travers ces champs multicolores, les doux pétales s'accrochant à nos orteils crevassés. Fatigués, allongés sur le dos, nous contemplons le tournoiement des gros nuages blancs dans le ciel, le fleuve qui sinue au fond de la vallée avec la lenteur d'un serpent. Le soir, assis près du feu de camp, nous buvons du thé au beurre,

1. Les sifflements sont ici un signe de bienvenue.
2. Le *bakchèn* est une sorte de jeu de dés.

nous regardons les étoiles qui constellent le firmament. Ainsi vont les jours, telles des perles enfilées les unes à la suite des autres.

J'étais au bord du fleuve, le cœur lourd. Ces plaisirs terrestres auxquels on tient tant créent une forme très particulière d'attachement. Il ne faut pas seulement se libérer des états d'esprit désagréables. Il faut aussi trancher ces liens de tendresse d'une douceur à la limite du supportable.

Je me réveillai en sursaut dans une pièce étrange. En proie à la panique, je regardai autour de moi. Dans un coin, je vis une forme sombre allongée sur le sol. J'entendis un gémissement sourd.

Lorsque mes yeux se furent habitués à l'obscurité, je m'aperçus que c'était Tashi. Il dormait. Son ronflement faisait frémir ses moustaches. Sa vue me rappela que je me trouvais dans la maison de son ami.

— Nous pouvons leur faire confiance. Ils ne diront rien. Nous serons en sécurité pour cette nuit, avait-il dit.

Je ressentais encore le froid du fleuve. Je me retournai sur mon dur matelas, le meilleur qu'ils possédaient, mais il était si défoncé qu'il était difficile de dormir dessus. Le vent qui s'engouffrait par les fissures me piquait le visage, ravivant sans cesse mes pensées. Un petit oiseau effrayé voletait sans bruit dans mon estomac.

Le lendemain matin, nous partîmes de bonne heure. En certains endroits, les gens étaient déjà dehors pour aller puiser l'eau au fleuve. La température glacée de la nuit planait encore au-dessus des prairies. Tout engourdie par le froid, j'avais du mal à chasser mes impressions nocturnes. Un malaise insaisissable pesait sur moi. Je posai ma tête contre l'encolure de Shindrouk, laissant la chaleur de sa crinière m'apaiser. Ma tête contre son cou, je chevauchai ainsi jusqu'à ce que mon dos s'engourdisse. Je me sentis mieux.

Nous suivîmes la route un moment, puis nous obliquâmes bientôt vers les collines afin de ne pas être vus. Nous chevauchions vers le nord, en direction de Tromkhog où se trouvait le monastère de Guialtsé Rimpotché. De temps à autre, je reconnaissais un tas de pierres, un ensemble de collines qui m'étaient familières : autant de souvenirs de mon premier voyage au monastère trois ans auparavant. La voix de Guialtsé Rimpotché me revenait. « Considère toute chose comme un rêve. Tout est éphémère, incontrôlable et vide. Demeure en la nature primordiale de ton esprit, étincelante et pure. Garde l'esprit clair et sois consciente de chaque instant. Toute activité doit être entreprise avec une intention unique : aider autrui et ne pas le blesser. Sois bonne, douce et débordante de compassion ; sois généreuse envers tout le monde, y compris toi-même. »

Le souvenir de sa voix me rassura.

Pendant presque toute la journée, nous suivîmes un sentier étroit dans les collines, au sommet desquelles s'étendait un vaste plateau que nous traversâmes à découvert. Nous ne rencontrâmes que des chèvres et des moutons.

Aussi loin que portait mon regard, les courbes

douces des collines s'étendaient à perte de vue. La brise faisait doucement onduler les herbes comme des vagues. L'arche du ciel s'étendait d'un horizon à l'autre. Quelques rares nuages flottaient comme les pensées dans l'esprit. Plus loin, une grande colline descendait en pente douce vers une vallée. Nous suivîmes un moment les berges du fleuve.

En fin d'après-midi, nous débouchâmes sur une vaste étendue d'herbe. Tashi s'installa près du fleuve et je choisis un endroit un peu en retrait. Excepté le bruit de l'eau, le lieu était calme. Nul signe de vie, hormis un petit oiseau sur un rocher non loin de là. Ce silence me mit mal à l'aise. C'était la première fois que je me trouvais si loin de la maison sans mes parents. Les heures de tranquillité à venir, naguère apaisantes, me paraissaient maintenant vides et désagréables. Je sortis de mon sac un texte religieux pour essayer de me distraire.

« Dans le déploiement illimité de l'univers visible, reconnais toute apparition formelle, toute vibration sonore comme de simples projections de ton esprit, illusoires et irréelles. Libre d'attachements, repose dans la paix de la présence éveillée qui transcende tous les concepts. C'est le cœur de la pratique. »

« Libre d'attachements » : ces mots que j'avais si souvent entendus me paraissaient maintenant difficiles à comprendre. Papa et maman n'étaient-ils que des projections de mon esprit, illusoires et irréelles ? Perplexe, j'enveloppai mon texte dans sa couverture de tissu [1].

Debout, je regardai vers l'ouest, vers ma maison. Les collines qui s'égrenaient à l'infini s'assombrissaient. Dans une vallée distante, au-delà de la plus lointaine éminence, je l'imaginai avec ses murs de terre battue qui s'élevaient sur quatre étages au bout du village.

Maman n'allait pas tarder à préparer le repas du soir. Je la voyais devant le poêle, courbée au-dessus d'un large récipient posé sur le feu, dans lequel un des serviteurs coupait des navets ou des pommes de terre. Des mèches de cheveux tombaient sur son visage aux yeux fatigués. Derrière elle, Anya préparait le thé au beurre comme elle le faisait si souvent durant la journée. De ses doigts noueux, elle cassait une partie de la brique de thé qu'elle faisait bouillir dans un pot en fer. Puis elle allait chercher la vieille baratte en bois rangée sur une étagère contre le mur et y jetait le thé, le sel et le beurre de yak qu'elle mélangeait à l'aide d'un long pilon jusqu'à ce qu'une mousse écumante se forme. Thouptèn allait chercher les lampes à huile pour les allumer à la flamme du feu. Les serviteurs se préparaient à disposer les plats chargés de nourriture sur la table, face aux invités qui res-

1. Au Tibet, les livres (*pétcha*) sont constitués de pages imprimées non reliées mais numérotées et maintenues par deux plaques de bois plus ou moins décorées qui font office de couverture. Lorsqu'on a terminé la lecture d'un texte, on « ferme » le livre en replaçant la « couverture » de bois sur le dessus. Les pages et les plaquettes de bois sont maintenues par des cordons que l'on noue ; on enveloppe le tout d'un tissu qui est le plus souvent un brocart.

taient à la maison après avoir assisté aux audiences tenues par mon père. Les hommes d'un côté, les femmes de l'autre, les jambes écartées et le corps penché en avant, ils roulaient avec leurs doigts la tsampa en boulettes et buvaient la soupe dans leurs bols en bois.

J'imaginais mon père à la fenêtre de sa chambre, scrutant l'obscurité tout en m'appelant par le surnom affectueux qu'il m'avait donné : « Nyou... petite Nyou. » Il avait une expression d'immense tristesse comme s'il avait perdu une partie de son corps.

Le cœur lourd, je m'allongeai sur le sol recouvert d'herbes. Le jour déclinait. L'ombre inquiétante des gros rochers s'avançait vers moi, comme une menace. Je pris mon chapelet et me glissai sous ma peau de mouton. Le vent avait cessé, la nuit était calme. Seul mon cœur battait dans sa grande caverne creuse.

La nuit descendit et finit par m'envelopper. Je songeai au monastère de Guialtsé Rimpotché. Jadis cette seule évocation me réconfortait, aujourd'hui elle me paraissait vide et sombre. Un glacis de couloirs déserts, humides et clos. À l'intérieur, la résonance funèbre d'un gong. Et sur le sol, l'écho des pas traînant sur les dalles glacées.

L'air était froid sur mon visage, la tête me tournait. J'étendis mes bras, à la recherche du chaud giron de maman, du large sourire de papa. Mais mes doigts ne rencontrèrent que le vent.

Le matin, Tashi et moi rassemblâmes nos affaires et nous nous dirigeâmes vers le nord. À la mi-journée, j'aperçus une bourgade dans le lointain. Nous avions toujours cheminé à l'écart des villes afin d'éviter qu'une personne de notre village nous reconnaisse.

— Nous n'avons presque plus rien à manger. Nous n'avons pas le choix, nous devons nous arrêter, dis-je à Tashi.

À contrecœur, nous avançâmes vers le bourg. Espérant ne pas être reconnue, je chevauchai tête baissée. Les vendeurs criaient, les musiciens grattaient leurs instruments qui résonnaient d'un son métallique, les chiens aboyaient. Les gens s'attroupaient devant les marchands de tissu entourés d'impressionnants métrages de soie brillante et de tables où s'empilaient bijoux, bols en métal et cuillères en argent. Ils marchandaient avec force gesticulations ponctuées de rires presque déments. Des quartiers de viande accrochés à des piquets et couverts de mouches pendaient mollement. De grands paniers de fruits, de légumes et d'orge encombraient l'espace entre les étals.

Je me tournai vers Tashi, guettant un signe d'encouragement. Il me fit signe d'avancer.

— Vous avez dix-sept ans. Vous êtes assez grande pour y aller toute seule.

Je descendis de cheval le licou à la main et me frayai un passage dans la foule vers une échoppe où un vieil homme était en train de moudre de l'orge grillée pour faire la tsampa. Il faisait tourner une grande meule de pierre, dégageant une fine poussière qui formait de petites volutes dorées dans l'air. Derrière lui, des sacs de toile de différentes tailles remplis de tsampa s'entassaient contre un mur délabré.

Je désignai du doigt un sac d'une grosseur égale à trois poignées.

— Celui-ci, pour deux perles [1], demandai-je sur le même ton que mon père.

Le marchand hésita un moment.

— Deux perles, pas plus, répétai-je avec fermeté.

Sa bouche découvrit un sourire édenté et, avec un haussement d'épaules, il prit les perles qu'il glissa dans une petite bourse à côté de lui.

Cherchant du thé, je m'arrêtai pour regarder les autres étals. À l'autre bout de la place, j'aperçus un homme de notre village. Avec son grand nez et son menton bien carré, il était reconnaissable entre mille. C'était le père de Samtèn, une amie. Il marchandait une belle soie rouge.

Je voulus courir vers lui et lui dire : « Ramène-moi à la maison ! Ramène-moi à la maison ! » Je m'imaginais sautant sur son cheval, assise derrière lui et franchissant la porte de notre demeure. Je fermai les yeux et, me rappelant ma promesse, je maîtrisai mon émotion. Penchant encore davantage la tête sur ma poitrine, je me dirigeai vers un étal de thé.

— Celle-là, indiquai-je à l'homme de l'autre côté du comptoir en désignant du doigt une petite brique sur l'étagère derrière lui.

Il me regarda avec suspicion, puis voyant la turquoise sur ma main tendue, il l'accepta sans mot dire et se tourna vers un autre client. Je me dépêchai de rejoindre Tashi, à l'entrée de la petite bourgade.

Le troisième jour, nous dépassâmes plusieurs

1. Dans le Tibet d'avant l'invasion chinoise, la plupart des échanges commerciaux se faisaient par le troc. Il existait des pièces de monnaie en or ou en argent mais elles étaient rarement utilisées dans la vie quotidienne.

familles de nomades. L'image familière de leurs grandes tentes noires m'apparut comme un signe de bienvenue. En fin de journée, au sommet d'une colline, nous vîmes un mur de pierres à *mani*, pierres qu'ils avaient offertes en psalmodiant *Om mani pémé houng*, le mantra de Chenrézi, le Bouddha de la Compassion [1]. J'y ajoutai un petit caillou rond que j'avais ramassé au bord du fleuve deux jours auparavant. *Om mani pémé houng*, puissé-je atteindre Tromkhog sans encombre.

Derrière nous s'élevait une haute colline. L'après-midi touchait à sa fin et, plutôt que de continuer, nous décidâmes de nous arrêter dans une petite clairière à côté du « mur à mani ». De là, mon regard balayait presque tout l'horizon. Les éminences verdoyantes laissaient place à un terrain plus accidenté. Des pans de rochers en équilibre précaire s'accrochaient à flanc de montagne. Les vallées devenaient plus étroites et plus sombres. Dans le lointain, j'aperçus un petit village enserré par deux hauts versants aux contours estompés. Dans le ciel, le soleil commençait à décliner, ne laissant que des ombres dans le fond de la vallée. Je regardai plus attentivement. Un frisson me parcourut. Je reconnus la bourgade.

Vingt ans auparavant, mon père avait emprunté le même chemin que nous, le poursuivant au-delà

1. Le mot *mani* signifie « joyau » en sanskrit. Au Tibet, les routes, et particulièrement les chemins de pèlerinage, sont ponctués de murets ou de monticules de pierres sur lesquelles les voyageurs gravent des mantras, ou formules sacrées, qu'ils psalmodient. La plupart de ces édicules sont dédiés à Chenrézi.

de la clairière où nous étions assis. Il m'avait rapporté qu'il y avait là un « mur à mani » et plus loin un bourg, au creux d'un profond ravin. À l'époque où il se dirigeait vers le marché de ce village, il avait dix-neuf ans, il était grand et bien bâti. Lorsqu'il y pénétra, la place du marché était noire de monde. Sauf en son centre. Papa m'avait raconté l'histoire.

Au milieu du bourg, trois soldats chinois étaient penchés au-dessus d'un vieil homme. Il avait le visage boursouflé et les bras couverts de sang coagulé par endroits, rouge et luisant en d'autres. Une série d'entailles zébraient la peau de son dos, ses jambes gisaient inertes, déformées par les fractures. Il se tordait, effondré sur le sol, tremblant.

Un des soldats poussait son corps à coups de botte. L'autre alluma une cigarette. Puis ils se penchèrent et, le saisissant par les bras, le traînèrent vers un poteau contre lequel ils le plaquèrent. Ils lui passèrent une corde en travers de la poitrine pour le maintenir droit. Sa tête restait penchée en avant.

Ses doigts et ses mains étaient enveloppés dans du cuir brut qui les maintenait raides et les empêchait de se plier. Les soldats prirent de petits éclats de bambou qu'ils enfoncèrent lentement entre la peau et les ongles du supplicié. Ils les enfonçaient, poussant aussi loin qu'ils le pouvaient.

Dans un sursaut, le vieil homme releva la tête, ses yeux s'exorbitèrent et de sa bouche sortit un son liquide, aigu et inhumain.

Un murmure s'éleva dans la foule.

Les soldats se félicitèrent l'un l'autre en riant. Mais ce n'était pas fini. Sortant de sa poche une liasse de petits drapeaux en papier, l'un d'eux l'attacha à chacune des longues échardes de bambou et se recula pour les regarder flotter dans la brise. Les soldats se tordaient de rire.

Abasourdi et horrifié, mon père fendit la foule et se mit à courir. Il courut jusqu'à la maison sans s'arrêter. Il courut des jours durant, remontant les sentiers raides, détalant à travers les plaines verdoyantes. Il essayait d'effacer ces images de son esprit. Il ne dormit pas pendant des nuits d'affilée.

Bien qu'il ne m'ait raconté cette histoire qu'une seule fois, les images en étaient demeurées très présentes en mon esprit. Avec le crépuscule, ce souvenir m'enveloppa.

Je m'adossai contre le mur à mani, mis la peau de mouton sur mes épaules et fermai les yeux. Tashi s'était installé un peu plus loin. Le vent claquait contre le mur de « pierres à mani », sifflait au-dessus de la lande dénudée. Je crus entendre dans le lointain des bandits qui s'approchaient. Leurs sabots s'avançaient vers moi en grondant. Dix, vingt, une armée de bandits. Je m'assis. Mon cœur cognait. Je posai ma main sur mon couteau et attendis. Ce n'était que le vent. Plus tard dans la nuit, il me sembla entendre l'appel d'un léopard venant de la montagne. Je sortis mon couteau de son étui de cuir. *Om mani pémé houng*. Mais ce fut tout. Pour me rassurer, je regardai Tashi qui dormait profondément.

Le passé, le présent. Je luttais pour rester

lucide. La menace de l'inconnu se mêlait à celle du mariage. J'enlevai le chapelet de mon cou et je priai. *Om mani pémé houng*. J'égrenai l'une après l'autre les turquoises froides entre mes doigts. Glacial, le vent soufflait en rafales légères qui s'enroulaient autour du muret. Je remontai ma peau de mouton sur ma tête et fermai les yeux. Ses hurlements s'immiscèrent dans mes rêves.

Le vent continue à souffler, mais une lueur inquiétante éclaire peu à peu les collines. Elle semble venir de la montagne d'en face. Un sentier brillant mène au sommet. De part et d'autre du chemin se tiennent des hommes vêtus de manteaux de riches brocarts et portant des coiffes d'or. Ils battent de grands tambours rituels.

À côté de moi, mon père me tient la main tout en me poussant doucement mais fermement vers le sommet.

Le sentier se rétrécit. Nous commençons à gravir une pente raide couverte d'une poussière de schiste qui glisse sous nos pas. La lumière s'avive et le son des tambours s'intensifie. Les pierres entaillent mes pieds, mais nous poursuivons l'ascension.

Au-delà de cette pierraille schisteuse s'élève une paroi rocheuse presque verticale haute de quinze mètres. Des marches sont taillées dans le roc. Pas à pas, maladroitement, j'avance derrière mon père qui me tient fermement par le poignet. Les battements du tambour deviennent assourdissants, la lumière aveuglante.

Mon père s'arrrête sur la dernière marche. Je suis son regard. À quelque vingt coudées devant nous, debout sur un autel de pierre, se tient un homme gigantesque. De ses épaules, des robes de satin rouge retombent en rouleaux. Sa tête est énorme et bestiale, ses yeux rouges et exorbités. De sa bouche jaillit du feu et sa grosse langue humide pend à une extrémité de ses lèvres, dégouttant de sang. À côté de lui, un bol rempli de sang. Dans sa main droite, une longue épée d'argent.

Derrière son dos semble naître une lumière d'outre-monde. Mon père me pousse en avant puis recule comme s'il m'offrait à cette créature. Les tambours sont à leur paroxysme. Ils s'arrêtent. Le vent tombe.

L'homme porte la main à sa tête, l'arrache et le visage pâle et spectral d'un soldat chinois apparaît. Il tend le bras pour m'attraper, saisit mon poignet et m'attire à lui.

Je hurle : « Non, non. »

Le soldat secoue mon poignet. « Patchèn, Patchèn. »

— Patchèn. Lemdha Patchèn.

Le rêve s'évanouit. J'ouvris les yeux. Huit hommes au service de mon père faisaient cercle autour de moi.

Thouptèn, notre serviteur, se pencha vers moi, son chapeau de renard rabattu sur le front. Ses yeux m'imploraient.

— Votre père en a été malade. Vous lui manquez terriblement. La région est infestée de bandits et d'animaux sauvages. Une jeune femme ne doit pas se promener seule dans un endroit comme ça. Il a dit qu'il était inutile de vous enfuir. Il va rompre le contrat de mariage ; vous êtes libre de vivre comme vous voulez. Il nous a fait jurer de vous ramener. Il a mis des pierres à mani sur nos têtes et nous a fait lécher notre salive dans nos mains.

Je sus qu'ils avaient prêté le plus sacré des serments et que je ne parviendrai jamais à les dissuader de tenir leur promesse. D'une certaine manière, j'étais soulagée, car en fait je désirais rentrer à la maison. Mais en même temps, j'éprouvais un certain malaise. Peut-être me doutais-je de ce qui allait advenir.

3
Changements

Je rentrai chez moi en proie à des sentiments divers : embarras, colère et soulagement. Comme souvent, ces émotions se mêlèrent jusqu'à devenir presque indistinctes. Je tenais à me glisser dans la maison sans me faire remarquer, mais au moment où je pénétrai à pas de loup dans la cuisine, tous les yeux se tournèrent vers moi. Ma mère lâcha la cuillère qu'elle tenait et se précipita à ma rencontre, les bras tendus. À la vue de ses bras grands ouverts, je reculai instinctivement, me raidissant contre son accueil empressé. Elle souriait comme si rien ne s'était passé, apparemment inconsciente des difficultés que papa et elle-même m'avaient fait endurer. La tension des derniers jours fit monter ma colère et, avant qu'elle ait eu le temps de me prendre dans ses bras, je me détournai et je fis comme si elle n'était pas là. J'avais l'idée confuse que c'était à elle et non à mon père que j'en voulais. J'eus envie de lui crier : « Tu as essayé de me vendre en mariage ! », mais je me tus.

Elle vint à mes côtés et je la regardai du coin de l'œil. Elle penchait légèrement sa tête en avant, comme un enfant qui ne sait pas pourquoi il a été puni. Sentant son besoin d'étreinte, je me durcis, je refusais de me laisser aller au désir de la protéger comme je le faisais si souvent. Je fixai résolument mon regard sur le mur le plus proche, noirci par la suie accumulée depuis des années. Les huit symboles de bon augure [1] y étaient dessinés avec de la farine de tsampa, collée sur la paroi. La vue de ces motifs familiers me calma. Je suivis des yeux leurs formes blanches et m'arrêtai à la conque, mon dessin préféré.

Sa forme ronde me rappelait les phrases que j'avais apprises dans la classe de Gonlha : « D'une parole pure comme la conque qui s'enroule vers la droite... puissent les bénédictions rayonner. »

Gonlha disait souvent : « Garder la parole juste est l'un des préceptes les plus importants. Parler sous l'emprise de la colère, mentir, médire, tout cela emplit l'esprit de négativité. Parler avec compassion et vérité est source de bénédictions. »

« La parole juste... la conque faste qui s'enroule vers la droite... » Lentement ma colère se dissipa. Je me radoucis et me retournai vers ma mère.

Anya entra dans la pièce.

— Votre père voudrait que vous alliez le voir dans sa chambre.

À ces mots, ma poitrine se serra de nouveau et,

1. Il s'agit d'une série de symboles associés à différents aspects ou qualités du Bouddha : les poissons d'or, l'ombrelle, la conque s'enroulant vers la droite, le nœud sans fin, la bannière de victoire, le vase, le lotus et la roue à huit rayons.

malgré mon intention de surveiller mes propos, la réponse jaillit :

— Qu'est-ce que ça peut me faire ? Il voulait m'envoyer loin d'ici !

J'avais envie de pleurer. Je me mordis les lèvres, sa décision de me donner en mariage m'avait blessée.

— Ça lui est complètement égal !

Incapable de me contenir, j'éclatai en sanglots. Anya vint vers moi et me prit dans ses bras.

— Ne dites pas des choses pareilles, Ashe, vous lui avez beaucoup manqué. Il n'a pas dormi depuis votre départ...

Ses bras étaient chauds. Je me sentis fondre dans son corps. L'odeur familière de sa peau m'enveloppa.

« Dans la prairie les fleurs éclosent... des fleurs pour la douce Ashe Patchèn. » Anya saupoudre ma tête de fleurs jusqu'à ce que j'en sois recouverte. D'un petit sac, elle retire des morceaux de tsampa qu'elle porte à ma bouche. D'un pot en terre cuite, elle verse du lait chaud dans ma tasse. « La petite agnelle Ashe Patchèn est bien en sécurité sur les genoux d'Anya. Personne ne lui fera de mal... »

En haut de l'escalier, la lumière vive émanant de la fenêtre de la chambre de mon père m'aveugla. Je restai sur le seuil, sans rien voir. Lorsque mon père se racla la gorge, je tressaillis.

— Nyou, ma petite Nyou Patchèn, viens, appela-t-il.

Peu à peu, les murs bleus de sa chambre sortirent de l'obscurité, puis les tons de rouge et de vert, et enfin la bordure blanche à la lisière du plafond. La lumière filtrait des vieux carreaux. Au fond de la pièce, je vis mon père assis sur son matelas recouvert de tapis.

J'étais intimidée comme cela m'arrivait parfois lorsque je me trouvais seule devant lui. C'était un homme impressionnant, grand, le teint rougeaud, les yeux noirs étincelants et la tête entourée d'une longue natte brune. Bien qu'en sa présence les villageois aient toujours éprouvé une crainte respectueuse, tout le monde l'aimait et le respectait car chacun savait que sous son apparente solennité il avait bon cœur. On le considérait comme le chef des neuf principautés de Gonjo.

Me voyant hésiter, il me fit signe d'avancer d'un geste impérieux. J'allai m'asseoir à ses côtés. Il me serra très fort dans ses bras. Quand il desserra son étreinte, il prit ma main qu'il garda dans la sienne, un oiseau endormi dans son nid, heureux d'être chez lui.

Le lendemain, il se rendit à Markham pour annuler l'accord de mariage. La famille de mon futur époux ignorait tout de ma tentative de fuite et faisait des préparatifs depuis des semaines. Des centaines de cuves de tchang étaient prêtes et les cuisiniers avaient commencé certains plats pour le festin.

Afin d'apaiser le ressentiment de cette famille, mon père lui offrit des cadeaux : l'un de nos plus beaux chevaux avec une écharpe de soie en guise de licou, offrande destinée à endiguer sa colère, un fusil, une tchouba en peau de mouton doublée de brocart, une selle et bien d'autres choses encore.

Mon père s'absenta plusieurs semaines pour les négociations. Il revint l'air fatigué. Ensuite, je n'entendis jamais plus parler de ce mariage. Je n'avais plus à craindre de devenir l'épouse d'un inconnu.

— Chamdo est tombé !

Les paroles du messager provoquèrent un choc dans toute la maison. Maman courut chercher mon père, tandis que tous les habitants de Lemdha affluaient chez nous. Nous nous entassâmes dans la cuisine pour écouter les nouvelles.

— Les Chinois sont arrivés, sanglota le vieil homme.

Mon père s'avança vers lui et posa sa main sur son épaule. La pièce était silencieuse ; on n'entendait plus par moments que les pleurs assourdis du messager. Une fois calmé, celui-ci essuya son visage du revers de sa manche et poursuivit :

— Deux jours après l'entrée des Chinois dans Chamdo, le gouverneur général Ngabo a lâchement abandonné ses troupes. Pour ne pas laisser de vivres aux Chinois, il a mis le feu aux entrepôts et il s'est enfui après avoir détruit les armes et les munitions. En descendant de la montagne, à mi-parcours, il a rencontré des soldats tibétains qui venaient de Lhassa. « Jetez vos fusils et vos balles dans le ravin et venez avec moi ! » leur a-t-il ordonné. Il a été pris deux jours plus tard. La panique s'est répandue dans les rues de Chamdo. Les gens couraient en tous sens, emportant leurs affaires avec eux. Les échoppes de la rue principale étaient désertes. C'est affreux !

Le vieil homme se remit à pleurer.

— Tout se passe selon les prédictions du grand Treizième [1]. L'été qui précéda sa mort, il a fait une prédiction qui se réalise, dit mon père avec tristesse.

Tout le monde l'écouta attentivement réciter de mémoire la prophétie.

« Il se peut qu'ici, au centre du Tibet, la religion et le gouvernement soient attaqués à la fois de l'intérieur et de l'extérieur. À moins que nous ne protégions notre pays, il arrivera que les révérés détenteurs de la foi disparaîtront jusqu'à devenir inconnus. Tous les êtres traverseront de grandes épreuves et sombreront dans une peur effroyable. Lentement, des jours et des nuits interminables s'écouleront dans la souffrance. »

— Ils sont arrivés et j'ai le sentiment qu'ils ne partiront pas de si tôt, ajouta mon père avec solennité.

Chamdo tomba en 1950, peu après l'entrée des Chinois au Tibet par le Yangzi Jiang. Pendant la période qui suivit, nos vies quotidiennes sinuèrent comme un ruisseau au cours incertain. Parfois nous ressentions la présence chinoise comme celle d'un insecte qui pique et disparaît ; ce ne fut que des années plus tard que l'occupation se fit pleinement sentir. Quand arrivaient des nouvelles concernant les activités chinoises, j'y prêtais attention un moment puis je revenais à mes pratiques spirituelles sans y songer davantage.

1. Allusion au treizième Dalaï-Lama, Thouptèn Gyatso, qui avait effectivement prophétisé l'invasion chinoise. Il naquit en 1876 au Tibet central dans la province d'U-Tsang et mourut en 1933.

J'étais surtout soulagée d'avoir échappé aux supplices du mariage et reconnaissante à mon père d'avoir apaisé le mécontentement de la famille à laquelle j'avais été promise.

Ce geste de conciliation était tout à fait à son image. Bien qu'il ressemblât davantage à un ermite qu'à un chef, il ne se déroba jamais à son devoir envers les autres. Il disait souvent que la générosité engendrait l'amour et le respect et m'incitait vivement à tout mettre en œuvre pour aider ceux qui se trouvaient dans le besoin. Il ne profitait pas des biens matériels, il préférait donner ce qu'il possédait. « Quand on donne généreusement, on accumule des mérites pour sa vie future », avait-il coutume de déclarer.

Parfois, sa générosité accablait ma mère. Un jour un voisin tenta de voler un plat qu'elle avait préparé pour célébrer une fête. Mon père en rit. Lorsqu'il surprit le voleur, il le fit sortir en lui criant d'une voix retentissante :

— File, espèce de fripon, tu ferais mieux de te dépêcher !

Et il écata d'un rire jovial.

Mais quand ma mère revint dans la cuisine, sa préparation avait disparu. Atterrée, elle se précipita chez mon père en pleurant.

— Le plat que j'ai cuisiné a disparu !

— Ne t'en fais pas, ce n'était que Bouguia. Ce pauvre homme a bien moins de chance que nous. Prépare davantage de nourriture. Nous en avons bien assez pour tout le monde, lui répondit mon père en lui tapotant la joue.

Ma mère était furieuse.

— Si tu continues à tout donner comme ça, il ne nous restera plus rien, hurla-t-elle.

Mon père souriait.

— Nous avons suffisamment... ce n'est que de la nourriture. Les biens de ce monde ne nous suivent pas dans la mort...

Si ma mère n'avait pas eu la responsabilité de nourrir toute la maisonnée, la prodigalité de mon père l'aurait moins affectée, car elle était de nature très généreuse. Lorsque quelqu'un de notre village était dans le besoin, qu'il s'agisse d'un orphelin, d'un vieillard ou d'un mendiant, elle ne leur refusait jamais son aide.

Mon père affirmait qu'il était rare de trouver une femme si patiente et d'humeur si égale. Ma mère, quant à elle, lui était entièrement dévouée. Elle ne se plaignait jamais quand il allait voir d'autres femmes. Au cours de toutes les années qu'ils passèrent ensemble, je ne me souviens pas de les avoir jamais entendus se disputer. Le soir, ils s'asseyaient tous les deux pour discuter des événements de la journée. La plupart du temps, elle était d'accord avec lui, parfois elle lui opposait son avis. Les années semblaient les avoir rapprochés. Même s'ils n'affichaient jamais leur affection mutuelle, ils étaient très attachés l'un à l'autre. Lorsque le matin elle nattait les longs cheveux de mon père, je voyais souvent ses doigts s'attarder sur son front, écartant tendrement les mèches de son visage. Et les soirs où il n'y avait pas de visiteurs, elle montait dormir dans sa chambre. Parfois, je les entendais parler et rire tard dans la nuit.

Je ne me souviens plus quel âge j'avais lorsque

mon père se maria pour la seconde fois. On m'a dit que mon frère cadet était mort à l'âge de deux mois. Ensuite mes parents avaient fait tout ce qui était en leur pouvoir pour mettre au monde un autre enfant. Ils allèrent même jusqu'à manger des *za yig*, des écritures sacrées, mais rien n'y fit. Quelques années plus tard, alors qu'il était devenu certain que ma mère ne pourrait plus avoir d'enfants, mon père lui annonça son projet de faire entrer une seconde femme dans la maison. Pendant qu'il lui parlait, une ombre fugitive était passée momentanément sur le visage de ma mère. Mon père avait posé sa main sur la sienne et poursuivi la conversation. « Pour le bien du district » et « demain » furent les seules paroles que je pus entendre.

Le lendemain, des inconnus étaient arrivés devant notre porte. Ils étaient accompagnés d'une jeune femme qui n'avait que quelques années de plus que moi. Elle était grande. Selon la coutume de Gonjo, ses cheveux noirs étaient tirés en arrière et elle portait une grosse turquoise au sommet de la tête. Elle s'appelait Kunsang et était la fille de Norbou Pontsang, l'un des chefs de clan du Gonjo. Autour de son cou pendait la flèche symbolique de la future mariée. La peur noircissait son regard. Mon père ne l'épousa pas de gaieté de cœur mais sous la pression de ses conseillers et de ses sujets qui craignaient que la lignée familiale ne s'éteigne. Puisque je refusais de me marier et que ma mère ne pouvait plus porter d'enfants, une seconde épouse devait entrer dans la famille.

Dès le début, ma mère avait emmené Kunsang partout où elle allait, elle lui avait expliqué les différentes tâches ménagères et l'avait présentée à tous les habitants du village. Elle la traitait comme sa fille. Kunsang l'adorait et faisait tout ce qu'elle lui demandait. Pendant un certain temps, j'avais gardé mes distances. Voir mon père avec une autre femme me gênait. J'étais jalouse du temps qu'il passait avec elle ; j'avais l'impression qu'elle m'avait remplacée. Mais j'en étais venue à l'accepter. Nous devînmes même proches, bien que ce mariage n'eût jamais l'effet escompté, puisqu'elle aussi se révéla stérile.

Un mois après la chute de Chamdo, un messager arriva, annonçant que Lhassa était en proie au chaos.

— L'invasion chinoise a semé la confusion parmi les membres du gouvernement qui se disputent le pouvoir.

— Taktra devrait être révoqué ! déclara mon père avec dégoût.

À soixante-quinze ans Taktra était le régent du pays en attendant l'intronisation du jeune Dalaï-Lama.

— Depuis ces quatre dernières années, il est devenu impopulaire et a perdu toute autorité. Mais il savait que le Dalaï-Lama, qui n'avait que quinze ans, était trop jeune pour prendre ses fonctions, et il redoutait ce qui se produirait en cas de vacance du pouvoir.

— C'est un moment difficile. Il faut quelqu'un pour nous guider, commenta-t-il.

Quelques jours plus tard, un homme fit irruption dans la cuisine :

— Sa Sainteté le quatorzième Dalaï-Lama vient juste d'être intronisé !

Il nous raconta que deux oracles avaient été consultés et que celui de Gadong avait parlé dans sa transe :

— Il a dit que le Dalaï-Lama devait prendre la responsabilité du pouvoir temporel et spirituel. C'est ce que Sa Sainteté a fait le 17 novembre.

Ces nouvelles réjouirent mon père.

— Notre véritable chef est sur le trône. Nous sommes restés trop longtemps sans guide spirituel.

Six mois plus tard, Sa Sainteté envoya une délégation à Pékin.

— À peine ses membres étaient-ils arrivés qu'ils furent obligés de signer l'accord en dix-sept points stipulant que toutes les décisions politiques concernant notre pays étaient aux mains des Chinois. En échange de quoi, ceux-ci promirent de ne pas porter atteinte à l'autorité du Dalaï-Lama et de respecter la religion et la culture tibétaines, nous annonça un chef de district voisin. (Il arpentait la pièce tout en parlant.) Ils ont eu le toupet de sceller l'accord avec un faux sceau tibétain ! Et Sa Sainteté n'a rien pu faire !

De tout le Gonjo et le Markham, et même des régions plus au nord, des messagers venaient maintenant quotidiennement à la maison apporter des nouvelles des Chinois à mon père. Un jour, en passant devant la porte de la pièce où il les recevait, j'entendis la voix d'un homme. Il balbutiait, au bord des larmes.

— Il y a plusieurs nuits, à Chamdo, cinq soldats chinois sont venus à la porte de ma maison. Tard dans la nuit, alors que toute ma famille dormait, ils ont cogné à la porte. « Qui est-ce ? » ai-je demandé. Ma femme a essayé de me retenir, mais je me suis levé. Ils n'ont même pas attendu que je leur ouvre, ils ont enfoncé la porte. « On est venu prendre tes enfants. Ils vont aller étudier dans la mère patrie », nous ont-ils dit. Ma femme s'est jetée à leurs pieds et les a suppliés en pleurant : « Non, je vous en prie, ce sont nos seuls enfants... ils sont jeunes. » Le plus grand des soldats s'est avancé et l'a poussée sur le côté d'un coup de pied. « Tes enfants ont de la chance. Faire des études dans la mère patrie est un grand honneur », a-t-il ricané. Deux autres soldats sont allés chercher nos enfants. On a entendu des cris dans la chambre au-dessus. Ama-la, Ama-la ! Pa-la ! hurlait mon jeune fils. J'ai monté les escaliers, mais l'un des soldats m'a saisi par l'épaule et m'a frappé à l'œil. « Recule ! Ça ne te regarde pas. Nous sommes venus pour tes enfants. Ils ont vraiment de la chance de quitter ta maison de barbares et de voir les splendeurs de la Révolution culturelle. » Les Chinois sont redescendus avec nos enfants : ma fille Péma qui a huit ans, et mon fils Peldjor qui en a cinq. Il pleurait et elle lui tenait la main. Lorsqu'il nous a vus, il s'est dégagé et a couru vers nous, les bras tendus. Un soldat l'a rattrapé. Peldjor se tordait pour essayer d'attraper la robe de ma femme, mais chaque fois le soldat le repoussait en arrière. Alors j'ai dit : « Je vous en supplie, ce sont nos seuls enfants, nous sommes pauvres et ils sont toute notre richesse. » Le grand soldat s'est avancé et m'a jeté au sol. Il m'a frappé sans s'arrêter. À l'estomac, dans les côtes, jusqu'à ce que je me torde de douleur et que le souffle me manque. Ils sont sortis avec mes enfants en me laissant à terre, ma femme sanglotant à côté de moi. Péma s'est retournée pour nous regarder avec des yeux fous de terreur. Je ne la reverrai plus. J'entendais Peldjor qui appelait de la route : « Maman ! Papa ! »

L'homme éclata en sanglots et j'entendis ses compagnons qui essayaient de le consoler. Ce soir-là, quand j'apportai le dîner à mon père, il se tenait debout près de la fenêtre. Il ne réagit pas quand j'ouvris la porte. Il resta là à regarder dehors jusqu'à ce que je quitte la pièce. C'était la première fois que je le voyais ainsi, mais par la suite cela se reproduisit. Je pense que c'était le commencement de la fin. Je ne pus oublier cette histoire. Le regard terrorisé de la petite fille, les cris du jeune garçon. Je revoyais le moment où on les emportait. J'imaginais une école qui ne ressemblait à rien de ce que je connaissais alors. Un pays loin de la chaleur familiale et des amis. Ce devait être si différent de ma propre école : la grande salle ensoleillée au quatrième étage de notre maison.

Ce matin, le givre colle aux vitres de la salle de classe. J'enroule mes doigts dans la doublure en peau de mouton de ma tchouba pour garder la chaleur. Lhamo, Sonam et Tashi sont assis en tailleur sur deux bandes de tapis à côté de moi. Devant nous, Gonlha marche de long en large. Les longues manches de sa robe battent contre ses genoux dans un bruissement d'ailes. Il attend que nous effacions nos ardoises en bois noir posées sur nos genoux avec la poudre de craie que nous tenons rangée dans une petite poche autour de notre cou. Au lieu de lire les textes sacrés comme nous le faisons d'habitude, nous nous exerçons à écrire. Tandis que nous nettoyons nos ardoises, pour nous faire plaisir, Gonlha nous conte l'épopée du roi Guésar :

« Je suis Guésar, le roi Lion de Ling, le grand conquérant et guérisseur... d'une main je tiens l'épée de la vérité, de l'autre le remède de la paix... nous sommes la promesse de ce monde, nous sommes la splendeur... »

Guésar, la manifestation de Chenrézi, le Bouddha de la Compassion et de Gourou Padmasambhava, le grand saint qui apporta le bouddhisme indien au Tibet. C'est mon moment préféré en classe, quand Gonlha relate les hauts faits de ce héros au courage merveilleux. Je pourrais les écouter de multiples fois, ce ne serait jamais assez. Mais aujourd'hui, mes doigts sont engourdis par le froid et j'ai du mal à sortir la poussière de craie blanche de ma pochette.

Tout en tirant dessus, je ne quitte pas des yeux les manches de Gonlha. À la différence des autres maîtres, il ne nous bat jamais. Il effleure nos têtes avec ses manches si l'on ne suit pas bien. C'est plus une cause d'embarras qu'un coup, mais cela nous aide aussi bien à rester vigilants.

Je réussis enfin à ouvrir ma pochette où je puise une pincée de chaux dont je saupoudre mon ardoise. Puis je commence à écrire avec mon stylet de bambou taillé. Alors que nous dessinons les formes allongées de l'alphabet tibétain, Gonlha continue son histoire :

« Je suis Guésar, roi de Ling, celui qui apporte la prospérité, la dignité et la joie ; celui qui pourfend la lâcheté, l'illusion, l'esclavage... Nous ne

faisons qu'un avec la dignité, le courage et la bonté... désormais, je suis entré dans vos cœurs. »

Tout en traçant lentement les lettres sur la surface de l'ardoise, j'écoute la lecture que nous fait Gonlha et mon cœur se gonfle de fierté aux mots : « Nous ne faisons qu'un avec le courage, la dignité... »

Après le repas du matin, Gonlha annonce : « Je m'absente un moment, continuez à écrire. » Nous reprenons nos ardoises. Il disparaît derrière le rideau qui cache la porte. Tashi court à la fenêtre. Il attend de voir la silhouette imposante sur le palier du bas, puis il lève son pouce, signifiant par là : il est parti. D'un bond, nous nous levons.

Lhamo m'attrape et tire le cordon de ma tchouba qui se dénoue. Je saute sur elle et m'empare de ses nattes. Sonam nous jette sa pochette de craie dans laquelle je donne un coup de pied. La pochette se déchire, la poussière se répand et nous tombons tous sur le sol dans la craie. Tashi se précipite sur nous.

Au milieu de cris aigus, de gloussements et de hurlements de rire, nous roulons sur le sol, nous gigotons dans tous les sens. Nous rions tant que nous en avons mal au ventre. Soudain, Gonlha réapparaît sur le seuil de la porte.

« Bon, bon... Qu'est-ce qui se passe ici ? » demande-t-il en regardant les morceaux de ruban, les chiffons pour effacer la craie, les stylets de bambou et la craie éparpillés sur le sol. Ses yeux se plissent en signe de désapprobation.

Tout essoufflée, je murmure à Tashi : « Tu étais censée monter la garde... » Mais au même moment, Gonlha éclate d'un rire qui monte en grondant de son gros ventre et qui fait trembler tout son corps. Un rire ventral et profond. Nous nous empressons de remettre la pièce en ordre, tandis que ses longues manches nous effleurent, un coup à droite, un coup à gauche.

Quand la salle est enfin rangée et que nous sommes installés sur nos coussins, Gonlha s'éclaircit la voix et reprend son récit comme si rien ne s'était passé.

« Guésar et son armée de guerriers descendent au galop vers le pont de nuages de fumée, comme le tonnerre déferlant sur la steppe déserte... Guésar survient telle une roue de fer traversant le ciel pour subjuguer les hordes démoniaques... Et la terre s'immobilise. »

Gonlha était un homme exceptionnel, débordant de compassion, jovial et toujours souriant. Il était moine au monastère de la colline qui s'élevait derrière le village, mais dans mon souvenir il avait toujours vécu à la maison. Il habitait dans une pièce à côté de la chapelle dont il était le gardien. Et sept jours par semaine, toute l'année, il faisait la classe aux amis du voisinage et à moi-même. Issu d'une famille modeste, il avait obtenu son diplôme de *guélong* en philosophie bouddhiste, le plus haut niveau d'études auquel on peut prétendre. C'est pourquoi il était resté célibataire.

Mais outre son caractère heureux et son intelligence, il possédait des pouvoirs magiques. Il était *ser-sung*, c'est-à-dire que la force de son esprit pouvait contrôler les phénomènes climatiques. Un jour, alors qu'une violente tempête de grêle détruisait nos récoltes, il revêtit la coiffe noire des ser-sung et une tchouba noire particulière. Une épée rituelle à la main, il se mit à psalmodier et à danser. Au fur et à mesure qu'il dansait, son teint pâlit jusqu'à prendre une couleur d'outre-monde. Il pointa son épée vers les nuages puis, en soufflant et en haletant, il les chassa. Des flammes apparaissaient au bout de la lame ainsi qu'au sommet de sa tête. J'en suis sûre parce que je les ai vues de mes propres yeux. Une autre fois, il protégea notre maison de la foudre et du tonnerre. De grands éclairs zébraient le ciel et l'orage était assourdissant. Il dansa en décrivant des cercles, agita son épée et la tourmente ne tarda pas à se calmer.

Il portait également secours aux villageois souffrant de piqûres ou de plaies infectées qui ne cicatrisaient pas. Il chauffait une faucille au rouge, apposait sa langue sur la lame qu'il léchait puis, après avoir rempli sa bouche d'eau sacrée, il crachait sur la partie malade. Ce genre de remède n'avait rien d'exceptionnel au Tibet qui comptait de nombreux guérisseurs tantriques, même si le pouvoir d'un ser-sung restait extraordinaire. Des règles strictes régissaient l'exercice de ses pouvoirs. Un ser-sung devait mener à bien des années d'études et de retraites dans les montagnes. Ses études terminées, il devait prendre des vœux particuliers avant de commencer à pratiquer. Il ne pouvait faire appel à ce potentiel que pour aider autrui.

Gonlha possédait un savoir-faire qu'il devait à ses immenses mérites acquis dans sa vie passée. Il ne se montrait jamais arrogant ni orgueilleux. Mais pour moi, il demeura toujours l'homme grand et doux qui s'occupait de notre chapelle et m'apprit à lire. Je lui en serai éternellement reconnaissante.

Malgré ce que nous apprenions des agissements chinois, la vie à la maison continuait comme par le passé. Au printemps, les collines qui entouraient notre village connurent une nouvelle naissance. Partout, créatures et plantes s'éveillèrent. De petites pousses vertes, si fragiles qu'elles ne semblaient pouvoir durer jusqu'à l'été, jaillirent de la terre encore couverte de neige quelques semaines auparavant. Vers et coléoptères, régénérés par leur long sommeil hivernal, sortirent en se tortillant et en titubant de leurs trous creusés dans le sol. Le fleuve, gonflé par la fonte des neiges, cascadait, impétueux, et son chant emplit la vallée. Sur les rives, des renardeaux prêts à s'ébattre avec leurs mères poussaient de petits cris devant le frémissement de l'eau.

C'était l'époque de l'année que je préférais car les jours rallongeaient et nous n'allions pas tarder à nous rendre aux sources d'eau chaude. De nombreuses familles campaient sur leurs rives et prenaient de longs bains dans les douces eaux sulfureuses. La plupart du temps, nous nous y rendions à pied, mais lorsque toute la famille et les serviteurs se déplaçaient, nous chargions les chevaux de vivres, de couvertures et de tentes que nous plantions sur les immenses pâturages à proximité.

Ce matin-là, six mois après ma tentative de fuite, il y eut une dernière chute de neige. Les flocons lumineux, suspendus dans l'air, dérivaient dans le ciel comme des esprits à la recherche d'une enveloppe charnelle. Ils chatouillaient les jeunes pousses. Ils comblaient les tanières qui venaient de s'ouvrir dans le sol. Ils gelaient les chants d'oiseaux. Les toiles d'araignée de la porte s'ornaient d'un liseré de dentelle, les champs étaient saupoudrés de craie. Même si je préférais que l'hiver s'achève, je ne pouvais m'empêcher d'admirer sa beauté. Malgré tout, ce retour impromptu du froid me contraria car je craignais que notre première sortie de l'année aux sources d'eau chaude ne fût annulée. Mais soudain, en fin d'après-midi, le soleil se leva et l'air redevint printanier.

Après le dîner, nous nous réunîmes dans la cour qui jouxtait la maison : maman, papa, Ani Rigzin, Kunsang, mes amies Lhamo et Sonam ainsi que leurs familles. Tashi et Tèndzin avaient sellé les chevaux. De la cuisine, Anya et Péma portaient des paniers de provisions. Les chiens se poursuivaient entre les pattes des chevaux. Lorsque le chargement fut terminé, nous nous mîmes en route et longeâmes les berges du fleuve. En amont, la lune qui se levait devant nous jetait une lumière argentée sur l'eau ; ses rayons balayaient l'herbe nouvelle, lui donnant un éclat irréel. Sur la terre humide, nos chevaux faisaient un bruit étouffé ; devant nous, les chiens couraient en aboyant. Entourée de ceux que j'aimais le plus, chevauchant à travers des prairies d'argent, je me sentais vive comme un jeune poulain.

En route, papa s'adressa à Lhamo et à moi :

— Vous voyez là-bas, au tournant de la piste ? C'est le fantôme d'une vieille femme. Elle porte les vêtements d'un esprit venant des enfers chauds [1]... Attention ! elle est en train de ramasser des provisions pour ses enfants. Retenez bien votre tchouba, sinon elle vous l'arrachera...

Lhamo et moi poussâmes un cri et rapprochâmes nos chevaux. Je plissai mes yeux et scrutai le terrain au loin. La lumière de la lune me jouait des tours. Un moment, je vis la tête d'une vieille femme courbée, étendant furtivement ses bras tordus en l'air. L'instant d'après il n'y eut plus qu'un buisson sur le bas-côté de la piste.

— Il y a des fantômes dehors cette nuit. Ils cherchent les méchantes jeunes filles. Vous feriez bien d'être gentilles sinon ils vont vous dévorer. Ce sont des fantômes a-f-f-a-m-é-s, murmura le frère aîné de Lhamo, derrière nous.

Lhamo se retourna et lui jeta son écharpe. Nous pressâmes les rênes de nos chevaux et nous éloignâmes rapidement de lui. Peu de temps après, nous arrivâmes à l'endroit du fleuve où l'eau bouillonnait, dégageant de la vapeur. Thouptèn, Péma et Tchimé, nos serviteurs, déchargèrent les ballots de provisions ainsi que les autres affaires nécessaires au campement des caisses de bois attachées aux flancs des yaks. Lhamo et moi courûmes à l'endroit réservé aux bains des femmes.

Une fois ôtés nos tchouba et nos sous-vêtements, nous nous blottîmes l'une contre l'autre, mais avant que nous ayons eu le temps d'avancer, Sonam arriva en courant derrière nous et nous poussa à l'eau. Elle était chaude et soyeuse. Elle

1. Le bouddhisme tibétain reconnaît de nombreux enfers différents, dont ceux où évoluent des êtres soumis à la chaleur, au froid, à la faim, etc.

encercla mes bras et mes jambes, lappa ma peau nue et m'emplit la tête de cette odeur âcre qui ressemblait à celle d'œufs devenus trop vieux. La chaleur pénétra lentement dans mes pores, éliminant toutes les saletés du moindre de ces orifices. Après un long hiver sans se laver, cette chaleur était bienfaisante. Nous flottâmes ainsi un long moment, comme en transe. Nous sentions les bulles bouillonner dans notre dos en regardant la lune se déplacer lentement dans le ciel. Maman et Ani Rigzin se baignaient non loin de nous. Un peu en aval, papa et le père de Lhamo étaient assis dans des nappes d'eau peu profondes. Ils bavardaient à voix basse en buvant du tchang.

Lhamo brisa le silence et murmura :

— J'ai entendu papa et maman parler hier soir. Ils ont dit qu'ils voulaient me marier à Tèndzin Phuntsok, le fils de Yuré Wangmo.

Je scrutai le visage de Lhamo, m'attendant à y lire de la tristesse. Son visage était tourné vers moi et, à la lumière de la lune, je vis se dessiner un sourire.

— Lhamo, tu n'es pas triste ? lui demandai-je.

— Ça fait des années qu'elle attend ce moment. J'ai vu la façon dont elle regarde Tèndzin, me chuchota Sonam.

Lhamo détourna la tête et je crus voir une certaine rougeur monter à ses joues. Je lui pris le bras et la secouai.

— C'est vrai ?

Lhamo passa ses bras autour de mon cou et colla sa bouche contre mon oreille en murmurant :

— Oui, mais il ne faut pas le dire.

Sa tête frémit contre la mienne comme si un

étrange courant la traversait. Je sentais son excitation pareille à une chose vivante. Après tant d'années passées ensemble, je compris pour la première fois que nous étions différentes. Je regardai son large front, les angles carrés de ses mâchoires. Je découvris quelque chose que je n'avais jamais remarqué auparavant : elle avait un corps moulé dans la glaise, profondément enraciné dans cette vie, un corps qui voulait des enfants, un corps destiné à donner la vie.

Nous étions nées dans le même village, nos vies s'écoulaient ensemble depuis l'enfance, soumises aux mêmes influences. Pourtant quelque chose nous différenciait. Sans doute était-ce le résultat de nos existences antérieures, le karma que nous avions accumulé. Quelle qu'en fût la raison, je compris que nous prenions des chemins divergents. Je désirais le calme et la prière, et elle une vie ancrée dans ce monde. Depuis ce moment, même si nous demeurâmes amies par loyauté envers notre histoire commune, nos esprits empruntèrent des voies opposées et je ne partageai plus avec Lhamo la même sororité que jadis.

Après cet épisode, je me demandais parfois pourquoi les gens étaient si différents les uns des autres, quelle petite voix nous pénétrait et nous façonnait. Parfois, tard dans la nuit, je sentais les esprits d'antan attendre l'embrasement d'une nouvelle étincelle qui les ferait advenir en cette vie. Qui étaient-ils ? D'où venaient-ils ? Quel être errant était né ? Pendant des jours, je m'interrogeai : ce monde, l'au-delà, mon père, ma mère, le mystère qui nous fait venir au monde.

L'année suivante, un marchand de thé venant de l'ouest rapporta un événement inquiétant.

— On a vu un loup rôder sur les remparts du grand monastère de Samyé [1].

On fit cercle autour de lui pour en savoir davantage.

— Des hommes et des jeunes ont chassé le loup et l'ont tué à coups de pierres dans le lit asséché d'une rivière. Plusieurs hommes âgés l'ont ensuite ramené au monastère et l'ont empaillé. Ils l'ont pendu à un poteau à l'extérieur de la porte. Tous ceux qui l'ont vu ont affirmé que c'était le signe que les Chinois allaient arriver.

— C'est un présage. Jusqu'à présent Lhemda a été épargnée, mais jusqu'à quand cela durera-t-il ? ajouta mon père.

Au printemps 1953, les tempêtes furent plus violentes que d'habitude. Le vent souffla avec une force inconnue depuis des années. La poussière tourbillonnait dans l'air et s'abattait en bourrasques sur toute la vallée. Plusieurs hampes de drapeaux de prières furent jetées à terre. Beaucoup disaient : « C'est un signe. Les Chinois ne vont pas tarder. »

Au nord de notre région, dans l'Amdo, on apprit que des soldats arrêtaient des Tibétains. Il y eut des confrontations, des arrestations et des exécutions. Des heurts isolés entre Chinois et Tibé-

1. Premier monastère du Tibet, situé dans le Tibet central et construit entre environ 760 et 770 à l'initiative du grand roi Trisong Détsèn, sous la direction du grand saint Padmasambhava, que les Tibétains considèrent comme le second Bouddha, et de Shantarakshita qui en devint le premier abbé.

tains se soldèrent par la disparition de plusieurs milliers d'Amdo-la tués ou envoyés dans des camps de travaux forcés. Au sud, dans la région de Guialthang, les Chinois divisèrent la population locale en cinq catégories et menèrent une campagne d'arrestations. Ceux des trois premières catégories, les seigneurs, les propriétaires terriens et les lamas, étaient publiquement humiliés ou condamnés à mort.

Près de chez nous, la route carrossable venait d'être prolongée de Dergué à Chamdo. Des Chinois entraient quotidiennement dans le Kham. On disait qu'il s'agissait d'une stratégie qui consistait à transférer massivement la population des régions chinoises surpeuplées vers les vastes étendues désertes du Tibet. Cette politique fut couronnée de succès à tel point que, des années plus tard, certaines régions du Tibet abritaient plus de Chinois que de Tibétains et que notre mode de vie traditionnel disparut peu à peu. Mais, en 1953, nous n'en étions qu'aux prémices de tels événements.

Lhamo se maria deux ans après notre excursion aux sources d'eau chaude. Lorsque le futur époux arriva avec sa famille et ses amis pour l'escorter jusqu'à sa nouvelle maison, je me trouvais avec elle dans sa chambre. On disait qu'il était de mauvais augure pour la jeune femme de regarder son futur mari le jour du mariage. Bien que Lhamo ait souvent vu Tèndzin auparavant, sa mère insista pour qu'elle ne s'approche pas de la fenêtre.

— Tu le vois ? Est-ce qu'il a l'air heureux ? me demanda Lhamo en me poussant vers la fenêtre.

Elle tirait sur les manches de sa robe et arrangeait nerveusement les turquoises qui ornaient sa chevelure. C'était la première fois que je la voyais anxieuse. Mais quelques instants plus tard, lorsqu'elle descendit les escaliers, vêtue de sa tchouba de brocart jaune bordée de fleurs brodées, elle était radieuse. Sa chevelure formait deux longues nattes entrelacées de turquoises. De grandes parures d'or ornaient ses oreilles, des colliers de coraux entouraient son cou. Des anneaux de jade enserraient ses poignets, ses doigts étaient parés de bagues d'onyx. Dans la cour, toute sa famille l'entoura. Ils l'enveloppèrent d'un grand tissu blanc afin de la dérober aux regards et attachèrent un pendentif en forme de flèche à son cou. Puis ils l'aidèrent à monter sur son cheval. Lorsque nous atteignîmes la maison de Tèndzin, ses parents firent à nouveau cercle autour d'elle et passèrent les traditionnelles écharpes de soie blanche autour de son cou. La cérémonie eut lieu au troisième étage de la maison. Khalé Rimpotché récitait les prières. Il termina en bénissant Lhamo et Tèndzin. Le repas fut servi dans les cuisines situées à l'étage inférieur. Les festivités durèrent trois jours et trois nuits. Des troupes de danseurs se produisirent dehors, près d'un feu. On disposa les cadeaux dans la cour afin que tout le monde puisse les admirer. Fusils, bijoux, coupes en argent, chevaux, selles, couvertures et bien d'autres choses encore, trop en fait pour qu'on puisse les dénombrer.

Le soir du troisième jour, alors que je m'apprêtai à partir, je jetai un dernier regard dans la salle du banquet. Le brocart dont on avait drapé les piliers commençait à s'affaisser. Les coupes de tchang vides gisaient éparses sur les tables disposées le long des murs. Au fond de la pièce, les plats s'empilaient près des grandes bassines d'eau. Dans tous les coins, les cadeaux étaient entassés les uns par-dessus les autres. Devant ce spectacle, un sentiment de malaise m'envahit. L'inanité de tout cela. Les paroles de mon père me revinrent à l'esprit : « Si l'on n'impose pas une limite au désir, tout ce que l'on fait devient inutile... Les biens matériels ne vous suivent pas dans la mort. »

Un jour, peu de temps après le mariage, je m'éveillai avec l'impression que quelque chose avait changé. Je ne pouvais pas le déterminer avec exactitude, mais je le sentais au creux de l'estomac. Où que j'aille, cette impression ne me quitta pas de toute la matinée. Parfois, je devais reprendre mon souffle tant mon excitation était forte, comme à la veille du *Losar*, le nouvel an tibétain, ou au début d'une excursion. Mais à cette excitation se mêlait une légère pointe d'appréhension, pareille à celle qui précède le départ de quelqu'un.

En fin de matinée, j'étais avec Anya au bord du fleuve pour laver du linge quand je remarquai que, d'une colline surplombant le cours d'eau, un homme nous observait. Je n'avais jamais vu quelqu'un comme lui : il était vêtu d'une petite veste courte, de pantalons épais et coiffé d'un étrange chapeau à visière. Il nous regarda un moment puis poursuivit son ascension. Je le suivis des yeux jusqu'à ce qu'il disparaisse.

— Ashe Patchèn. Qu'est-ce que tu regardes comme ça ?

Remarquant que j'avais été distraite, Anya me

donna un coup de coude dans le dos. Il m'était difficile de répondre. Ce n'était pas tant ce que je venais de voir que ce sentiment diffus qui me tiraillait. Sous la peau, dans mes os, une solitude qui me faisait peur. Mais, incapable de l'expliquer, je haussai les épaules et me retournai vers la pile de linge sale entassée à mes pieds.

Quelques jours plus tard, je retournai au fleuve avec Anya. Nous étions dans l'eau jusqu'aux chevilles, en train de rincer le linge que nous venions de laver. Nous laissions le courant le tordre et le brasser en tous sens jusqu'à ce qu'il coulât clair. Puis nous mettions les vêtements à sécher sur les rochers de la berge. L'eau qui avait perdu sa tiédeur de l'été m'engourdissait les pieds. Je me balançais d'une jambe sur l'autre pour tenter de les réchauffer. J'essayai de me caler sur les pierres glissantes, tout en veillant à ne pas tomber lorsque je me penchais pour maintenir le linge sous le courant. Je venais juste de trouver le bon équilibre, un pied sur un rocher plat recouvert de mousse et l'autre sur une dalle ronde, lorsque quelqu'un cria mon nom derrière moi :

— Ashe Patchèn... Ashe.

C'était ma mère. Sa voix était plus aiguë que d'habitude, impérative.

— Ashe Pa... tchèn...

J'entendis mon nom, mais le reste se perdit dans le bruit du fleuve.

Sonam arriva en courant vers nous.

— Ashe... viens. Ta mère te demande... Les Chinois sont là.

Les Chinois. Ce nom tomba sur moi comme la foudre. Je jetai le linge sur la berge et me mis à courir. Je partis si vite que j'oubliai d'enfiler mes chaussures. Monter le sentier, passer la porte, descendre, remonter les escaliers jusqu'à la cuisine... Cinq, six, peut-être sept hommes se tenaient au fond de la pièce, près du poêle. Ils portaient tous une petite veste courte, de longs pantalons épais, un étrange chapeau à visière, exactement comme l'inconnu que j'avais aperçu quelques jours plus tôt. L'un d'eux se retourna vers moi au moment où je pénétrai dans la pièce. En le regardant de plus près, je vis qu'une petite étoile rouge ornait le devant de son chapeau. Elle me fit penser à du sang. L'homme inclina brusquement sa tête dans ma direction puis se retourna vers mon père qui se tenait au milieu d'eux. Je me penchai en avant pour écouter, mais ils parlaient dans une langue que je ne comprenais pas. À côté d'eux, un jeune Tibétain écoutait et traduisait leurs paroles pour mon père, mais il parlait à voix si basse que même en mettant ma main derrière l'oreille, je ne l'entendais pas distinctement.

Ce soir-là, après le départ des Chinois, mon père réunit plusieurs de ses conseillers dans sa chambre. Je collai mon oreille contre le bois et entendis les propos de l'un d'eux, Péma Tséring :

— Ils ont offert des soies, des brocarts, des pièces d'argent contre des céréales. Ils ont dit qu'ils étaient venus pour nous libérer des impérialistes étrangers...

— Mais ce sont des soldats. Dans le Nord, ils ont attaqué le monastère de Chamdo, répliqua Shamo Tchémi, un autre conseiller.

Mon père marchait de long en large.

— Ils essaient de gagner notre confiance avec

des pots-de-vin et des promesses. Les paroles qu'ils prononcent sont comme du miel sur un couteau. Mais attendez... vous verrez. Si vous léchez le miel, vous vous couperez la langue. Il ne faut pas leur faire confiance, affirma-t-il.

La crosse de bois carrée du fusil pesait sur mon épaule. Elle était dure. Je pressai la détente froide aussi fermement que je le pus et je fus projetée en arrière, contre mon père qui se tenait derrière moi. Je ressentis dans ma poitrine une douleur semblable au coup de sabot d'un cheval. Je me mordis les lèvres sans rien dire. J'étais sur la terrasse. Mon père m'apprenait à manier les armes à feu. En bas, dans le champ qui jouxtait la maison, s'élevait un poteau surmonté d'une petite boîte en bois que j'avais essayé d'atteindre. Mon père se pencha pour voir si le coup était proche de la cible.

— Par là, à gauche et plus haut, commenta-t-il.

Il prit le canon métallique et, accroupi à côté de moi, guida l'arme vers le but.

— Tiens-la bien... ne respire pas. Feu !

De nouveau, la douleur dans ma poitrine.

— En plein dans le mille !

Ravi, il ébouriffa mes cheveux.

— Mais si c'était un Chinois, est-ce que tu oserais le tuer ?

Est-ce que j'oserais tuer ? Ces mots traversèrent ma tête comme le grondement du tonnerre.

Venant du palier, j'entends des pas derrière moi. Rapides, ils claquent sur la pierre. Comme des coups de fusil.

Je me retourne pour regarder. Un homme se tient dans la pénombre, invisible. Je ne vois que ses chaussures. Celles d'un étranger. Je me détourne et me mets à courir. Je cours dans l'obscurité.

Les pas continuent à me suivre.

Je me réveillai en sueur.

Toute la journée, ce rêve me poursuivit. En fin d'après-midi, incapable d'apaiser ma peur, j'allai retrouver Gonlha. Il était dans la chapelle, en train de faire briller l'un des cent bols de cuivre disposés sur l'autel. Lorsque je lui racontai mon rêve, il s'assit, silencieux, le regard baissé sur ses mains posées dans son giron. Parfois, quand je le voyais ainsi, je pensais qu'il méditait ou qu'il s'était endormi. Au moment où je commençais à croire qu'il ne m'avait pas entendue, il bougea et murmura mon nom de famille : « Lemdha Patchèn... Lemdha Patchèn... » Il semblait le tourner dans sa bouche comme il aurait égrené un chapelet.

Ses yeux se levèrent lentement jusqu'à rencontrer les miens.

— Le monde que tu vois avec tes yeux est éphémère comme l'éclair... comme la rosée. Seul le monde qui transcende les apparences est vrai. Tu dois dénuder ton esprit, le rendre aussi vaste que le ciel. Sans l'attacher aux peurs ni aux préoccupations, laisse-le reposer.

Il prit mes mains dans les siennes, puis se pencha vers moi jusqu'à ce que nos fronts se touchent. Nous restâmes assis un moment. Puis il se leva et sortit de la chapelle de son pas claudicant et se rendit dans sa chambre. La lumière baissa.

Dans le lointain, la plainte des conques monastiques retentit dans le ciel qui s'assombrissait. Je m'assis à la lueur des lampes à beurre. Je priai.

Om mani pémé houng.

4

Au monastère

L'année du Cheval de bois commença comme toutes les autres. Avec le nouvel an s'amorçait un nouveau début. Mais, tout comme le renouveau fait partie de la nature, l'oubli fait partie de la mémoire. Ainsi, telle l'herbe qui, oublieuse du gel hivernal, revient au monde régénérée, la présence chinoise ne tarda pas à s'effacer de mes pensées. Si j'avais su à cette époque que les choses que l'esprit oublie ne disparaissent pas pour autant du monde, je me serais davantage inquiétée de la situation. Car les Chinois n'avaient nullement l'intention de disparaître. Ayant amené une délégation tibétaine à leur céder l'indépendance, ils s'étaient emparés de notre pays et n'étaient pas prêts à le lâcher, tel un chien serrant son os entre les dents.

Pendant des années, leurs flatteries et leurs cadeaux nous endormirent ; nous sombrâmes dans l'autosatisfaction. « Nos autorités ne changeront pas le gouvernement tibétain », prétendaient-ils. Mais ils mentaient. Dans tout le Tibet, ils mirent en place leur régime. Dans la ville voisine de Chamdo, ils établirent un comité de libération du peuple, dirigé par des cadres chinois. Mon père fut nommé représentant de notre district de Gonjo ; en fait, comme tous les autres Tibétains, sa fonction ne valait que pour la forme et il participa rarement aux réunions. Dans d'autres régions du Tibet, les comités commencèrent à introduire des réformes. Mais à cette époque, notre village était encore épargné et la vie continuait telle que nous la connaissions. À l'approche de l'année 1954, le monde des comités et des cadres du Parti n'avait aucun intérêt pour moi. Bien que mon village de Lemdha ne soit qu'à cinq jours de cheval de Chamdo, la situation qui régnait dans cette ville me paraissait aussi lointaine que l'étoile la plus éloignée de notre planète.

Vingt jours avant le début du nouvel an, nous fîmes des réserves d'huile. Après avoir grillé les graines de moutarde, nous les écrasions pour en faire une pâte que nous faisions bouillir pour obtenir l'huile. Des jours durant, les kapsé grésillaient dans de grandes poêles remplies de ce liquide et les tables attendaient ces friandises croquantes et toutes fumantes, rouges et vertes, salées ou sucrées. À l'approche du premier jour de *Losar*, on entreposait d'autres préparations dans des récipients en terre cuite. Des condiments de radis, de la farine d'avoine, de la viande hachée, un mélange de pommes de terre et de choux, des têtes de moutons cuites.

Le veille du nouvel an, les maisons étaient récurées de la cave au grenier. On changeait les rideaux des portes [1] et des fenêtres. À l'extrémité

1. Au Tibet, dans les maisons traditionnelles aisées et dans les monastères, on met également des rideaux devant les portes.

des autels garnis d'orge séchée, on plaçait une tête de mouton et du riz. On changeait la soie qui drapait les statues des divinités, on recouvrait les piliers de brocarts. Dans la cuisine, on disposait de nouveaux matelas et des tapis pour les invités attendus au cours des dix jours suivants. Sur le mur, les symboles de bon augure étaient repassés à la peinture blanche. En fin d'après-midi, on portait des offrandes de kapsé, de fruits, de saucisses et de têtes de moutons aux trois monastères du village.

Ce soir-là, les décorations achevées, on posa sur le poêle de grandes bouilloires de cuivre remplies d'eau et de lait et la vapeur emplit l'air d'un doux parfum. Ensuite les femmes prirent un bain dans ce satin liquide, comme les hommes le soir précédent. Les bras ruisselant d'eau, ils se tournaient vers l'est, en direction de la pureté et de la paix. Je me souviens du miroitement de la lumière sur notre peau. La buée s'élevant dans l'air. La sensation douce et soyeuse sur mon corps purifié pour l'année à venir. Dans mon sommeil de la veille du Losar, chaque fois que je portais mes mains à mon nez, la senteur suave du lait mêlée à celle de la fumée parfumait mes rêves.

Le premier matin de l'année du Cheval de bois, je me levai plusieurs heures avant l'aube. L'air était si froid qu'il me brûlait à chaque respiration. J'enfilai en vitesse ma tchouba en peau de mouton, j'attachai les lanières de mes bottes et je descendis les escaliers. Dans la cuisine, maman avait sorti un grand seau en cuivre de l'armoire et se dirigeait vers la porte. Avant qu'elle n'ait eu le temps de protester, je lui pris le seau des mains et je franchis le seuil de la maison pour aller au fleuve.

Aux fenêtres de plusieurs habitations la lueur des torches vacillait et de fines volutes de fumée s'élevaient au-dessus de quelques cheminées. Pourtant, aussi loin que portait mon regard, j'étais seule sur le chemin. La demi-lune était basse sur le quartier ouest du ciel mais elle éclairait suffisamment pour que l'on puisse marcher sans trébucher. Calant le seau sur ma hanche, je me hâtai vers le fleuve. Parvenue à la rive, je m'arrêtai un moment pour reprendre mon souffle. Sur les bords, l'eau coulait sous une mince couche de glace et tintait comme des clochettes d'argent. Derrière moi, un crissement résonna sur le sentier. Dhonyu, le fils de Péma Guialstèn, courut dans ma direction. Avant qu'il ne puisse m'atteindre, je saisis mon seau et le jetai contre la glace. Comme du verre, celle-ci se brisa en mille morceaux. Donyu arriva hors d'haleine, juste au moment où je soulevai le seau plein d'eau et le calai à nouveau sur ma hanche. Il avait l'air si déçu que je crus un moment qu'il allait me l'arracher. Mais sa bouche esquissa un sourire et il me tapota amicalement l'épaule.

— Tu l'as eue ! L'eau dorée ! La première eau de la nouvelle année. C'est un signe propice pour ta famille.

Je m'inclinai et remontai vers la maison. En m'éloignant, je l'entendis marmonner entre ses dents : « La famille d'un chef a déjà assez de chance comme ça... »

Je pris mes vêtements et mes bijoux posés à côté de mon lit où je les avais placés la veille au soir. La vue du brocart neuf et impeccable de ma tchouba me rappela mes années d'enfance quand, au réveil, je découvrais sous mon oreiller des bijoux et des habits neufs apparus comme par magie. Une année, j'avais trouvé une petite tchouba blanche bordée de fourrure assortie, un chapeau de fourrure blanche et deux grands *dzi* montés sur une chaîne d'argent. Sur les dzi, ces pierres mystérieuses issues des océans d'antan, des yeux cerclés de noir étaient dessinés. Ce jour-là, mon père m'avait appelé « petite princesse des neiges ».

— Écarte-toi du poêle, ma petite princesse, sinon tu vas fondre.

Et il était parti de son gros rire bourru ; il m'avait enlevée dans ses bras en frottant son nez contre la fourrure de ma tchouba. Mais maintenant que j'avais grandi, il n'y avait plus rien sous mon oreiller et c'est moi qui pliais mes vêtements neufs près de mon lit le soir.

Dans la chapelle de notre maison, à l'occasion du Losar, on avait suspendu une *thangka* [1] dorée provenant du gouvernement tibétain. Au milieu de l'autel grandeur nature se dressait une statue recouverte d'or du gourou Padmasambhava. De chaque côté, depuis leurs vitrines encadrées de bois, deux gracieuses divinités scrutaient l'espace, enserrées dans une foule de statues multicolores de toutes tailles. Des piliers peints en

1. Une *thangka* est une peinture traditionnelle tibétaine à motif religieux, support de méditation et de contemplation, entourée de plusieurs bandes de brocart et que l'on suspend au mur au moyen d'une sorte de tringle de bois.

rose et décorés de dragons dorés montaient jusqu'au toit. Les textes religieux étaient alignés le long des murs. Sur les pupitres bas, les cloches, les trompes et les tambours attendaient. Dans la grande salle de la chapelle, la fumée de centaines de lampes à beurre s'élevait en volutes. La lueur des flammes scintillait sur le visage du Gourou Padmasambhava. Parfois, il semblait respirer. Nous pénétrâmes à l'intérieur et nous nous prosternâmes à trois reprises devant la grande statue. Puis nous déposâmes sur ses pieds une écharpe cérémonielle de soie blanche et gardâmes les mains jointes à hauteur du cœur, paume contre paume. Nous priions afin d'être libérés des attachements de notre esprit ordinaire et d'atteindre l'essence de notre véritable nature, la sagesse primordiale. Nous priions afin d'être lavés des poisons de l'ignorance, de la haine et du désir. Enfin, nous priions afin de développer une attitude de bonté et de compassion envers autrui et de suivre la voie de la libération. Ce matin-là, en cette chapelle dorée au sommet de la maison, je fis le vœu de consacrer ma vie à la transformation de mon ego limité, à l'atteinte du corps d'arc-en-ciel, du monde de pure lumière [1]. « Permettez-moi de revenir au monastère de Guialtsé Rimpotché pour y recevoir les enseignements. » Dans ma prière, son monastère scintillait dans mon esprit comme une invite.

1. Le terme corps d'arc-en-ciel désigne le corps de lumière que les yogis réalisés obtiennent au moment de la mort, quand le corps grossier, constitué d'éléments, réintègre sa nature lumineuse.

Papa buvait du tchang depuis le matin et riait plus fort que d'habitude. Sa coiffe de chef de province, offerte par le gouvernement, avait glissé sur le côté et sa robe de brocart jaune godait un peu sur le côté gauche. Il était dans le fond de la cuisine, près des cuves à tchang, un bras passé autour des épaules de son grand ami Péma Guialtsèn.

— Péma-la, Péma-la, mon bon ami. Buvons à nos années d'amitié, à notre jeunesse, à nos actes de courage... Nous avons chevauché ensemble les plaines d'or... Nous avons tiré la flèche d'argent...

Sa voix retentissait dans la pièce. D'ordinaire, mon père était silencieux dans une assemblée, à moins qu'il n'ait quelque chose d'important à dire ou qu'il n'ait bu cette orge fermentée qui lui déliait la langue.

En ce second jour de Losar, des invités arrivèrent toute la journée. Ils mangeaient énormément et buvaient des seaux de tchang, célébrant ainsi le nouvel an par des danses, des chants et des jeux. Le soir venu, tout le monde était très en verve. Après avoir levé une autre coupe à la santé de son ami, mon père alla jusqu'à entonner une chanson.

Je restai à l'écart des convives, dans un coin de la salle, à les observer. Au centre, un groupe d'hommes et de femmes, de garçons et de filles, avait commencé à danser, les bras passés autour de la taille.

— Ashe, viens !

Lhamo me fit signe de les rejoindre. Je rougis et me reculai contre le mur.

— Non, non.

Je secouai la tête en espérant qu'ils ne me regardent pas et me courbai comme si j'avais mal à une jambe. Mais Lhamo continuait de m'appeler. Essayant de me faire toute petite, je m'imaginai ailleurs. « Ashe est une enfant sage... toujours à l'écart. » Ces mots dansaient dans mon esprit et je fermai les yeux. Dans la salle la rumeur s'accentua. Rires, cris, pincement des instruments à cordes. J'ouvris les yeux. De l'autre côté de la pièce, Dhonyu, le fils de Péma Guialtsèn, me regardait comme un loup scrute sa proie. Je me glissai le long du mur jusqu'à un pilier derrière lequel je m'assis pour me dissimuler, mais son regard me suivait avec insistance. C'est alors que je sentis que l'on tirait sur ma tchouba. Je baissai les yeux et vis une petite boule blanche à mes pieds : Dolma !

Soulagée, je me baissai pour la prendre sur mes genoux. Elle haletait ; sa petite langue rose pendait, luisante et humide. Et elle se tortillait, incapable de rester tranquille. Je lui caressai la tête : « Je sais, je sais. Trop de monde et trop de bruit. » Je la mis sur le dos et tapotai doucement son petit ventre soyeux. Je sentis son cœur battre au rythme de l'agitation régnante. « Doucement, doucement », lui dis-je en rapprochant mon front de sa tête.

— Ashe Patchèn...

De l'autre extrémité de la salle, la mère de Lhamo m'appelait. C'était une grosse femme dont le corps oscillait quand elle marchait. Elle traversa la pièce et se tint au-dessus de moi en me regardant jusqu'à ce que je me lève. Je tenais Dolma contre ma poitrine, le visage à moitié caché dans son pelage.

— *Tashi Délèk*. Joyeux Losar, dit-elle.

Je fis un simple signe de tête. Elle attendit que je parle. Comme je ne disais rien, elle poursuivit.

— J'ai vu que le fils de Péma Guialtsèn te regardait tout à l'heure.

Ses petits yeux me faisaient l'effet d'aiguilles enfoncées dans ma tête. J'avais la langue coincée contre le palais. Comme je ne répondais toujours pas, elle continua :

— Le fils du meilleur ami de ton père ferait un bon parti.

Elle avait la bouche entrouverte. Comme un petit oiseau qui attend d'être nourri, pensai-je. Apercevant ma mère devant le poêle, de l'autre côté de la cuisine, je reculai et, la désignant du doigt, je fis comprendre à la grosse femme qu'elle m'avait appelée et m'éloignai précipitamment.

— Lhamo attend un enfant, ajouta-t-elle derrière moi.

Je l'entendis mais ne m'arrêtai pas. Maman disposait des côtes de porc et des nouilles sur des plats. Les manches de son chemisier étaient retroussées et l'une de ses boucles d'oreilles en or s'était prise dans ses cheveux. Elle parut mécontente de me voir et me fit signe de m'en aller.

— Ne reste pas debout dans un coin de la pièce à regarder dans le vide... parle aux invités...

Je me sentis prise au piège et lui répondis vertement, puis j'allai m'appuyer contre un mur, à l'autre bout de la salle. Je ne me lassais pas d'observer les gens. J'aimais imaginer ce qui se passait en eux au-delà des apparences qu'ils affichaient. Qu'ils sourient, qu'ils soient tristes ou en colère, je voyais toujours plus loin que l'émotion lisible sur leur visage. Parfois, lorsque personne ne les regardait, leurs traits se modifiaient au point que je discernais un être tout à fait différent de ce qu'ils montraient : le petit enfant ou la femme déjà âgée. À d'autres moments, à leur insu, le geste le plus infime révélait un profond secret : ce qu'ils pensaient vraiment, ce qu'ils étaient au tréfonds d'eux-mêmes. J'inventais une histoire pour chacun d'eux. Bavarder ou poser des questions n'était pas mon fort. Je préférais observer.

Tard dans la soirée, Cheunyi Dolma, une chanteuse de notre village, arriva à la maison pour conter l'épopée du roi Guésar. Elle commença d'une voix aiguë et vacillante.

Si personne ne connaît ce lieu, sachez que c'est le
royaume de Ling, le centre du monde.
Si personne ne me connaît, sachez que je
[m'appelle
Ma nene Karmo. Je vis dans le palais de tur-
quoise bleu, le paradis divin...

Au fur et à mesure qu'elle chantait, son visage s'éclairait d'une lumière intérieure, ses yeux levés vers le ciel.

Vous devez aller dans les mondes inférieurs, et
[une fois là,
prenez garde aux esprits à tête d'ours et de chien.
Vous y trouverez les enfers chauds et froids.
Là, coule un fleuve sans fond que seuls vous et
votre monture pouvez franchir...

Le silence se fit. Tous les regards se fixèrent sur Cheunyi Dolma. Certains convives étaient légèrement penchés en avant sur leurs matelas, le visage empreint d'une expression de profonde concentration ou d'émerveillement.

Quand vous détruisez vos ennemis, Padma-
[sambhava les emmène
au paradis. Moi, Ma nene Karmo, j'éprouve de
[la compassion
pour les créatures vivantes, jamais de haine.
[Vous aussi,
soyez vaillants. Ne restez pas à Ling. Allez
[sauver les êtres dans
les enfers. Suivez la blanche lumière...

Aurai-je le courage d'affronter les esprits à tête d'ours, d'endurer les enfers chauds et froids ? Je pensai qu'il y avait bien plus de grandeur d'âme à sauver les êtres vivants qu'à se marier. Donnez-moi ce courage, *om mani pémé houng*.

À la fin de la soirée, certains invités rentrèrent chez eux, tandis que d'autres s'endormirent sur leurs matelas le long des murs. Maman s'assit sur un banc près du poêle et se frotta le visage de ses mains. Des mèches de cheveux pendaient sur ses joues. Son front était pâle et moite. Les bracelets d'or torsadés semblaient peser sur ses mains ; sous les bagues dorées, ses doigts étaient gonflés. À son poignet, à l'endroit où se rejoignent les deux veines, son pouls battait fort. La vue de ce pouls si rapide m'inquiéta. Elle est tellement fatiguée, songeai-je. Elle n'a jamais le temps de prier ou de suivre une pratique spirituelle régulière. Sa santé peut se détériorer. Si elle venait à mourir, qu'adviendrait-il de son esprit ? Et que ferai-je sans elle ? J'avais honte de lui avoir répondu si vivement ; je savais qu'elle avait raison.

— Laisse-moi te frotter le dos, lui dis-je en m'asseyant derrière elle.

Je soulevai ses cheveux ; son cou était clair, doux et soyeux comme celui d'un enfant. Je me penchai pour embrasser le sillon de sa nuque, puis je commençai à caresser tendrement son dos. « Douce maman », murmurai-je.

Le lendemain, je suppliai mon père de la laisser aller au monastère de Guialtsé Rimpotché. Après que j'ai pleuré et imploré, il accepta. Quelques jours plus tard, je lui demandai la permission d'accompagner ma mère. Il me donna de nouveau son accord.

Nous partîmes sans même avoir bu une goutte d'eau ni de thé. Maman, Tashi et moi nous déplacions à cheval, mais beaucoup d'autres gens qui se rendaient au monastère ne pouvaient se permettre ce luxe et devaient marcher. Chaque jour, pendant les trois semaines que dura le voyage, nous nous arrêtions avant le coucher du soleil afin de ramasser du bois pour faire le feu. Un soir, nous fîmes halte plus tôt que d'habitude dans une vallée où s'étendait une vaste prairie. Tandis que les autres déchargeaient les bagages et plantaient les tentes, je descendis jusqu'à la rivière.

C'était une petite rivière sinueuse comme un serpent, aux berges tantôt dénudées, tantôt dissimulées par de hautes herbes. Bien qu'il fît encore froid, la neige avait fondu. Seule la lisière de la forêt était bordée de blanc. Je m'assis au bord de l'eau. En amont, une forme blanche attira mon attention. Une sorte d'oiseau comme jamais je n'en avais vu auparavant. Il se tenait immobile, ses grandes pattes dans l'eau. Le soleil l'éclairait de telle manière qu'il ressemblait à une personne. C'est peut-être une divinité, mi-humaine, mi-oiseau, pensai-je. Je le contemplai longtemps car, lorsque je levai la tête, le soleil avait baissé sur l'horizon et, de l'extrémité du pré, j'entendis ma mère m'appeler. Le son de sa voix fit tressaillir la créature. Son cou se redressa comme une épée lancée en l'air. Elle regarda tout autour d'elle en tournant la tête par saccades et s'éleva au-dessus de la rivière dans un mouvement d'ailes large comme deux hommes côte à côte. Elle s'élança et disparut dans le ciel, tel le claquement des drapeaux de prières dans le vent. Je la suivis des yeux jusqu'à ce qu'il ne reste qu'une fine ligne courbe dans le ciel.

Toute la nuit, j'entendis le battement de grandes ailes au-dessus de ma tête ; je vis s'élever les longues et fines pattes d'échassier. Il me sembla entendre le cri d'un oiseau de nuit. C'est un présage, pensai-je. Mon esprit ne va pas tarder à prendre son envol. Le matin, au réveil, j'eus l'impression d'être bénie.

Ce jour-là, tout en chevauchant, je me remémorai ma première visite au monastère de Khalé Rimpotché où j'avais pris les vœux du Refuge et reçu l'initiation. J'avais huit ans et je maîtrisais tout juste la lecture et l'écriture. Gonlha m'avait dit : « La meilleure manière d'aborder le Dharma est de prendre les vœux du Refuge, et de recevoir l'initiation de Dordjé Phourba. » Cette pensée me remplissait d'une crainte mêlée de respect ; je n'avais cessé d'y penser des jours d'affilée. J'avais supplié Gonlha de m'emmener auprès de Khalé

Rimpotché pour y recevoir des enseignements, mais il n'avait pas prêté attention à ma demande et continuait de s'acquitter de ses tâches quotidiennes à la chapelle comme si cette idée et ces propos lui étaient sortis de la tête.

Puis quelques mois plus tard, au moment où je m'y attendais le moins, il m'avait déclaré qu'il me croyait prête. Je me souviens très précisément du jour où nous sommes partis pour le monastère. Une douce brise chaude faisait bruire les drapeaux de prières à l'extérieur de la maison. Sous nos pas, l'herbe était touffue ; les fleurs émaillaient les collines comme autant d'étoiles. Au bout d'une demi-heure d'une raide montée en lacets, nous avions débouché sur une petite clairière, un endroit solitaire situé au-dessus du monastère de Khalé Rimpotché. C'était l'un des lieux sacrés de Chenrézi, le Bouddha de la Compassion.

Khalé Rimpotché était assis seul sous la tente qu'il avait fait planter dans la clairière, nichée contre un surplomb rocheux. Les larges dalles anguleuses semblaient former une voûte protectrice au-dessus d'elle.

Nous pénétrons dans la tente et nous nous approchons de Rimpotché. La lumière glisse sur ses cheveux et passe sur son visage. Ses yeux se posent sur moi et je baisse la tête. Je porte mes mains jointes en un geste de dévotion au sommet du crâne, puis au niveau de la gorge et du cœur. Ensuite je me prosterne trois fois devant Khalé Rimpotché en signe de révérence. Mes mains, mes genoux et mon front touchent le sol.

Gonlha me désigne les offrandes de kapsé et de

fruits posées à mes pieds. Le panier et l'écharpe cérémonielle dans les mains, je m'avance, les yeux baissés, le cœur battant d'excitation.

Je m'approche de Khalé Rimpotché. Je tends le panier et l'écharpe jusqu'à ce qu'on les soulève doucement. Une main se pose sur ma tête et je lève les yeux.

Devant moi, Khalé Rimpotché est assis sur un trône. Sa robe monastique rouge foncé est drapée autour de son épaule et recouvre son buste. Son visage lisse, tout en longueur, et ses joues creuses s'éclairent. Ses yeux se plissent en un sourire, ses lèvres s'entrouvrent.

— La vie est une succession de renaissances ; chaque existence est déterminée par les actes effectués dans la précédente. C'est ce que l'on appelle le karma. Le karma s'élabore à chaque instant. Si vous agissez en suivant une bonne motivation, votre vie en est récompensée. Si vous agissez en suivant une mauvaise motivation, votre vie en souffre. Aussi longtemps que nous ne reconnaîtrez pas cette causalité cyclique, votre karma se répétera, en cette vie et en la prochaine.

Une ombre passe sur le visage de Khalé Rimpotché. Sa voix devient grave et il murmure :

— Sachez que ce monde est impermanent comme les nuages d'automne. La vie humaine, comme l'éclair dans le ciel, s'écoule aussi vite qu'un torrent descend de la montagne. Si on ne le comprend pas, la vie est souffrance. Ce n'est qu'en dissipant l'illusion de votre esprit que vous trouverez le bonheur immuable ; ce n'est qu'en suivant la voie de la liberté et de la libération que vous trouverez la paix.

Il me regarde avec une expression de bonté et me demande :

— Souhaites-tu t'engager dans cette voie ? Veux-tu prendre Refuge dans le Bouddha à l'esprit pur et au cœur débordant de compassion ? Veux-tu prendre Refuge dans le Dharma, les enseignements qui libèrent, la voie de la liberté ? Veux-tu prendre Refuge dans la Sangha, la communauté spirituelle qui te soutiendra sur le chemin ?

— Tro la ! *répondis-je avec toute la conviction qui emplit mon être. Je le veux !*

J'incline la tête. Khalé Rimpotché me coupe une mèche de cheveux.

— Désormais tu t'appelles « Lampe du Dharma », Détentrice de la Doctrine. Un jour tu deviendras peut-être une ani, *une nonne.*

Il effleure le sommet de mon crâne avec une sorte de houssoir fait de plumes de paon et dépose des grains de riz à l'endroit où mes cheveux ont été coupés.

— Tu as une existence humaine précieuse, libre et bénie. Par gratitude, fais-en le meilleur usage possible. Pratique le Dharma et sois compatissante envers tous les êtres vivants.

Une vague de bonheur me traverse. Je me prosterne.

Ce même jour, je reçois l'initiation de la pratique de Dordjé Phourba[1]*. Après avoir récité les*

1. En fonction des caractéristiques et aptitudes de chacun, le maître désigne une divinité tutélaire sur laquelle médite le disciple afin d'éveiller en lui ou en elle la pureté originelle de son esprit. Les divinités tutélaires ou *yidam* ne sont pas des dieux mythiques mais des expressions de la pure clarté de l'esprit.

prières préliminaires, Khalé Rimpotché me demande de visualiser cette divinité en face de moi. Ses trois têtes bleu-noir, ses six mains, ses quatre jambes, ses magnifiques ailes devant moi, dans toute sa splendeur courroucée. De son cœur émanent des rais de lumière infinis dans un resplendissement de saphir en fusion ; les corps de l'ego qui ont tenté de l'anéantir gisent vaincus à ses pieds.

— Tout en la gardant présente à l'esprit, imagine que cette divinité d'aspect courroucé et terrifiant pénètre dans ton corps, t'emplissant du pouvoir de sa compassion, te permettant ainsi d'annihiler tous les obstacles intérieurs surgissant sur le chemin de la liberté. Sa puissante compassion est maintenant en toi et tranche les illusions de ton esprit. Fonds-toi en cette force et en cette puissance. Dordjé Phourba est désormais ton protecteur.

En quittant Khalé Rimpotché, j'eus le sentiment d'un but nouveau. Je n'avais que huit ans. Depuis, ce but est resté présent à mon esprit. C'est cette motivation intérieure qui m'habitait quand je me rendis, accompagnée de ma mère, au monastère de Guialtsé Rimpotché. J'avais vingt et un ans.

Le dernier jour de notre voyage, nous arrivâmes au bord du Yangzi Jiang en fin d'après-midi. Nous descendîmes de cheval. Le fleuve, alimenté par la fonte des neiges, avait un débit rapide et venait heurter les gros rochers de la berge. La traversée fut difficile. Les hommes détachèrent les caisses et les sacs du dos des yaks et guidèrent les animaux.

Maman et moi nous attendions, assises sur des caisses, le coracle qui devait nous faire traverser.

D'une boucle du fleuve, au loin, la voix du passeur retentit. Stridente comme l'appel d'un oiseau, elle annonçait son approche. Ramant contre le courant, il ne tarda pas à apparaître. Son canot s'enfonçait profondément dans l'eau : une armature en branches de saule recouverte d'une peau de yak dont les bords s'ourlaient comme une boulette de pâte. Quand il atteignit la rive, huit hommes et deux ânes en sortirent. Après avoir déchargé l'embarcation, le passeur nous fit un signe de la main et nous grimpâmes à bord. Dans l'air flottait l'odeur saumâtre de l'écume amassée contre les rives. Je me tenais en équilibre instable, tandis que l'on chargeait nos bagages et que d'autres voyageurs nous rejoignaient. Le passeur, un vieil homme à la peau parcheminée, vêtu d'une tchouba déchirée et d'un chapeau de fourrure élimé, faisait les cent pas sur la berge sablonneuse en attendant que l'embarcation se remplisse. Quand tout fut enfin prêt, il monta péniblement à l'avant du bateau en s'appuyant sur sa perche et, saisissant de ses mains patinées par de longues années de navigation les deux rames en bois, il amorça la traversée du fleuve. Très vite, le courant nous entraîna. Nous fûmes pris dans les tourbillons d'un petit rapide. L'embarcation tangua de tous côtés, nous projetant les uns sur les autres. L'écume des rames fouettait nos visages. Je m'accrochai à l'ossature en bois de saule. L'eau glacée du fleuve blanchissait mes doigts. Je visualisai mon protecteur Dordjé Phourba au-dessus de ma tête. La contemplation de ses trois têtes courroucées me donna du courage et je m'habituai peu à peu au roulis du coracle.

Nous atteignîmes l'autre rive sains et saufs et nous entamâmes l'ascension des hautes collines. Le sentier étroit était très fréquenté : à peine y étions-nous engagés que nous rencontrâmes une file de pèlerins qui redescendaient du monastère. Puis, quelques pas plus loin, le tintement des clochettes nous indiqua qu'une caravane arrivait, cachée par un tournant de la piste. Nous nous arrêtâmes pour céder la place aux marchands, dont les yaks étaient chargés de biens destinés au marché de Chamdo. La piste se mit brusquement à monter en lacets raides et nous faillîmes heurter plusieurs jeunes enfants qui portaient des fagots de bois sur le dos. Franchissant les gros rochers avec une agilité surprenante, ils dévalaient la pente comme une avalanche. Ils passèrent à nos côtés en riant et nous saluèrent : *Tashi délèk !* Le sentier serpenta ainsi sur plusieurs kilomètres. Il s'éleva de plus en plus abruptement sur le flanc de la montagne, laissant loin en dessous de nous le tumulte des cours d'eau. De temps à autre, des parois du défilé montait l'écho des clochettes d'un convoi de bêtes de somme. À plusieurs reprises, Shindrouk, mon cheval, trébucha et s'arrêta, ne daignant repartir que si je le poussais. Au bout d'une heure, fatigués par la montée, nous fîmes halte dans la première pinède que nous rencontrâmes. À travers les arbres drapés de mousse, j'aperçus les méandres d'un mince filet d'argent en contrebas ; en mettant ma main en cornet contre mon oreille, j'entendis le ruissellement de l'eau.

Nous poursuivîmes notre ascension pendant un

moment, jusqu'à ce que la piste amorçât un tournant en épingle à cheveux. Là, telle une apparition, se dressait le monastère. Immense et étincelant, il s'étendait sur la colline comme une montagne sacrée. Les lampes à beurre avaient déjà été allumées et des milliers de lumières étincelantes miroitaient sur le versant qui s'assombrissait. La pulsation rythmée des gongs résonna et la lente psalmodie des moines, profonde, primordiale, traversa lentement l'air frais du soir, comme si elle s'élevait du tréfonds de la montagne. Cette atmosphère m'emplit d'une crainte respectueuse.

Nous pénétrâmes dans la grande cour pavée de pierres. Un moine en longue robe pourpre apparut à une porte latérale. Joignant les mains à la hauteur de sa poitrine, il nous accueillit en inclinant la tête. Nous le suivîmes à travers une volée d'escaliers, traversâmes une terrasse bordée de moulins à prières et débouchâmes dans une grande salle voûtée qui résonnait de la course précipitée de nos pas et du battement lointain des gongs. Immenses et frais, les couloirs partaient dans toutes les directions. L'odeur douce et légèrement pimentée de l'encens emplissait l'air. Le calme m'enveloppa. Enfin, personne ne troublera mon esprit ! Personne pour voir ce que je fais, à quoi je ressemble. Je suis libre !

La pièce était petite et sombre mais suffisait à mes besoins. Un matelas contre un mur, une table basse pour l'autel de l'autre côté. Une petite fenêtre donnait sur la cour, deux étages plus bas. Un air froid flottait dans l'air comme si la chambre n'avait pas été occupée depuis longtemps. Sur la table, poussière et cendre se confondaient. Le matelas était humide. Pendant un moment, cette nudité m'inquiéta. Livrée à moi-même, je ne savais que faire. Je me tenais au milieu de la cellule, mal à l'aise. Je m'asseyais sur le matelas pour me relever tout aussitôt. Cela sentait le moisi. Je sortis un morceau de tissu de mon sac et essuyai la table. Ah, l'autel ! Je cherchai dans mon sac sept bols en cuivre. Je les disposai l'un à côté de l'autre sur la table basse, à une égale distance les uns des autres. Derrière, je plaçai une statue de Chenrézi, le Bouddha de la Compassion, et je pendis au mur une thangka de Dordjé Phourba. Je me reculai pour apprécier l'ensemble. Je déplaçai plusieurs fois Chenrézi et Dordjé Phourba jusqu'à trouver leur bon emplacement. Après m'être prosternée trois fois, je priai. Dans la paix de la pièce, le silence filtrait comme la lumière. Ma respiration se ralentit. Je me sentis calme.

Dans la chambre qu'occupait ma mère, on avait disposé sur une table des plats de viande, du beurre, de la tsampa et du thé à notre intention. Des brocarts vert et rouge décoraient l'autel. Des tapis richement tissés recouvraient les matelas. L'espace d'un instant, je regrettai ma modeste pièce de nonne.

« La simplicité fait partie de la vie spirituelle. » La voix de Khalé Rimpotché me rappela que ce dont je disposais était suffisant.

Le visage d'un homme dérive à la surface d'une eau bleu azur. Jeune. Au début, indistinct, à demi caché. Puis, plus clair, jusqu'à apparaître à la surface dans un scintillement d'or. Ses yeux rencontrent les miens. Je halète.

« Sa Sainteté ! » m'écriai-je au réveil.

— J'ai vu Sa Sainteté en rêve. Il était entouré d'un halo d'or, confiai-je à maman au petit déjeuner.

— C'est un signe. Il veille sur toi, répondit-elle.

Mon cœur bondit de joie.

L'un des secrétaires de Guialtsé Rimpotché entra dans la chambre de maman et nous fit signe de le suivre. Lorsque je pris les offrandes, je sentis mon cœur cogner dans ma poitrine. Nous lui emboîtâmes le pas dans les longs et sombres corridors qui desservaient tout le monastère. Pour accéder à la pièce où Guialtsé Rimpotché recevait, nous traversâmes d'immenses cuisines. Sur de hauts fourneaux de pierre fumaient de grandes bouilloires en fer pleines de thé. Les murs recouverts de siècles de suie étaient noirs comme la nuit. Les visages des moines qui s'occupaient des feux étaient tout aussi sombres, mais, sur notre passage, ils s'éclairèrent d'un sourire d'accueil. Nous passâmes devant le temple principal où d'autres moines, des centaines, étaient assis en prière, jambes croisées. La lumière des fenêtres se mêlait à la fumée des lampes à beurre. Les rangées de silhouettes rondes de ces religieux drapés dans leurs robes monastiques ressemblaient à des rochers dans une grotte gigantesque. La salle bourdonnait de leurs psalmodies. Nous continuâmes, glissant précautionneusement un pied devant l'autre pour nous assurer de notre progression. J'avais du mal à distinguer le chemin devant moi, car à chaque pas la visibilité s'atténuait, jusqu'à ne plus laisser voir que le scintillement des lampes à beurre devant nous. Je saisis la tchouba de maman. Un peu plus loin, nous passâmes devant un autel consacré à Dordjé Phourba. Il se tenait dans un cercle de flammes, le corps des ennemis de notre esprit gisant à ses pieds. De l'amoncellement de victimes qu'il piétinait s'écoulaient des flots de sang et, de ses multiples mains, il tenait fermement les armes de la destruction de l'ego. Je m'arrêtai pour me prosterner : « Dordjé Phourba, bénissez-moi. Aidez-moi à trancher les attachements de mon esprit. » Nous parvînmes enfin dans la chambre de Guialtsé Rimpotché. Un secrétaire nous ouvrit la porte.

Je rassemblai mes forces pour lever les yeux. Guialtsé Rimpotché était assis sur un simple matelas au fond de la pièce. Une grande cape pourpre drapait son corps robuste. Son expression était rayonnante, comme le visage d'or du Bouddha. Je baissai vite les yeux. Débordante d'un bonheur presque insoutenable, j'étais muette, les mains posées sur mon giron, la tête inclinée. En signe de bienvenue, son serviteur nous apporta du riz au lait, du yoghourt et de la viande. Nous présentâmes à Rimpotché les offrandes et les écharpes cérémonielles que nous avions apportées. Puis maman raconta notre voyage. Au moment de partir, je jetai un bref regard sur la pièce. Elle était simple : un petit autel et deux thangka du Bouddha et de Gourou Padmasambhava. Les jours qui suivirent, la simplicité de la pièce et la lumière du visage de Guialtsé Rimpotché guidèrent mes prières.

Ce soir-là, au dîner, je remarquai que maman avait meilleure mine. Elle avait repris des couleurs et les rides qui entouraient ses yeux paraissaient moins prononcées.

— Tu es contente qu'on soit venues, non ? lui demandai-je.

Elle baissa le regard en souriant comme une enfant dont on vient de satisfaire un désir. Avant de la quitter, j'appuyai un moment ma tête contre son épaule. Elle se cala contre ma joue.

— Je suis heureuse que nous soyons ici, ajoutai-je.

Le lendemain matin, je fus réveillée par la cadence rythmée du battement des tambours au sommet du toit, annonçant le début d'un enseignement. Je me dépêchai de m'habiller, rejoignis maman et les autres et nous descendîmes dans la cour. Nous nous faufilâmes parmi une centaine de participants assis en prière sur le sol. L'air résonnait du son des longues trompes de cuivre et de la psalmodie des moines réunis dans le temple. Rimpotché était déjà assis sur un haut trône recouvert de brocarts de soie faisant face à la cour. Il prit la parole :

— Quiconque est vivant aujourd'hui sera mort dans cent ans. Comme un cheveu que l'on retire du beurre, vous devrez abandonner tout ce que vous aurez accumulé. Vous devrez quitter tous vos biens. Si vous devenez égoïste, même en possédant des biens qui n'ont que la taille d'une fourmilière, vous en éprouverez des souffrances aussi grandes qu'une montagne. Si vous réduisez vos besoins et savez vous satisfaire de ce que vous avez, l'infortune n'aura pas de prise sur vous.

Éthérée, Lhamo glisse sur les marches, vêtue de sa tchouba de brocart jaune bordée de fleurs brodées. Sa longue chevelure est constellée de turquoises. De grandes parures d'or ornent ses oreilles. Des colliers de coraux et de turquoises entourent son cou. Des anneaux de jade enserrent ses poignets, ses doigts sont parés de bagues d'onyx.

À la fin de la journée, les brocarts décoratifs des piliers commencent à s'affaisser, les coupes de tchang vides gisent éparpillées sur les tables au bout de la salle, les plats sont empilés au fond, près des bassines d'eau. Dans tous les coins, les cadeaux s'entassent les uns au-dessus des autres.

L'inanité de toutes ces choses.

La chambre de Rimpotché me revient à l'esprit. La simplicité du petit autel. Les murs nus. La lumière de son visage. Pendant la longue après-midi de prières, ces images me guidèrent. Quand je regagnai ma chambre dans la soirée, je regardai mon autel. Une statue, une thangka, sept bols à eau : c'est tout ce dont j'ai besoin.

Le lendemain, Rimpotché continua son enseignement.

— Rien n'est permanent. Vous êtes comme un éclair dans le ciel, comme une bulle à la surface de l'eau, comme la rosée sur les feuilles d'arbre. Assister à la mort dans la vie quotidienne fournira une base à votre pratique. Il est donc important de reconnaître la nature de la mort et le caractère éphémère inhérent à tout mortel. Les êtres sont submergés dans un océan de douleurs, une souffrance créée par les idées fausses, la colère et la cupidité. Si vous voulez vous libérer de cette souffrance, vous devez chercher un maître et pratiquer ses enseignements, comme on consulte un médecin pour se guérir d'une maladie. Vous devez tout d'abord apprendre à observer votre esprit et simplifier votre vision des choses. Amenez votre esprit à un état de calme. Quelles que soient les pensées et les émotions qui surgissent, laissez-les s'élever et reposer, ne les suivez pas. Comme le vent qui va et vient sans pour autant changer le ciel, laissez-les affluer à votre esprit sans qu'il en soit affecté. Vous pouvez, par exemple, poser votre esprit sur un beau support.

Je regardai les rais de lumière scintiller à travers les feuilles des arbres. Ils se déplaçaient sur le sol comme autant de minuscules papillons d'or. Mon dos commença à me faire mal. Je changeai de position, mais la gêne persista. Mon attention se concentra sur la douleur. Je me souvins d'avoir éprouvé cette tension quand Shindrouk gravissait la montagne... Mes pensées commencèrent à se disperser... Shindrouk... Est-ce que quelqu'un lui a donné à manger ? Mes pensées défilaient si vite que j'en étais à peine consciente. Je ne tardai pas à être plongée dans mes souvenirs.

Un petit poulain blanc renifle la jambe de sa mère. Il n'a que quelques jours et vacille encore sur ses toutes petites jambes. « Oh, papa, regarde. » Je désigne le jeune poulain. « Est-ce que je peux l'avoir pour moi toute seule ? »

— Demeurez concentrés.

Dans un sursaut, la voix de Guialtsé Rimpotché me ramena au présent.

— Quelles que soient les pensées ou les sentiments qui surgissent, laissez-les exister sans les poursuivre, répète-t-il.

Je laissai mon souvenir s'éloigner et revins au présent.

— Chaque jour, évitez les actes nuisibles. Même le plus infime méfait a un effet dont les conséquences reviendront un jour vous hanter.

Une fois de plus, mon esprit s'échappa.

Le fils de Gasé-Guiama est appuyé contre le bras de son père, le regard baissé comme s'il voulait passer inaperçu. Je m'approche doucement par-derrière et tire la large ceinture de sa tchouba qui se défait. Le visage du garçon s'empourpre. Il rajuste la tchouba et noue la ceinture. J'étends le bras et tire à nouveau. « Arrête », supplie-t-il, au bord des larmes. Je ne peux m'empêcher de glousser de rire.

— C'est comme un fruit qui se détache quand il est mûr. Si les actes de votre vie sont bons, le fruit de votre vie le sera également. Si vos actes sont vils, le fruit sera gâté.

La voix de maman résonne dans ma tête : « Tu ne fais que des bêtises. Un jour tu le regretteras. » Je revins à Guialtsé Rimpotché, je l'écoutai attentivement.

— Vous ne pouvez changer votre vie à moins

de changer votre esprit. Ainsi chacun doit s'efforcer d'avoir une attitude mentale positive.

Rimpotché fit une pause.

— Je vais vous raconter une histoire pour illustrer cette vérité. Il était une fois une mère âgée qui traversait le fleuve avec sa fille. Au cours de la traversée, elles furent emportées par les eaux. Alors qu'elles allaient à la dérive, la mère pensa que ce qu'il adviendrait d'elle importait peu pourvu que sa fille soit sauvée. Sa fille pensa la même chose : peu importait ce qui lui arriverait si sa mère était sauve. Pourtant, au moment même où chacune se préoccupait de la sécurité de l'autre, elles périrent noyées. Mais comme toutes deux avaient eu un état d'esprit positif au moment de mourir, le dieu Sang Pa leur rendit la vie. Pour aider autrui, vous devriez donc être capable de donner votre vie sans hésiter. Concentrez-vous tous les jours sur les êtres comme une mère sur son enfant, en les faisant passer avant vous. Cela doit constituer votre motivation quotidienne. Ne laissez pas votre esprit orgueilleux diriger votre vie, mais au contraire, du fond de votre cœur, placez-vous à un niveau inférieur. Rappelez-vous les paroles du Bouddha : « La plus grande détresse du monde réside dans la dualité ; la véritable force du monde réside dans la compassion. » Afin que le monde devienne meilleur, pratiquez la compassion, la tolérance et le respect. Tel est le fondement de l'activité spirituelle. Ces actes vous aideront en cette vie et constituent un grand avantage pour l'existence prochaine. Tout comme des pierres précieuses, ces trois qualités sont indestructibles, la mort même ne peut les annihiler.

Ce soir-là, je priai : « Puissé-je contrôler mon tempérament indiscipliné, puissé-je accumuler des mérites pour me purifier de mes actes négatifs. »

Quelques semaines plus tard, une jeune femme arriva avec sa famille. Je la remarquai dans le réfectoire où nous prenions notre repas de midi. Elle était plus grande que moi et ses longs cheveux tirés en arrière retombaient librement jusqu'à sa taille. Elle avait le teint clair, légèrement rosé et d'intenses yeux noirs. Le lendemain matin, elle s'assit à côté de moi dans la chapelle. Je remarquai la façon dont elle serrait son chapelet entre ses mains quand elle priait, la vénération de son regard. Je me sentais proche d'elle. Quand elle se leva pour partir, je la suivis. Elle traversa la cour et alla s'asseoir sur le muret de pierre qui donnait sur les immenses pâturages verdoyants en contrebas.

— Vous venez juste d'arriver ? me hasardai-je

— Oui, je suis de Dergué, de l'autre côté du Yangzi Jiang. Je suis déjà venue deux fois ici. Guialtsé Rimpotché est mon maître, répondit-elle.

— Moi aussi, je suis déjà venue ici. Rimpotché est aussi la lumière qui me guide, ajoutai-je, ravie de cette similitude.

À la suite de cet échange, nous éprouvâmes le désir de mieux nous connaître et nous prîmes l'habitude de nous asseoir pour bavarder. Nous parlions de nos premiers enseignements, de notre désir de suivre la voie spirituelle, de la tentation des plaisirs et de l'impermanence de la vie.

Je fus surprise de constater à quel point nous nous comprenions. À peine avais-je prononcé quelques mots qu'elle savait ce que je voulais dire. Quand elle parlait, je pouvais presque achever sa phrase. Il ne m'avait jamais été aussi aisé de converser. Avec d'autres, je devais sans cesse me répéter, jusqu'à ce qu'ils comprennent ce que je ressentais ; certains ne le comprirent jamais. Avec Dékyong, c'était instantané. Nos conceptions étaient si analogues, nos sentiments si semblables que parfois il n'était même pas nécessaire de parler.

— Est-ce que par moments vous vous sentez triste sans raison apparente ? me demanda-t-elle alors que nous quittions le muret de pierre.

— Lorsque je me trouve loin des enseignements spirituels, ou au milieu de gens seulement préoccupés par des questions matérielles, je ressens une tristesse que je ne m'explique pas, répondis-je.

— Oui. Je comprends.

Dékyong et moi devînmes vite inséparables. Bien que nous restions souvent silencieuses, absorbées dans la contemplation des enseignements, un lien commença à se forger entre nous, unissant la part la plus subtile de nos esprits. Nous étions proches, mais je savais que cette proximité était illusion, et que même entre les êtres les plus intimes un espace infini subsiste. Quelle que soit la personne à laquelle nous sommes attaché, nous sommes comme une main qui tente d'attraper le vent. Ouvrez-la : il n'y a rien. Rien. Aucun moi. Et pourtant, tel un vol d'oies sauvages s'incurvant dans le ciel, je savais que nous entretenions un rapport particulier. Comme le plus minuscule insecte et la plus haute montagne. Reliés par des fils invisibles. Un tissu complexe.

Je vivais au monastère depuis plus d'un mois quand Guialsté Rimpotché me fit venir pour faire le point sur les pratiques préliminaires que j'avais commencées [1]. Je sautai de mon matelas et suivis d'un pas rapide le secrétaire de Rimpotché à travers les couloirs sombres. Parvenue dans sa pièce, je le trouvai assis en silence. Après trois prosternations, je m'assis sur un matelas en face de lui. Il était en méditation, les yeux baissés. Je récitai silencieusement mon chapelet. *Om mani pémé houng*. Que mon esprit s'ouvre aux bénédictions de Chenrézi. Guialtsé Rimpotché resta dans le même état, ses mains reposant tranquillement sur ses genoux pliés. Je remarquai ses ongles longs et arrondis. Avec sa robe grenat passée sur son épaule gauche, sa blouse safran qui lui couvrait les bras, il ressemblait à une grandiose statue de Bouddha. Au moment où je croyais que je n'aurais peut-être pas dû venir, il commença à parler. Le visage serein et immobile, le regard toujours à demi baissé, il prononçait des mots en remuant à

1. Ensemble de pratiques qu'accomplissent tous les disciples qui s'engagent activement dans le bouddhisme. On distingue deux types de préliminaires. Les premiers, appelés « généraux » ou « communs », consistent à méditer sur l'importance d'une précieuse vie humaine, sur la mort et l'impermanence, sur la loi de causalité karmique et les maux du cycle des existences ; les seconds, dits « extraordinaires » ont pour but de purifier le corps, la parole et l'esprit grâce à une série d'exercices et de méditations tels que la prise de Refuge accompagnée de prosternations, la méditation de Dordjé Sémpa, l'offrande du mandala, etc.

peine les lèvres. Il passait de la méditation à la parole sans effort, les deux états n'étant pas distincts : il demeurait dans l'immensité et le calme, l'esprit clair comme un lac sacré.

Sa voix résonna.

— Toute la joie du monde provient du fait de vouloir le bonheur d'autrui. Et tout son malheur réside dans le désir de vouloir le bonheur pour soi seul. Le réflexe d'attachement de l'ego fait écran à la nature véritable de l'esprit. La vérité fondamentale apparaît quand la colère, l'orgueil et l'ignorance ont été éliminés. Sers-toi de la méditation pour chasser ces tendances négatives. Traite les autres avec un cœur plein de compassion.

Rimpotché s'arrêta un instant pour s'assurer que j'avais bien compris.

Je sens mon visage rougir de colère. Dans mon assiette, la viande est maigre et peu appétissante. La vue de ce plat m'agace et je repousse l'assiette.

— Je veux de la viande avec de la graisse. Enlève-moi ça ! dis-je en faisant la moue, les bras croisés sur la poitrine.

Anya accourt, suivie de Thouptèn.

— Ashe, ne pleurez pas, plaide-t-elle en voyant les larmes se former au bord de mes yeux. C'est la viande qu'on a préparée. Votre mère nous a dit de vous la servir. Une grande fille de huit ans ne pleure pas.

— Vous devez manger ce qui est préparé. On ne peut rien vous donner d'autre, ajoute Thouptèn.

— Je ne la mangerai pas ! m'écriai-je en jetant

l'assiette par terre, qui rebondit sur la surface dure du bois où s'éparpillent les morceaux de viande.

Je me lève et leur fais face, les mains sur les hanches :

— Je vais le dire à papa et vous serez punis.

Je tape du pied d'un air de défi et me tourne vers la porte. Je jette un coup d'œil par-dessus mon épaule et je les vois serrés l'un contre l'autre, le visage blême et les mains tremblantes. « Je vais leur apprendre ! Ils le regretteront ! »

— Garder l'esprit dans sa clarté originelle, avoir de la compassion pour autrui, telle est l'essence des enseignements, poursuit Guialtsé Rimpotché.

J'eus honte de mon tempérament obstiné et baissai les yeux. Rimpotché changea légèrement de position. Excepté cet imperceptible mouvement, il demeura dans le même état de calme tout au long de l'enseignement.

— Les pratiques préliminaires renferment en elles-mêmes toutes les autres voies, déclara-t-il avec une insistance particulière. Elles commencent par former l'esprit à se tourner vers le Dharma et s'achèvent par l'union de ce dernier avec la sagesse de l'Éveil. Il faut faire tous les efforts possibles pour aller jusqu'au bout de ces pratiques.

Il se pencha en avant :

— Tu viens juste de commencer. Es-tu prête à continuer ?

Me sentant coupable de mes actions égoïstes, j'acquiesçai simplement de la tête.

— Nous allons commencer par purifier les canaux.

Rimpotché me demanda de visualiser un air empli de sagesse, de l'inspirer par une narine puis de l'expulser. Puis de répéter le même exercice avec l'autre narine.

— À chaque inspiration, tu purifies les canaux de la colère, du désir et de l'ignorance, expulsant aussi les maladies liées au vent, à la bile et au flegme. Maintenant retourne pratiquer dans ta chambre.

— Tu fais vraiment la difficile ! Tu dois finir ton repas, me dit ma mère au dîner en remarquant mon assiette à moitié pleine.

Je me sentis rougir.

— Je mange ce qui me plaît !

Je me levai et retournai dans ma chambre. Face à mon autel, je luttai contre mes émotions. « Garder l'esprit dans sa clarté originelle, avoir de la compassion pour autrui... » Mes sentiments se bousculaient et se retournaient comme un poisson en terrain sec. Honte, irritation, remords, colère. « À chaque respiration, tu purifies les canaux de la colère... » J'inspirai, imaginant la sagesse qui pénétrait en moi. J'expirai, éprouvant la colère qui quittait mon corps. Inspiration. Expiration. Inspiration. Expiration. Je luttai.

— Aujourd'hui, nous allons éveiller la bonté, la compassion et l'équanimité [1], annonça Guialtsé

1. Ces vertus sont ce que l'on appelle les « quatre illimités », parce qu'elles comprennent l'infinité des êtres. L'équanimité illimitée désigne l'égalité du sentiment altruiste envers les amis comme les ennemis.

Rimpotché. Visualise une claire lumière accompagnée d'un nectar qui descend sur toi venant de Gourou Rimpotché [1]. Cette lumière te touche. Elle te bénit ainsi que tous les êtres, et purifie ton corps, ta parole et ton esprit. Elle te pénètre. Puis tous les êtres et toi-même vous élevez comme une grande volée d'oiseaux et vous dissolvez en Gourou Rimpotché qui à son tour se dissout dans l'immensité, la vérité ultime. Tout se fond dans la *bodhicitta* [2] de la grande vacuité.

Jour après jour, je m'imprégnais des enseignements de Guialtsé Rimpotché, luttant contre les habitudes de mon esprit. Ses paroles m'inspiraient, mais les mettre en pratique était aussi difficile que de pousser un bateau au sommet d'une colline escarpée. Un matin, je me réveillai plus tôt que d'habitude. Sans raison apparente, je ne me sentais pas en forme. Quand je fis mes prosternations, le sol de pierre me parut plus froid que les jours précédents. L'eau de mes bols déborda quand je les remplis. Les lanières de mes bottes se rompirent au moment où je les attachais. J'avais mal à la tête. Ma colère, que j'avais fait taire depuis mon installation au monastère, revenait à la charge. Je ne pouvais rien faire pour l'arrêter. Je jetai mes bottes sur le sol. Je les piétinai. Objets stupides ! Suis-je paresseuse ? me demandai-je après m'être calmée. Je veux vivre tranquillement sans être dérangée par les problèmes de ce monde.

1. L'un des noms de Gourou Padmasambhava.

2. Encore appelé « esprit d'Éveil », ce terme sanskrit désigne le pur altruisme qui anime le pratiquant du Grand Véhicule.

Est-ce que je ne suis préoccupée que par moi-même ? Ai-je la force de suivre la voie ? Je restai assise un long moment à me débattre pour ramener le calme en moi. Parfois, mon esprit s'élevait réellement. Mes pensées disparaissaient. Mais parfois aussi, j'avais tellement sommeil que je pouvais à peine ouvrir les yeux.

Un matin, dans l'espoir d'apaiser les assauts de mes pensées, je sortis dans la cour et contemplai l'ondoiement infini de l'espace. Le ciel commençait à s'éclairer. À l'est, une mince couche de nuages vira au rose pourpre dans le soleil levant. Leur ondulation traversa l'horizon comme un vol de serpents. L'instant d'après, semblable à une étincelle allumant un feu, tout le ciel s'embrasa de couleurs. De toutes parts, une voûte d'un rose doux et voilé recouvrit l'espace. Dans le lointain, les pins des collines environnantes paraissaient noirs et empennés. En contrebas, j'entendis l'appel endeuillé d'une colombe. Mon être, fatigué de cette lutte, se calma. Je restai un long moment à observer le changement des couleurs dans le ciel, à écouter l'écho des gongs venant du temple.

— Es-tu d'accord avec la vie que tes parents t'ont choisie ? me demanda Dékyong comme nous déambulions dans le couloir, main dans la main. Je me sens écartelée entre ce qu'ils attendent de moi et le désir de suivre mon cœur. Ils veulent que je me marie et que j'aie des enfants. Je veux une vie de silence et de prière.

Dékyong décrivait les luttes intérieures que j'avais connues. Il m'était difficile de lui répondre. Je ressentais un appel qui m'incitait à abandonner toutes les distractions mondaines, mais aussi un devoir envers ma famille.

— Ma tante Rigzin me répète toujours qu'il faut écouter son cœur. Elle affirme que servir le Bouddha est source de davantage de bienfaits que d'avoir un mari et des enfants, finis-je par répondre.

— Mes parents seraient malheureux si je m'opposais à leur désir. Ils pourraient même m'en vouloir. Si j'épouse l'homme qu'ils me destinent, cela renforcera la position de notre famille. Si je suis la voie spirituelle...

Elle n'acheva pas sa phrase.

— Je sais. J'éprouve la même chose, murmurai-je.

Nous continuâmes notre marche en silence. Au-delà des chapelles et des temples du monastère, des grands moulins à prières qui bordaient la cour, nous rejoignîmes le chemin longeant les murs extérieurs. Pendant une heure, nous fîmes rituellement le tour de cet édifice sacré, notre chapelet à la main. Nous récitâmes le mantra *Om mani pémé houng* un millier de fois, jusqu'à ce que le ciel s'assombrisse.

Les journées s'organisaient selon un rythme régulier. Je recevais des enseignements. Je voyais maman aux repas. Dékyong et moi effectuions la longue déambulation autour du monastère. Tous les jours, je me débattais avec mon esprit. Tous les jours, je m'efforçais de le pacifier. À la fin des enseignements préliminaires, Guialtsé Rimpotché me fit de nouveau venir auprès de lui.

— Imagine devant toi le visage de Gourou Padmasambhava. Imagine-toi sous la forme d'une petite balle de la taille d'un pois qui s'élance comme une étincelle, se fond en son cœur et se dissout dans son esprit éveillé. Tout comme l'eau que l'on verse dans l'eau, il n'y a plus aucune différence entre toi et Gourou Rimpotché. Demeure en cet état, fais l'expérience de sa sagesse, me dit-il, les yeux pleins d'amour et de compassion.

Il se pencha en avant et je sentis la pression chaleureuse de sa main coiffer le sommet de mon crâne. Aucun mot ne fut prononcé, mais dans mon cœur un torrent d'émotions se libéra. Ce soir-là, alors que je priais, je sentis les frontières de mon corps s'estomper. Pendant la nuit je fis un rêve.

Je m'élance dans l'immensité. Au-dessous de moi, les collines ne sont plus qu'une légère cicatrice à la surface de la Terre. De part et d'autre, mes bras ailés s'ouvrent et se ferment lentement. Dans cette vastitude de l'espace illimité, je participe de tous les êtres.

Des semaines plus tard, Guialtsé Rimpotché me demanda si j'avais achevé les pratiques préliminaires qui constituent l'entraînement de l'esprit.

— Cent mille prosternations. Cent mille récitations de la prise de Refuge. Cent mille méditations sur Dordjé Sèmpa, divinité de purification. Cent mille offrandes du mandala. Cent mille pratiques du Gourou Yoga. Si cet ensemble n'a pas été accompli, tu ne peux recevoir d'autres instructions.

Emplie du souvenir de mes mains frottant contre la surface rugueuse des pierres froides, parfois mille fois par jour, de mes doigts tenant le compte du nombre de prosternations sur mon chapelet, et de mes lèvres desséchées par la prière, je répondis avec assurance :

— Oui, je l'ai fait.

Après cet entretien, je rejoignis les autres pratiquants assis dans la cour pour recevoir les instructions ultérieures. Le premier jour, Guialtsé Rimpotché lut un passage extrait du *Vol du Garouda* [1].

J'entonne maintenant ce chant traitant de la vue...

Qui permet de franchir rapidement tous les niveaux

Et toutes les voies.

J'écoutai, assise près des grands moulins à prières qui entouraient la cour. Au-dessus de nous, les nuages roulaient dans le ciel.

— Qu'est-ce que la vue ? demanda Rimpotché. C'est le fait d'être capable de voir les choses telles qu'elles sont. C'est comprendre que la nature de l'esprit est la nature de toutes choses et que cette nature est la vérité ultime. Quelle est la nature de l'esprit ? Elle est pareille au ciel : vide, vaste et pure. Pareille au soleil : lumineuse, claire, illimitée. Elle est toujours présente, partout.

Lorsque Rimpotché se tut, nous formâmes une longue queue dans la cour afin de recevoir chacun

1. Shabkar (1781-1851), grand saint, poète et érudit, rédigea en 1807, dans l'île de Tsonying, au centre du lac Kokonor, *Le Vol du Garouda* qui expose sous la forme de trente-trois chants courts la vue, la méditation et la pratique de la Grande Perfection qui mènent à l'Éveil.

un mantra. Quand ce fut mon tour de m'approcher de son trône, il me murmura à l'oreille :

— La lumière est la nature de l'esprit de chaque être ; rien ne peut l'obscurcir.

Nuit et jour, en méditation, pendant les repas, avant de m'endormir, au réveil, je contemplai les mots reçus de Rimpotché : « La lumière est la nature de l'esprit de chaque être... » La lumière, nature de l'esprit. Une lumière éclatante, rayonnante traverse chaque partie de mon corps. Fils d'or qui se glissent dans mon sang et mes os, dispersant l'obscurité de ma pensée, dissolvant mes désirs égoïstes. Peu importe la confusion qui par moments surgit, l'attachement qui m'enserre, la véritable nature de mon esprit demeurera, indestructible, pérenne et lumineuse. Chaque jour qui passe, j'ai la sensation d'une lumière qui s'accroît dans tout mon être, comme un arc-en-ciel qui se forme peu à peu dans le ciel. Une chaleur lumineuse lovée dans mon cœur.

— La lumière, nous sommes tous faits de lumière, me dit Dékyong un matin.

Au fil des mois, je commençai à faire l'expérience de cette vérité. Les pensées allaient et venaient. Parfois, je me sentais lourde et rigide. Souvent, elles s'évanouissaient. Alors, j'avais l'impression d'ondoyer comme des rubans dans le vent.

— Lemdha Patchèn.

Je me retournai dans mon lit.

— Votre père a envoyé un serviteur qui doit vous ramener chez vous.

La voix forte du secrétaire de Guialtsé Rimpotché retentit derrière le mur. Ma cellule était encore plongée dans l'obscurité. Sous la porte, j'aperçus la lumière vacillante d'une torche, les petites lueurs de la flamme sur le sol. Soufflée par le vent, elle tremblotait, faillit s'éteindre puis reprit de la vigueur.

— Lemdha Dolma. Votre père vous demande de rentrer, reprit la voix en haussant le ton.

— Oui, oui, j'ai entendu, répondis-je.

— Le serviteur vous attend en bas dans la cour.

— J'arrive.

La lueur s'estompa peu à peu. Les pas diminuèrent dans le couloir. Un sentiment d'urgence monta en moi et me submergea. Mes pieds étaient de plomb. Dans la cour, une forme sombre s'avança dans la brume du matin. Je reconnus Thouptèn qui portait un papier roulé sous son bras.

— Une lettre de votre père, Pomdha Gonor, me dit-il.

Je savais qu'il préférait que je lise le message de mon père plutôt qu'il ne m'en annonce lui-même le contenu.

« Ma chère Lemdha Patchèn.

Cela fait six mois que tu es partie. Il est temps de revenir à la maison et de commencer à apprendre tes devoirs de chef de province.

Guialtsé Rimpotché a demandé que ta mère reste au monastère pour terminer ses pratiques. Mais tu es jeune. Tu pourras revenir plus tard. En attendant, il demandera à Khalé Rimpotché de t'aider à poursuivre ta formation spirituelle.

Thouptèn t'accompagnera.

Ton père, Pomdha Gonor, chef de Lemdha. »

Mon cœur résonna, mais je savais que c'était mon devoir. Mon père s'adressait à moi d'une manière officielle.

J'allai faire mes adieux à Guialtsé Rimpotché qui m'avait guidée avec tant de compassion sur la voie spirituelle. Je partis le lendemain matin. Le ciel était couvert ; les nuages s'amoncelaient. Le vent venait de l'est, une tempête semblait se préparer. Quand je l'étreignis pour lui dire au revoir, maman pleura. Ses épaules frêles tremblèrent sous mes mains ; dans sa poitrine résonna le bruit d'un petit animal. Je caressai ses joues et embrassai son front. Je fus incapable de la regarder dans les yeux. Thouptèn était pressé de quitter le monastère pour éviter la pluie et me faisait signe de me dépêcher. Je rassemblai le peu d'affaires que j'avais emportées et, alors que nous nous apprêtions à enfourcher nos chevaux, Dékyong descendit les grands escaliers de pierre en courant. Elle me prit dans ses bras et nous nous serrâmes l'une contre l'autre. La pluie se mit à tomber. Je sentis son cœur battre contre le mien. Nos cœurs et nos souffles à l'unisson, nous nous tînmes l'une l'autre jusqu'à nous sentir drapées en un seul corps. Je ne sais combien de temps nous demeurâmes ainsi. Mais quand nous nous séparâmes enfin, il me sembla que j'abandonnai mon sang et mon souffle. Comme je montai en selle, elle leva sa main en signe d'adieu. En passant la porte du monastère, je vis qu'elle l'agitait encore au-dessus de sa tête. Et lorsque j'abordai la descente du chemin, telles les ailes d'un papillon de nuit, sa main semblait voleter au-dessus d'elle. Je me retournai une dernière fois et regardai en direction de la chambre de Guialtsé Rimpotché. Je songeai à son visage clair et calme, à ses yeux débordant de bonté. Alors, je me mis à pleurer. Je ne devais plus le revoir.

5

Une menace grandissante

Les jours qui suivirent mon retour du monastère, je vécus dans un grand état d'abattement. Bien que la maison fût toujours la même, il me semblait que quelque chose avait changé. Je me sentais invisible, comme si un voile ténu me séparait des autres. Papa était parti assister à des réunions concernant les activités chinoises au Tibet. Il n'avait laissé aucune instruction, aucune indication expliquant les raisons pour lesquelles il m'avait fait revenir. J'en fus d'autant plus déçue. Les autres étaient accaparés par leurs tâches quotidiennes. Le soir, les travaux terminés, ils s'asseyaient près du feu pour échanger les potins du voisinage et débattre des événements de la journée. Assise dans un coin de la pièce, je me sentais loin d'eux.

Peu à peu, je me repliai sur moi-même, ni triste d'avoir quitté le monastère ni heureuse d'être de retour. Préférant la solitude, je me retirai dans une chambre en haut de la maison, près de la chapelle. Anya et Kunsang venaient m'appeler à ma porte pour essayer de me faire sortir. Je les aidais dans leurs tâches domestiques, mais leurs bavardages inconsistants me donnaient envie de pleurer et je ne tardais pas à remonter dans mon refuge. Seule la vue des visages paisibles d'Ani Rigzin et de Gonlha ravivait l'expérience que j'avais vécue au monastère. C'était comme s'ils étaient des miroirs : ils reflétaient et en quelque sorte rétablissaient ma véritable nature.

Un jour, je sortis de la maison et descendis vers le fleuve. J'aperçus Sonam et Gosé Péma Tséring en train de laver leurs vêtements. Elles se précipitèrent vers moi.

— Ashe, tu es tombée amoureuse ? demanda Sonam.

— Ou alors tu étais enceinte et tu t'es cachée ? renchérit Gosé Péma Tséring dans un gloussement.

Par espièglerie, elles tirèrent les manches de ma tchouba et me donnèrent des bourrades amicales. Je ne trouvais pas mes mots, mais elles ne parurent pas s'en apercevoir. Elles bavardaient à n'en plus finir, me racontant ce qui s'était passé pendant mon absence. Elles goûtaient la moindre nouvelle, la savouraient, la mastiquaient avant de la lâcher :

— La vieille Ama Rintchèn est morte et son fils s'est enfui... Lhamo a un bébé... Détchèn et Tashi sont amants...

Je hochai la tête pendant qu'elles parlaient. J'avais une sensation de picotement dans la tête où des milliers de petites bulles semblaient éclater. Plus elles parlaient, plus j'avais l'impression de m'éloigner, jusqu'à disparaître. Je fis un effort pour me dégager de ce sentiment. Non loin de là, au bord du fleuve, une femme était assise avec une sorte de ballot sur les genoux d'où sortait une petite main qui serrait fermement l'un de ses doigts. Un bébé. Elle se balançait d'avant en arrière, une main posée sur l'enfant, l'autre occupée à rincer un grand linge dans l'eau. Je ne la reconnus pas tout de suite. Ses cheveux étaient tirés en arrière. De chaque côté de son front de légères rides sinuaient. Je mis alors un nom sur ce profil familier :

— Lhamo, c'est bien toi ?

Les commissures de ses lèvres se relevèrent en un faible sourire d'acquiescement. En m'approchant d'elle, je lus la solitude dans ses yeux. Son corps était généreux, son visage las. La jeune fille insouciante de naguère avait disparu. Nous entreprîmes de bavarder, mais les mots étaient difficiles et vides. Nous nous séparâmes après avoir échangé quelques plaisanteries. Nos chemins s'étaient si vite séparés !

Les impressions qui avaient été si présentes au monastère commencèrent à s'atténuer. Je récitais mes prières, j'effectuais les prosternations et les offrandes, mais ce n'était pas la même chose. La lumière et l'immensité qui m'emplissaient alors me paraissaient lointaines. Cette parenté indicible avec les autres semblait perdue. Chaque fois que je pensais à Guialtsé Rimpotché ou à Dékyong, j'éprouvais une douleur inexplicable. Ce qui avait été très proche de moi n'était plus, comme si l'on ôtait une à une les veines de ma chair.

Papa continua à voyager loin de la maison. Suivant de près les événements qui se déroulaient au nord, il allait à cheval d'un village à l'autre pour assister à des réunions. Chaque fois qu'il rentrait, parfois pour une journée seulement, il s'enfermait dans sa chambre avec ses conseillers. J'essayais de faire en sorte qu'il remarque ma présence. Je cueillais des fleurs que je lui apportais avec son thé. Je m'exerçais à tirer au fusil sur la terrasse. Rien n'y fit. Un jour que je passais près de sa chambre, je l'entendis qui disait à ses conseillers :

— Cela fait quatre ans que Sa Sainteté a envoyé une délégation à Pékin. À ce moment-là, comme vous le savez tous, les Chinois avaient promis de respecter la religion et la culture du Tibet. C'était en 1950, l'année du Tigre de fer. Maintenant, au terme de quatre ans de promesses non tenues, nous en avons assez ! On dit que Sa Sainteté a été invitée à se rendre à Pékin. On dit également que les Tibétains de Lhassa sont opposés à ce voyage. Je prie pour que le Dalaï-Lama ne le fasse pas.

— Sa Sainteté le Dalaï-Lama va venir à Chamdo, cria un messager en traversant la cuisine en courant vers la chambre de mon père.

Comme la poussière soulevée par son passage, les mots tourbillonnent dans la pièce. « Sa Sainteté va venir... à Chamdo... quand ? » Sans attendre d'en savoir davantage, je me levai de mon banc et montai quatre à quatre les escaliers. Hors d'haleine, j'arrivai juste à temps pour entendre le messager annoncer la nouvelle à mon père.

— Dans trois semaines, Sa Sainteté le Dalaï-Lama, qui est en route pour la Chine, fera halte à Chamdo. On m'a envoyé pour prier le chef Pomdha Gonor de se joindre aux huit autres chefs des districts du Gonjo qui doivent se rendre à

Chamdo afin d'y recevoir les bénédictions de Sa Sainteté.

Entendre le nom de Sa Sainteté me remplit d'un bonheur indescriptible. Presque instantanément, le désespoir qui m'habitait depuis mon retour du monastère disparut. Sa Sainteté ! L'émanation de Chenrézi ! À cette pensée, mon cœur bondit de joie. Peu de temps après son intronisation, nous avions reçu une photographie de lui devant laquelle je restais agenouillée des heures durant. Il était assis sur son trône, la grande roue de la vie au-dessous de lui, ses épaules recouvertes d'une grande cape pourpre brodée d'or. Il se tenait légèrement penché en avant. Ses yeux paraissaient regarder droit dans les miens. Ils étaient empreints d'une considération si authentique que j'avais l'impression qu'il connaissait mes pensées les plus profondes. Depuis ce moment-là, j'ai toujours pensé qu'il veillait sur moi et me guidait sur la voie spirituelle.

— Dites à mes conseillers qu'ils se préparent. Je partirai demain avec une escorte de huit personnes.

La voix de mon père interrompit ma rêverie. Le messager s'inclina et se retourna si brusquement que sa courte tchouba brune claqua contre ses genoux, soulevant l'air autour de lui.

— Que veut ma petite Nyou ? me demanda mon père quand tout le monde eut quitté la pièce.

Je tirai nerveusement sur la ceinture de ma tchouba, cherchant à formuler ma demande de façon à obtenir son assentiment. Derrière les lignes sévères du visage paternel, je discernai un léger sourire, et comme un clin d'œil.

— Ne voudrais-tu pas par hasard venir avec moi à Chamdo ?

Je passai mes bras autour de ses épaules et l'embrassai sur les deux joues.

— D'accord, tu peux m'accompagner. Mais tiens-toi prête demain matin, dit-il en riant.

Je vais voir Sa Sainteté ! Et je serai aussi avec papa !

Nous partîmes le lendemain matin. Papa, les huit chefs, leurs secrétaires et serviteurs et moi. Nous arrivions à la fin de l'été, période des grosses pluies. Toute la journée des averses drues s'abattirent sur la haute plaine. Parfois, la pluie tombait latéralement, si cinglante que je devais courber la tête pour éviter qu'elle ne me fouette le visage. Elle ruisselait sur ma tête, s'infiltrait sous ma tchouba, descendant en fines gouttelettes le long de mon dos. À la fin de la journée, l'humidité avait pénétré tous mes vêtements. Lorsque nous nous arrêtâmes pour la nuit, le tapis de selle était trempé lui aussi. Nous fîmes halte sur le flanc d'une colline. Un amas de rochers nous fournit un abri de fortune. Des hommes accrochèrent la tente aux saillies rocheuses, d'autres allumèrent un feu avec de la bouse de yak. Nous nous séchâmes près des flammes, blottis les uns contre les autres. L'odeur de la laine mouillée flottait tout autour de moi, je sombrai dans un sommeil agité.

Pâle et transparente comme la pluie, une file d'hommes, longue de cinq cents cavaliers, chevauche à travers la haute plaine, les nobles revêtus de leur tchouba de riches brocarts, une turquoise se balançant à l'oreille, les maîtres spirituels en robe pourpre, leurs coiffes triangulaires pointées vers le ciel, les secrétaires et les serviteurs en tchouba d'une intense couleur de terre sombre. Au milieu, entouré d'une lumière d'arc-en-ciel, le Dalaï-Lama monté sur un cheval blanc de neige.

Ils se déplacent comme poussés par le vent, nappés de brume, penchés en avant. Leurs têtes sont inclinées vers l'est, leurs pieds tournés vers l'arrière, vers l'ouest. Comme écartelés entre leur destination et leur origine, ils dérivent jusqu'à disparaître.

Le lendemain, un jeune homme s'approcha de nous au galop et cria :

— Je viens des forêts de Poyul, au sud. J'ai vu Sa Sainteté et son cortège. Ils suivaient une route que les Chinois sont en train de construire le long d'une gorge qui surplombe un fleuve. Comme elle a été emportée en plusieurs endroits, l'escorte a dû descendre de cheval et marcher pendant des kilomètres, s'enfonçant dans la boue jusqu'aux chevilles. De gros rochers tombaient en avalanche tout autour des hommes comme une vraie tempête de grêle.

Le messager paraissait très fatigué. Son cheval et sa tchouba étaient maculés de boue. Il essuya la sueur de son front et se recala sur sa selle.

— Il y a quelques jours, cinq mules sont tombées dans un ravin. Les deux muletiers se sont écrasés avec elles sur les rochers. Le même jour, un autre homme de l'escorte a été tué par une chute de pierres. Plusieurs dignitaires se sont réunis pour discuter de la situation. Ils ont décidé qu'il était inutile d'aller plus loin. Ils ont demandé à leur escorte chinoise de les laisser revenir par l'ancienne piste caravanière tibétaine. Les Chinois n'ont rien voulu savoir et les ont obligés à continuer sur la route en cours de construction. Quand je les ai quittés, Sa Sainteté et sa suite étaient transférés dans des camions et des Jeep sur ordre des Chinois. Avec de la chance, ils arriveront à Chamdo dans moins d'une semaine. Mais ils sont tristes.

Le silence tomba sur notre groupe. Les yeux de mon père brillaient de colère.

— Dépêchons-nous ! Il faut arriver à Chamdo à temps. Nous devons présenter nos respects à Sa Sainteté. Il a besoin de notre soutien.

Comme il pressait son cheval vers Chamdo, il murmura entre ses dents : « C'est un mauvais présage. Cela n'augure rien de bon pour le voyage de Sa Sainteté. »

Les quatre jours suivants, nous pressâmes nos montures, voyageant de l'aube jusque tard dans la nuit. Mes genoux étaient endoloris d'avoir frotté contre les flancs de mon cheval, une douleur montait dans mon dos jusqu'au sommet de la colonne vertébrale, mais je contemplai le visage de compassion de Sa Sainteté et poursuivis la chevauchée. Mon père chevauchait en tête de notre groupe, le corps penché en avant comme s'il essayait d'écourter le chemin qui restait à parcourir. Les autres, animés du même sentiment d'urgence et ne voulant pas se laisser distancer, forcèrent l'allure. Je ne tardai pas à me retrouver à l'arrière. Je ne voyais plus que les queues des chevaux se balancer, les sabots se soulever et s'abaisser. Au fur et à mesure que le groupe s'éloignait, mon estomac se serrait. « Papa me traite comme un fils, il m'emmène souvent avec lui à cheval ou à la chasse. D'habitude il se montre protecteur et veille à ce que je sois près de lui. Mais aujourd'hui, il chevauche sans moi et sans même se retourner une seule fois pour voir si je suis. » Alors que l'équipée amorçait un tournant, je constatai que je prenais encore davantage de retard. La frustration me fit éclater en sanglots. J'essayai d'appeler, mais le vent noya mes paroles. Je compris que les larmes ne me seraient d'aucune aide. Je les essuyai d'un revers de ma manche crottée et je fis claquer les rênes contre le cou de Shindrouk. Après avoir trébuché et glissé sur les rochers mouillés, nous réussîmes à rattraper nos compagnons.

Au moment où je pensais ne plus pouvoir avancer, nous arrivâmes à Chamdo. Nous campâmes aux abords de la ville. Le lendemain, nous nous préparâmes à accueillir Sa Sainteté. Les pluies avaient cessé, le soleil se leva au-dessus des collines. Une chaude journée s'annonçait. Lavé par les pluies, l'air était frais et sentait bon l'herbe mouillée. Je sortis des bagages ma tchouba de brocart brune, la passai par-dessus une blouse de soie blanche et accrochai un petit reliquaire en argent autour de mon cou. Papa et ses compagnons mirent leur chapeau de chef et détachèrent leurs nattes enroulées autour de leur tête en signe d'honneur et de respect. Désireux d'offrir à Sa Sainteté des symboles de richesse spirituelle, nous ajoutâmes une coupe d'or et une aiguière d'argent dans un paquet débordant d'autres offrandes puis nous remontâmes en selle. Les rues de Chamdo grouillaient de gens venus là dans la même intention que nous. Certains à dos de cheval, d'autres à pied, ils portaient des bâtons d'encens, des paniers de nourriture et des guirlandes de fleurs. Au fur et à mesure que nous approchions, la foule devint si dense que mon père nous fit signe de descendre de nos montures et de les laisser à la garde de deux serviteurs. Je courus devant et saisis sa tchouba que je tins bien serrée dans la main tandis qu'il se frayait un passage dans la foule. Parfois, reconnaissant son chapeau de chef, les gens s'écartaient, mais à d'autres endroits le rassemblement était si compact que nous restions serrés les uns contre les autres sans pouvoir bouger. La chaleur montait. Il n'y avait plus d'air autour de nous et l'atmosphère commençait à s'échauffer. À côté de moi, deux enfants se bousculèrent et se mirent à pleurer. Un homme derrière moi se plaignit que je lui avais marché sur le pied. Un autre fut pris d'une quinte de toux. Pendant un moment nous dérivâmes, mon père et moi, comme une vague sur la mer. En avant, de côté, en arrière, de nouveau en avant, comme si nous n'étions plus qu'un seul grand corps.

Un bruit s'éleva, couvrant le brouhaha. Une voix d'homme parlait quelque part au-dessus de nous. Nous nous arrêtâmes. Pour la première fois, je remarquai que nous étions entourés de grands bâtiments gris. Ils étaient ternes, sans drapeaux de prières ni couleurs, comme des arbres aux branches coupées. Ils formaient un carré parfait. Les fenêtres, sans auvent, ne portaient aucune décoration. On aurait dit des esprits hostiles, des intrus. Mon père les montra du doigt à Anak Pon, l'un de ses amis et chef de district :

— Les Chinois. La dernière fois que je suis venu, il y avait encore des maisons tibétaines là où se dressent ces horreurs.

Il désigna l'un des bâtiments construit si près d'une statue du Bouddha qu'il en cachait le visage, et mit sa main sur le fusil qu'il portait au côté, faisant mine de tirer. Une discussion animée s'ensuivit entre les deux hommes :

— J'aimerais les démolir de mes mains. Les mettre en pièces, disait mon père.

Couvrant leur échange, la voix continuait à crier. Forte et résonnante. Tantôt, elle s'exprimait en tibétain, tantôt dans une langue que je ne comprenais pas. Je regardai dans la direction d'où elle venait pour voir qui était en train de parler, mais la voix semblait provenir de boîtes montées sur de hauts poteaux de bois. D'après ce que je pouvais comprendre en tibétain, elle louait la joie de travailler pour la grande mère patrie et indiquait où s'adresser pour participer à cette tâche. Qui était la grande mère patrie ? Dans quel pays vivait-elle et quel travail les gens faisaient-ils pour elle ? En écoutant les conversations de mon père avec d'autres chefs, je compris seulement qu'elle avait un rapport avec les Chinois. Nous étions en 1954, j'avais vingt et un ans et je comprenais mal tous ces discours.

Nous restâmes dans la foule toute la journée. Parfois, mon père essayait d'avancer, mais dans l'après-midi des milliers dc visiteurs arrivèrent de sorte qu'il devint impossible de s'extraire du mouvement général. Nous nous dirigeâmes donc lentement vers le centre de la ville, passant devant plusieurs temples. De grandes images représentant un gros visage souriant étaient suspendues devant l'entrée des sanctuaires, provoquant un nouvel échange animé entre mon père et ses compagnons. Il était question du président Mao. Il me parut si étrange de voir un autre portrait que celui de Sa Sainteté ou d'un grand maître que je me demandais si le président Mao n'était pas un lama chinois. Mais, fatiguée par la foule et la chaleur, cette question me traversa l'esprit sans que j'y pense sérieusement.

En fin de journée, un murmure traversa la foule. « Il arrive ! Il arrive ! » Ces mots se répandirent comme une traînée de poudre. Dans le lointain, j'entendis le bruit assourdi d'une musique semblable au bourdonnement des insectes, qui s'élevait selon un rythme cadencé. Puis la foule se tut. Mon père se dressa sur la pointe des pieds afin d'apercevoir ce qui se passait. Je regardai dans la direction qu'indiquait sa main, par-dessus les milliers de têtes, je n'aperçus que des volutes de poussière et, brièvement, une voiture d'un vert crayeux. Je m'efforçai d'en distinguer davantage, mais des soldats en uniforme brun s'avancèrent vers la foule en brandissant des bâtons pour la faire reculer. En même temps, les gens poussaient en avant, et je fus bousculée de tous côtés par la pression de plus en plus forte de la masse des spectateurs. Mon père, qui jurait entre ses dents, me prit par la main et, se retournant vers cet océan de visages, se fraya un chemin à contre-courant vers la sortie de la ville. J'étais perplexe, je me demandais où se trouvait

Sa Sainteté. Mais je suivis mon père sans trop savoir ce qu'il avait montré ni ce que j'avais vu.

Plus tard, on nous rapporta que Sa Sainteté était entrée dans Chamdo encadrée par un cortège de Jeep. Un orchestre d'accordéonistes et un groupe de Chinoises souriantes, des bouquets de fleurs à la main, l'avaient accueilli. Il avait béni la foule gardée par une rangée de soldats, puis on l'avait très vite fait monter dans une Jeep qui était repartie vers l'est. Toute la nuit, les images de fines volutes de poussière et la forme confuse d'une automobile d'un vert terne me poursuivirent, mêlées au regard de compassion de Sa Sainteté.

Le lendemain, tandis que nous entamions notre voyage de retour, mon père fulminait à l'adresse de qui voulait bien l'entendre : « Les Chinois ont insulté le peuple tibétain ! Ils ont manqué de respect à Sa Sainteté. Ils ont profané nos temples ! » Cette nuit-là, pendant que nous mangions, assis autour du feu, une soupe d'orge agrémentée de navets et de viande, il compara la parodie à laquelle nous venions d'assister à la procession du jeune Dalaï-Lama, alors âgé de cinq ans, lorsqu'il fut escorté de son village natal de l'Amdo, province située au nord du Kham, jusqu'au palais du Potala à Lhassa.

J'avais entendu maintes fois l'histoire de la découverte de Sa Sainteté. En 1935, un groupe de religieux mené par le régent Réting s'était rendu de Lhassa jusqu'au lac sacré de Lhamo Lhatso, au sud de la capitale. Dans ses eaux cristallines, le régent avait eu une vision qui l'avait conduit jusqu'à la modeste maison d'une communauté paysanne de l'Amdo, dans le village de Taktser. Là, il avait découvert un petit garçon de trois ans. On avait montré à ce jeune enfant une série d'objets dont certains avaient appartenu au treizième Dalaï-Lama, mort quatre ans auparavant, et d'autres qui en étaient les répliques habilement façonnées. L'enfant avait choisi sans se tromper tous les objets authentiques. Après cette épreuve on l'avait examiné avec soin et décelé les particularités physiques propres à un Dalaï-Lama : de grandes oreilles, de fines rayures semblables à celles d'une peau de tigre sur les jambes, des conques striées de spirales sur la paume des mains. L'identité du jeune garçon ne faisait plus aucun doute. Il était le quatorzième Dalaï-Lama. Deux ans plus tard, il fut installé dans sa véritable demeure, le grand palais du Potala qu'avaient occupé ses prédécesseurs. Mais si je connaissais cette histoire, le voyage de mon père à Lhassa m'était inconnu. Il avait vingt-cinq ans quand il apprit que le Dalaï-Lama, récemment identifié, allait se rendre à Lhassa. Laissant sa jeune femme et moi-même, alors âgée de six ans, il chevaucha, accompagné de trois de ses amis chefs de district, jusqu'à la plaine de Doghutan, à quelques kilomètres de Lhassa. Là, au bord de la route, par un jour lumineux du début d'automne, il attendit la procession en compagnie de milliers d'autres personnes.

L'air résonnait du souffle plaintif des hautbois, de l'appel claironnant des longues trompes, du grondement puissant des grandes timbales annonçant le début de la procession.

De chaque côté de la route, on avait dessiné des lignes jaunes et blanches. Des bols à encens brû-

laient sur les bas-côtés. Dominant l'ensemble, des hampes surmontées de drapeaux de prières s'élançaient comme des arbres multicolores, géants, telle une épaisse forêt le long de la piste.

Lorsque la procession s'ébranla, l'orchestre de l'armée tibétaine défila en jouant le God Save the Queen. *Les Tibétains, massés de chaque côté de la route, firent sonner des clochettes. Des centaines de serviteurs de haut rang en tunique de satin vert, de lamas aux robes monastiques bordées d'or, de dignitaires aux capes multicolores avancèrent lentement.*

La poussière s'éleva, prenant la couleur de l'or dans la lumière du soleil. Sur les épaules des moines, les longues trompes mugirent. D'une brume apparut un palanquin de bois doré : derrière les rideaux orangés aux fleurs éclatantes était assis le Dalaï-Lama, invisible aux yeux de l'assistance. Deux nobles chevauchaient à ses côtés, portant au-dessus de lui une ombrelle en plumes de paon et un parasol d'or. Au son mélancolique des cors, dans un tournoiement d'encens, le palanquin doré passa. Tous s'inclinèrent, éprouvant la sacralité de sa présence.

Un jour avant d'arriver à la maison, nous rencontrâmes un vieil homme qui marchait vers nous, un ballot en bandoulière sur le dos. De profondes rides marquaient son front et de fines moustaches blanches pendaient sur son menton. À sa robe pourpre et sa blouse safran nous reconnûmes un moine. Ses bottes usées témoignaient de longues heures de marche. Quand nous arrivâmes à sa hauteur, il leva la main, faisant signe à mon père de s'arrêter.

— Avez-vous des nouvelles de Sa Sainteté ? On m'a dit qu'il allait passer par là ?

Mon père lui raconta notre expérience de Chamdo.

— Les Chinois n'ont fait preuve d'aucun respect pour sa Sainteté, répéta-t-il avec véhémence.

— On m'a dit que dans le Nord les Chinois ont commencé à s'en prendre à notre religion. Ils disent qu'elle « est inutile à notre société ». Ils ont pénétré dans les monastères, emporté nos précieuses statues et nos textes sacrés et les ont envoyés en Chine, ajouta le moine avec tristesse.

Mon père descendit de cheval et s'accroupit sur ses talons tout en écoutant le vieil homme.

— Dans le Sud, ils ont forcé des hommes à travailler sur leurs routes, ils leur ont même ordonné de tuer les créatures inutiles et sans défense. Les Tibétains ont dû battre à mort des rats des champs à coups de pelle, de leurs propres mains ils ont dû tordre le cou de petits oiseaux, et on les a contraints d'écraser de leurs pieds des coléoptères et des araignées.

Le moine leva les mains en un geste de colère :

— Notre vœu de protéger tous les êtres vivants a été bafoué.

Je rentrai à la maison le cœur lourd. Au lieu du visage de Sa Sainteté, j'avais eu un aperçu de l'âme des Chinois. Pour la première fois depuis leur arrivée au Tibet, je sentis que leurs esprits sombres s'infiltraient chez nous. Dans mes pensées, des bâtiments nus et gris, des voitures ternes et de légères volutes de fumée se mêlaient aux cous brisés des oiseaux. Parfois, dans l'obscurité de la cage d'escalier, dans un coin mal éclairé d'une pièce, flottait le visage du président Mao. En même temps, le fait d'avoir approché de Sa Sainteté raviva les jours passés au monastère, les enseignements de Guialtsé Rimpotché. Parfois, au moment où je m'y attendais le moins, je l'entendais dire : « Être capable de voir la mort dans la vie quotidienne est le fondement de votre pratique. » Alors que je commençais à prendre la pleine mesure de la gravité des événements qui menaçaient notre pays, les enseignements spirituels m'ancrèrent dans ces vérités qui perdurent. Plus que jamais, je pris conscience que la pratique quotidienne impliquait davantage que la récitation des prières. M'asseoir en méditation n'avait pas de réelle valeur si je n'étais pas capable d'appliquer le sens profond de la réflexion à mes actes : « Afin que le monde devienne un lieu meilleur, pratiquez la tolérance et l'amour », disait Guialtsé Rimpotché. Dès lors, je m'efforçai d'éprouver de la compassion envers mon entourage et de la tolérance pour son mode de vie, différent du mien. C'était plus facile à penser qu'à faire.

Je passais tous les jours un moment dans la chapelle de notre maison, ou bien j'allais rendre visite à Ani Rigzin, au monastère de Khalé Rimpotché. Je consacrais de plus en plus de temps aux pratiques religieuses et j'en éprouvais un sentiment de paix et de clarté que je n'avais jamais connu auparavant. Un jour, alors que je m'apprêtais à quitter la maison pour le monastère, une jeune femme apparut à la porte :

— Lhamo voudrait que vous alliez la voir. Son

bébé est malade. Son mari et sa famille sont très occupés à moissonner et elle a besoin d'aide, m'annonça-t-elle.

Je ne pouvais refuser cette demande, mais je me sentis déçue à l'idée de ne pouvoir me rendre auprès de Khalé Rimpotché. Après m'être débattue avec l'envie de l'ignorer et le désir de poursuivre mon chemin vers le monastère, mon vœu d'agir avec compassion prévalut et je la suivis à contrecœur chez Lhamo. Je trouvai cette dernière assise près du feu, seule au milieu de la pièce, son bébé sur les genoux. Il pleurait et Lhamo semblait avoir passé plusieurs nuits sans dormir. Sa tchouba était maculée de taches. Des marmites vides s'accumulaient près du feu et, autour d'elle, la table était jonchée d'assiettes à moitié pleines de restes. La pièce était sombre et enfumée. Le feu demandait à être attisé. Ma première impulsion fut de tourner les talons et de m'enfuir en courant. Mais Lhamo avait une telle expression de tristesse que je respirai un grand coup et relevai mes manches.

— Nettoyons tout ça d'abord. Tu te sentiras mieux quand la pièce sera propre, lui dis-je.

Je m'aperçus que je parlais comme ma mère. Je passai presque toute la journée à laver la vaisselle et le linge. Parfois, je prenais le bébé de Lhamo dans mes bras pour qu'elle puisse se reposer. Mais ses hurlements aigus l'empêchaient de dormir. Elle passa le plus clair de son temps à aller et venir de son lit à la cuisine. Elle se levait quand les cris devenaient trop perçants, essayant de le bercer pour l'endormir, s'allongeait lorsqu'il s'était enfin calmé pour se relever au premier hurlement. De mon côté, je le berçais dans mes bras en marchant dans la pièce pour l'endormir. Chaque fois que je m'arrêtais, même un court instant, son petit visage devenait rouge écarlate et il poussait un cri suraigu. J'étais stupéfaite de constater qu'un être si petit puisse faire autant de bruit. J'avais parfois envie de hurler moi aussi de consternation. Mais chaque fois que je croyais ne plus pouvoir tenir, Lhamo venait à côté de moi. À la fin de l'après-midi, une douleur lancinante à la tête commença à m'étourdir et porter le bébé me faisait mal au dos. Ma mauvaise humeur s'accentua. Je faillis m'emporter quand Lhamo me demanda une tasse de thé. Je ne supportais plus la vue du bébé. Avec son petit visage rouge et sa bouche grande ouverte, il me paraissait de plus en plus odieux. Je me sentais à bout. Sous le prétexte d'aider à la maison, je partis. Sur le chemin du retour, l'abattement s'empara de moi. Je n'éprouvai plus aucun sentiment de paix et de clarté et les mots « compassion envers autrui » avaient perdu leur sens.

Des messagers apportaient presque tous les jours à la maison des nouvelles des Chinois. Ils racontèrent que dans une ville de l'Est quarante-huit bébés de moins de un an avaient été enlevés par des soldats et envoyés en Chine pour y être endoctrinés. On avait expliqué à leurs parents que, libérés de la charge de leurs enfants, ils pourraient travailler davantage. Ceux qui osèrent s'opposer aux soldats furent emmenés au fleuve et noyés. Un matin, un homme arriva chez nous. Des traînées de poussière striaient son visage, il avait les yeux égarés. C'était un marchand avec lequel mon père s'était lié d'amitié quelques années auparavant.

— Je dois parler à notre chef Pomdha Gonor. C'est urgent, s'exclama-t-il avec véhémence.

Devant son insistance je l'emmenai sur-le-champ dans la chambre de mon père. Celui-ci était assis sur son lit en train de méditer. Il se leva immédiatement pour accueillir le visiteur bouleversé.

— Oh, Pomdha Gonor...

Ne pouvant se contenir davantage, l'homme se mit à pleurer.

— ... mon précieux lama Dhondun... mon lama béni...

Le corps secoué par les sanglots, le marchand était incapable de poursuivre. Mon père s'avança vers lui et le mena doucement vers un matelas où il put s'asseoir. Il prit place à côté de lui et attendit patiemment qu'il ait retrouvé son sang-froid.

— Il y a deux jours, j'ai vu une chose horrible à Kyiédo, reprit l'homme quand il put enfin parler. J'étais allé au monastère pour prier avec lama Dhondun quand quatre soldats chinois sont entrés brusquement dans le sanctuaire. Ils l'ont traîné par terre jusqu'à l'extérieur du temple. Ils l'ont forcé à s'agenouiller en face d'un groupe de moines et d'habitants de la ville. Son visage gardait son calme rayonnant. Il a levé ses yeux doux et pleins de compassion vers les soldats. Cela a paru mettre l'un d'eux mal à l'aise. Il s'est approché de lama Dhondun et lui a donné plusieurs coups sur la tête. Lama Dhondun le regardait avec la même patience et le même regard. Le sang a commencé à couler de sa bouche et le soldat l'a frappé plusieurs fois dans les côtes. Lama Dhondun a laissé échapper un faible gémissement puis il est tombé sur ses mains. Là-dessus, le soldat est monté à califourchon sur son dos, il lui a passé une corde autour du cou et a fait semblant de le monter comme si c'était un cheval. Il tenait la corde serrée et la tirait d'un coup sec en arrière. À ce moment-là, un autre soldat s'est approché, a déboutonné son pantalon et a uriné sur la tête ensanglantée de mon lama. Les autres soldats ont redoublé de rire et ont fait comprendre par gestes aux moines qui se tenaient là qu'il leur arriverait la même chose s'ils poursuivaient leurs pratiques religieuses. Oh, Pomdha Gonor... les mots ne suffisent pas... c'était affreux !

Sa voix se brisa en sanglots.

Ce soir-là, mon père réunit ses conseillers dans sa chambre. Il m'enjoignit de me joindre à eux. J'hésitai. Plus je participais à ces réunions, plus il y avait de chances que ces hommes me demandent un jour d'être leur chef. Or je ne désirais qu'une chose : continuer ma pratique spirituelle. Mais je sentis que je n'avais pas le droit de refuser.

— Les Chinois ne sont pas encore entrés dans le Gonjo, mais ce n'est qu'une question de temps, commença mon père, le visage pâle et hagard.

Il demanda aux autres conseillers d'exprimer leur opinion. À la lumière des torches, ils discutèrent tard dans la nuit.

Gosé Tséring, le conseiller le plus âgé de mon père, parla le premier :

— Depuis des siècles, tout comme le corps obéit à la tête, nous, dans le Gonjo, nous avons payé nos impôts et suivi les lois édictées par le gouvernement du Tibet. Mais en l'espace de quelques années — il leva les mains pour insister sur son propos — les Chinois ont tout bouleversé. Le prétendu « comité de libération de Chamdo » nous contraint à voter des lois.

Cette dernière précision provoqua une réaction houleuse. Tout le monde savait pertinemment que dans ce comité, théoriquement composé de Tibétains et de Chinois, la représentation tibétaine était purement formelle et que le pouvoir de décision appartenait aux Chinois. Mon père se leva :

— J'ai été nommé chef de tout le Gonjo, mais ai-je jamais été consulté au sujet des décisions qui nous concernent ? Vous savez tous que la réponse est non ! Comme un gros insecte en dévore un plus petit, ils se moquent éperdument de ce que nous pensons.

Après un silence respectueux, Shamo Tchémi, un conseiller très proche de mon père, prit la parole :

— J'ai entendu dire qu'ils ont envahi les plaines du Sud et que dans les villes de Kanzé et de Lingkha Shipa, ils ont « emprunté » des céréales aux réserves gouvernementales et demandé des « prêts » d'or et d'argent pour nourrir leurs troupes.

— Des prêts ! Emprunter ! Ils empruntent à la pointe du fusil ! s'écria Gosé Tséring en crachant ses mots.

Shamo Tchémi l'interrompit :

— Ils recrutent des mendiants dans les rues et les envoient dans les campagnes déposséder les gens de leurs biens.

— Ah, les voleurs et la racaille... Ils se conduisent comme des rois, ils se pavanent en brocarts chinois, s'exclama mon père avec dédain. (Il cracha par terre pour marquer son dégoût.) Les soldats chinois sont intelligents. Ils nous tuent lentement, un par un, comme on coupe les doigts d'une main.

— Pas lentement, gronda Gosé Tséring. Dans le village de Doï, en Amdo, ils ont emmené cinq cents propriétaires terriens au milieu de la ville et ils en ont tué trois cents d'une balle dans la tête devant toute la foule. Ils ont dit aux rescapés qu'ils connaîtraient le même sort s'ils s'opposaient à l'ordre de remettre leurs terres à l'Armée de libération.

— Voilà ce que je pense de leur armée, dit mon père en crachant de nouveau sur le sol. Ils prétendaient être venus nous libérer des oppresseurs extérieurs, alors qu'ils nous enferment dans leur toile comme des araignées. On ne peut plus rester assis à observer ce qui se passe. Il faut commencer à faire des plans.

Cette nuit-là, je dormis d'un sommeil agité. Je rêvais à nouveau de bruits de pas sur le sol à l'extérieur de ma chambre. Je les entendais venir le long d'un couloir en ciment. Ils cognaient contre le sol, à petits coups brefs et rapides. De plus en plus fort au fur et à mesure qu'ils se rapprochaient de ma chambre. Mais cette fois-ci, ils s'arrêtèrent devant la porte. Je me réveillai.

L'année suivante, les activités chinoises dans les régions avoisinantes se poursuivirent. Pendant un moment, les Chinois bouclèrent toute une région à l'est du Yangzi Jiang. Ma mère se trouva ainsi dans l'impossibilité de quitter le monastère de Guialtsé Rimpotché. Je me consolai en pensant qu'elle était sans doute heureuse de pouvoir prolonger sa retraite. Mais elle me manquait terriblement. C'était là un des tours étonnants que me jouait mon esprit :

elle n'était pas plus absente que le mois précédent ; ce n'était pas tant sa présence qui me manquait que la pensée de son absence qui me faisait mal. Personne d'autre ne parut éprouver ma tristesse. Kunsang prit sa place. Elle s'occupait bien de la maison et mon père paraissait ne pas s'apercevoir de l'absence de ma mère. Absorbé par ses devoirs, il allait à cheval de ville en ville pour rencontrer les chefs de notre région. Il s'entretenait également avec les lamas et les habitants afin d'élaborer des plans pour contrecarrer les Chinois. Tous les chefs jurèrent qu'ils étaient prêts à résister quoi qu'il arrive. Chacun d'eux s'engagea à fournir des hommes et des armes. En outre, il fut décidé que chaque famille aisée devait former trois cavaliers armés prêts à se joindre à la Résistance.

Tandis que mon père et ses compagnons se préparaient, les Chinois continuaient à confisquer des domaines dans les régions situées à l'est du Yangzi Jiang. Ils commencèrent à établir des communes dans les villages tibétains tout en amenant par camions des paysans venus de toute la Chine afin qu'ils s'établissent au Tibet. Scandalisés par ces événements, les chefs de Dergué, Kanzé, Nyagrong, Ba et Lithang mobilisèrent des milliers de gens. Armés d'épées et de fusils, ils firent des incursions dans les camps de l'armée chinoise où ils se livrèrent à des tueries et au pillage. Les Chinois subirent des pertes massives et furent contraints de se retirer. Mais ce ne fut pas sans conséquences pour nous.

— Le monastère de Lithang a été bombardé,

cria le messager sans même se préoccuper de se présenter officiellement.

Il pleurait tout en parlant. Mon père se leva de son matelas pour le calmer. Il posa sa main sur ses épaules. Au bout d'un moment, le souffle du jeune homme redevint régulier et mon père se recula.

— Racontez-nous, lui demanda-t-il d'une voix posée.

— Il y a trois mois, les Chinois ont ordonné aux lamas du monastère de notre village de Lithang de dresser la liste de leurs biens. Les lamas ont refusé et se sont réunis d'urgence. Ils ont demandé aux hommes de notre village de prendre les armes. Ces derniers ont donc organisé une attaque contre un camp chinois qui se trouvait dans une vallée au-delà de notre bourg. Ils ont réussi à voler des armes avant d'être repoussés. Mais, poursuivis et talonnés, ils se sont réfugiés au monastère. Les Chinois ont cerné le bâtiment. Ils ont essayé de les faire sortir en leur proposant un marché malhonnête. En échange de la reddition des hommes et des moines, ils retarderaient de deux ans la création de toute coopérative d'État. Si les villageois refusaient, ils seraient bombardés.

Parvenu à ce point de l'histoire, le jeune homme éclata en sanglots. Mon père lui tapota gentiment l'épaule. Après une coupe de tchang, le messager reprit son récit, en reniflant de temps à autre.

— Vous savez, Pomdha Gonor, nos villageois n'avaient aucune idée de ce que signifiait la menace des Chinois. Ils n'ont pas compris les conséquences que pouvait entraîner leur action et ils ont refusé leur proposition. Alors dans le ciel est apparu quelque chose qu'ils n'avaient jamais vu : des machines volantes avec des ailes, comme des oiseaux, sont descendues sur le monastère. Le tonnerre a rempli l'air, les bâtiments ont explosé avec les gens qui criaient à l'intérieur. Ils étaient six mille dans le monastère à ce moment-là... Quatre mille sont morts... Hommes, femmes, enfants... Quatre mille victimes.

Quand il eut terminé son récit, le silence s'installa dans la pièce. Ces nouvelles étaient trop accablantes pour nos esprits. Excepté les sanglots discrets du messager, tout le monde demeura silencieux.

Au début de l'année du Singe de feu, en 1956, on apprit qu'un programme appelé « Réformes démocratiques » était introduit dans l'Amdo et le Kham.

— Les terres et les troupeaux des propriétaires et des monastères ont été saisis, annonça mon père en frappant son poing contre la paume de sa main. Les Chinois vont les redistribuer sans même savoir comment réagiront les gens. Ils prétendent que c'est pour le bien de tous. Je me demande ce qu'il peut en sortir de bon.

Ces réformes étaient appliquées à l'issue de réunions publiques et ceux qui étaient accusés de s'y opposer étaient amenés enchaînés sur la place du village. Un moine qui avait assisté à l'une de ces réunions nous raconta leur déroulement : « Ils forcent tous les villageois à y assister et encouragent les participants à critiquer, humilier et attaquer ceux qui s'y refusent. Ils encouragent les moines à se retourner contre leur abbé, les villageois contre leur chef, les enfants contre leurs parents. C'est abominable ! »

— Les Chinois essaient de créer des dissensions au sein de notre peuple, mais cela produit l'effet contraire. Ça ne fait qu'alimenter notre résistance ! commenta mon père.

Les conseillers de mon père se réunissaient à la maison pour discuter de la situation presque toutes les semaines. Parfois, sur sa demande, je me joignais à eux. Mais je ne me suis jamais sentie totalement acceptée. Je remarquais qu'ils m'observaient à la dérobée avec un mélange de curiosité, d'incrédulité et de consternation, comme si une femme n'était pas à sa place dans ces assemblées. Leurs réactions ne me gênaient pas outre mesure car je ne désirais pas particulièrement me retrouver au milieu de ces hommes. J'aurais préféré prier dans la chapelle ou lire des textes religieux dans ma chambre. Mais mon père voulait me préparer à l'éventualité de sa succession. Il m'en parlait de temps à autre. Cette pensée m'accablait. Comment saurais-je ce que je devrais faire ? Quand aurais-je le temps de pratiquer ? Je prie afin que cela n'arrive jamais !

Au printemps de cette année-là, le comité mixte sino-tibétain ordonna à tous les chefs du Kham oriental d'assister à une assemblée à Chamdo. Les lamas, les chefs de district et de grandes familles ainsi que les représentants du peuple s'y rendirent ensemble. La réunion dura plusieurs jours. Au cours de ces assemblées, Wang Chimi, le représentant chinois, demanda aux chefs d'aider à la mise en application des « Réformes démocratiques ». Il se montra menaçant.

— Si vous nous refusez votre aide, nous appliquerons ces réformes par la force.

Mon père faisait partie de ceux qui s'y opposaient avec vigueur. Il se leva :

— Je n'exécuterai que les ordres venant du gouvernement tibétain de Lhassa. Je n'accepterai jamais les réformes préconisées par les Chinois. Le Tibet est un pays libre gouverné par Sa Sainteté le quatorzième Dalaï-Lama. Je n'obéirai qu'à ses ordres.

Des acclamations retentirent dans la salle et de nombreux chefs, inspirés par son exemple, se levèrent pour déclarer leur opposition. Un vote eut lieu. Cent participants soutinrent les réformes, plus de deux cents les refusèrent. On renvoya les chefs chez eux avec des livres illustrés, des stylos à encre et des savons en guise de cadeaux.

— Ils nous achètent ! fulmina mon père en arpentant sa chambre.

Son visage était rouge et des gouttes de sueur mouillaient son front.

— Ils pensent nous séduire et affaiblir notre résolution avec leurs images de la Chine et leurs beaux stylos...

Il haletait et ses mains tremblaient quand il les agitait en l'air. La puissance de sa colère paraissait l'éreinter. Il resta plusieurs jours dans sa chambre, refusant de manger. J'allais quotidiennement à sa porte, mais il me renvoyait d'un signe de la main. Puis, un soir, alors que je m'apprêtais à me coucher, j'entendis la voix de Gosé Tséring qui traversait la cuisine pour monter voir mon père. Quelque chose dans son ton éveilla ma curiosité.

J'enfilai ma tchouba et le suivis dans les escaliers. Mon père était assis sur un matelas dans un coin de la pièce, affaissé sur lui-même, l'œil inexpressif. Son regard fixe semblait perdu dans le lointain. Il ne remarqua pas tout de suite notre présence et nous restâmes sur le seuil, gênés, sans savoir quoi faire. Au bout d'un certain temps Gosé Tséring se gratta la gorge.

— Pomdha Gonor, je suis venu vous apporter d'autres nouvelles des Chinois.

Mon père revint lentement à lui, comme on tire un cordage jeté au loin. Un frémissement parcourut son corps, il changea de position et leva les yeux vers nous. Gosé Tséring parla jusque tard dans la nuit. « Que peuvent-ils faire ? » me demandai-je en l'entendant raconter la tragédie qui se déroulait au Tibet. J'ignorais alors que des gens s'étaient soulevés et avaient constitué un mouvement de résistance.

À Nyagrong, au sud de chez nous, des soldats chinois s'étaient rendus chez Guiurmé, retenu à l'extérieur de la ville par son commerce. Sa famille commençait juste le repas du soir lorsqu'ils frappèrent à la porte.

— On vient saisir vos armes, annoncèrent-ils en entrant.

La vieille mère de Guiurmé se leva et leur fit face. Elle les regarda droit dans les yeux et déclara d'une voix ferme :

— Nous n'en avons pas.

Sans dire un mot, sans aucun avertissement, ils levèrent leurs fusils et les abattirent. La mère de Guiurmé, sa femme, son jeune fils et un serviteur de la famille. Tués sur le coup. Les habitants de Nyagrong étaient révoltés. Deux semaines plus tard, Dordjé Yudon, la très belle jeune femme du chef Guiari Nima, décida de lancer un mouvement de rébellion. Elle réunit les hommes de son mari, rassembla leurs armes et leurs chevaux et lança une attaque contre le château du Dragon femelle où s'étaient repliés les Chinois. Mais ceux-ci avaient suffisamment de vivres et refusèrent de sortir. L'assaut durait depuis plusieurs jours.

Quand Gosé Tséring se tut, mon père laissa échapper un son qui ressemblait au gémissement de l'air à travers la fente d'un mur. Puis une sorte de petit cri, à peine audible. Son regard s'abaissa vers le sol et, pendant un court instant, je crus qu'il allait s'évanouir. Mais il leva les yeux et se redressa.

— Nous devons leur envoyer de l'aide, dit-il, comme s'il revenait à lui. Réunissez les chefs et les conseillers.

Le vent descendait en rafales des collines lorsque mon père et moi enfourchâmes nos chevaux et chevauchâmes jusqu'à un lieu situé à la frontière des provinces de Gonjo et de Daguiab. Là nous attendaient les chefs de tout notre district. Parmi eux, je reconnus Tchimé Gonpo et Raru Ténnam de Dergué, Choungbhoum Pourpa de Markham et de nombreux autres venus de villages voisins. Quand la pluie se mit à tomber, ils se serrèrent les uns contre les autres sur leurs montures, l'épée au côté et leurs chapeaux de renard sur la tête. Une lueur sauvage brillait dans leur regard, sauvage comme les yeux de leurs chevaux. De vrais guerriers khampas.

Je m'assis un peu à l'écart et je les observai. Ils dressaient des plans. Ils décidèrent de s'unir pour chasser les Chinois, de ne pas envoyer d'hommes à la construction des routes dans le Gonjo. Ils s'engagèrent également à ne pas fournir de viande, de céréales, de chevaux ni de munitions aux Chinois et jurèrent de perturber leurs activités de toutes les façons possibles. Lorsque la discussion s'acheva, chacun descendit de cheval et marcha sur une dépouille d'animal encore maculée de sang, prêtant ainsi le serment le plus sacré du Kham. Mon père termina la réunion par ces mots :

— L'expression « libération du Tibet » est une farce mortelle. Le Tibet est un pays indépendant depuis le roi Nyatri Tsènpo. L'histoire nous en est témoin. Engageons-nous à ne jamais permettre à ces bandits chinois de nous voler notre indépendance par la force.

Il leva son fusil au-dessus de sa tête et cria :

— Vive la liberté du Tibet !

— Vive la liberté du Tibet ! reprirent les autres en hurlant.

Les événements s'enchaînèrent rapidement. Tous les habitants du Kham se soulevèrent et résistèrent. Connaissant parfaitement le terrain, ils remportèrent de fréquentes victoires. Afin de briser cette offensive, les Chinois firent venir des soldats en grand nombre, bien entraînés et bien équipés. Face à eux, les Tibétains ne faisaient pas le poids. La plupart des Khampas ne tardèrent pas à déserter leurs villages et à s'enfuir dans les collines. À la fin dc 1956, le nombre de réfugiés atteignait plusieurs milliers. En 1957, un millier d'hommes sous le commandement du chef Tchimé Dordjé de

Lingkha Shipa arriva à un campement de nomades situé dans les collines qui surplombaient notre bourgade. Ils avaient dû abandonner leurs terres aux Chinois et cherchaient un abri. Mon père alla les rencontrer. Revêtu d'une tchouba noire, son chapeau sur la tête, le fusil dans le dos et l'épée au côté, il traversa au galop les hautes herbes en direction des collines.

Papa se tenait devant nos réserves, lisant une longue liste de provisions :

— Dix sacs de farine d'orge. Trois de viande séchée. Quatre sacs de riz...

Thouptèn et Tashi portaient les sacs et les empilaient à ses pieds.

— Il faudra du fourrage pour les chevaux, poursuivit mon père. Puis s'adressant à Kunsang et à moi : et des vêtements pour les hommes, les femmes et les enfants.

Au milieu de cette agitation, personne n'avait remarqué l'arrivée de maman. Elle se tint un moment sur le côté et observa la scène. Elle arrivait à l'improviste du monastère et se trouvait brutalement plongée dans le chaos. Les réfugiés venus recevoir ces vivres étaient éparpillés un peu partout, assis sur les matelas, accroupis sur leurs talons près du feu ou appuyés contre les murs. Des chiens inconnus poursuivaient les nôtres d'une pièce à l'autre. Des enfants pleuraient de faim. Ma mère demeura bouche bée de frayeur, ses yeux cillèrent et se mouillèrent comme ceux d'une taupe sortant de son terrier et aveuglée par la lumière éblouissante du soleil.

— Maman ! m'écriai-je dès que je la vis.

Je laissai tomber le paquet que je portais et traversai la pièce d'un bond. Je faillis la renverser. Passant mes bras autour de son cou, je serrai son petit corps frêle contre le mien : le battement de son cœur, pression ténue contre ma poitrine. J'avançai les mains et levai son visage jusqu'à ce que nos fronts se touchent. Cette nuit-là, recroquevillée dans ses bras, sa peau chaude contre la mienne exhalant ce parfum de lait si familier, pour la première fois depuis que j'avais quitté le monastère, je me sentis en paix. Dans un murmure ininterrompu je l'appelai : « Maman, maman. » J'embrassai la pointe de ses oreilles et écartai les mèches de cheveux de son front. Nous évoquâmes Guialtsé Rimpotché et ses enseignements. Au fur et à mesure qu'elle parlait, j'avais l'impression de revenir au monastère.

Guialtsé Rimpotché est assis sur un simple matelas au fond de sa chambre. Un léger rai de soleil traverse la pénombre, illuminant son visage. Rayonnant, il est entouré de lumière, comme le visage d'or du Bouddha.

Mon père lut une lettre de lama Nyènjik qui circulait parmi les chefs de la région.

« Qu'on ne s'y trompe pas, la "libération" du Tibet n'est pas autre chose qu'une forme brutale de colonialisme... en l'espace de quelques années, Mao Tsé-toung projette d'implanter huit millions de Chinois au Tibet. Cela signifie l'anéantissement total de notre culture traditionnelle et de notre peuple.

« Aucun État n'a levé le petit doigt pour s'opposer à l'occupation d'un pays libre, ce qui entache la conscience du monde. Qu'aucune nation n'ait élevé la voix contre la boucherie dont est victime le peuple tibétain constitue une profonde honte... »

Mon père posa la lettre sur la table devant lui. Il se frotta le visage de ses grandes mains.

— C'est bien que quelqu'un ait pris la peine d'écrire au gouvernement indien. Nous avons besoin d'une aide extérieure ; nous ne pouvons pas survivre seuls.

— Maintenant, on va sûrement nous envoyer de l'aide. Quand les autres vont apprendre ce qui se passe, ils nous soutiendront, dis-je pleine d'espoir.

À cette époque, j'étais jeune et j'ignorais comment fonctionnait le monde. J'étais si loin de la réalité qui s'étendait au-delà de nos hautes montagnes que je ne possédais aucune expérience, aucune vision ni aucune connaissance susceptibles de m'aider à imaginer un monde plus vaste. Ma seule certitude était qu'il ne fallait pas faire confiance aux Chinois. Au fil de cette année 1957, les ravages effectués par ces derniers s'accrurent et la santé de mon père commença à se détériorer. Il était très préoccupé car l'entrée des Chinois dans le Gonjo n'était plus qu'une question de temps.

— Le gouvernement tibétain n'a aucune stratégie pour s'opposer à Pékin. Nous ne possédons rien. Quelques armes et même pas une armée digne de ce nom. Les Chinois, eux, sont extrêmement puissants. La situation va devenir très difficile.

Ce souci aggrava les désordres du sang et des vents dans son corps de sorte que les fluides circulèrent bientôt avec peine. À plusieurs reprises des médecins des villes voisines vinrent l'examiner. Ils prirent son pouls, récitèrent des prières et lui donnèrent des pilules enveloppées dans un tissu de soie. Ils firent de leur mieux, mais mon père continua à s'affaiblir.

Au début de l'année du Chien de terre, en 1958, ses mains et ses pieds étaient si enflés qu'il avait du mal à se déplacer dans sa chambre. Il souffrait presque quotidiennement de maux de tête et de crises de suffocation. Souvent, lorsqu'il n'arpentait pas sa chambre, il restait assis sur son matelas, les épaules tombantes, le regard perdu au loin. Maman, Kunsang et moi restions à ses côtés au cas où il aurait besoin d'aide. Nous lui lisions des passages des textes sacrés. Nous demandâmes même à Gosé Tséring de venir jouer aux dés avec lui, mais quoi que nous fassions il continua à décliner.

— Si je guéris de cette maladie, je détruirai le grand arsenal chinois du Nord. Je ne quitterai pas cette terre sans avoir accompli un acte dont on dira pendant des générations : « C'est ce que Pomdha Gonor a fait ! » Je remplirai mon devoir envers le Tibet, disait-il les jours où il pouvait parler.

Un matin, à la fin du printemps, il ne put se lever. Depuis le début de sa maladie, c'était la première fois qu'il restait alité et il nous sembla alors, à maman et à moi, que son ardeur venait de s'effondrer. Les lampes brûlaient toute la journée dans sa chambre. Parfois, à la lueur vacillante de leurs lumières, il me semblait qu'il passait d'un état solide à un état liquide ou l'inverse. Tantôt il glissait dans le sommeil, tantôt il gisait allongé, le regard lointain, les yeux vagues et ternes. De temps à autre, Kunsang lui appliquait un linge mouillé sur le front, mais il ne semblait pas s'en apercevoir.

Avant le dîner, maman arriva accompagnée d'un médecin venu d'un village voisin. C'était un homme âgé ; il marchait les épaules voûtées et semblait ployer sous un lourd fardeau. Derrière lui, un apprenti portait sa sacoche à médicaments. Le jeune homme baissait la tête, les yeux fixés sur le sol, comme si c'était la première fois qu'il assistait à une consultation. Il fouillait maladroitement dans le sac en cuir tandis que le médecin lui faisait des signes impatients pour qu'il la pose sur la table devant le lit de mon père. Le vieil homme s'assit à son chevet, leva sa main et appuya trois de ses doigts sur son poignet. Il demeura assis, silencieux, pendant un moment, à écouter le pouls de papa. Puis il se tourna et ouvrit sa sacoche. Quand il en souleva le rabat, l'odeur épicée des herbes médicinales emplit la pièce. Il fouilla au fond du sac et en sortit différents flacons contenant des pilules de tailles diverses. Son assistant les écrasa dans une tasse d'eau. Quand elles furent dissoutes, le médecin porta la tasse aux lèvres de mon père, l'inclina et lui fit avaler le mélange. Mon père s'étrangla puis ingéra le breuvage. Là-dessus, le vieil homme tapota sa main et murmura à l'oreille de ma mère en s'en allant :

— Veillez à ce qu'il se repose bien.

Plus tard dans la soirée, Ani Rigzin revint du

monastère accompagnée de Khalé Rimpotché. Dans la pénombre, sa haute silhouette revêtue d'une lourde cape passée sur ses épaules ressemblait à une montagne paisible. Il se pencha au-dessus de mon père et, de sa main, lui effleura le front.

Puis il sortit de son sac un texte enveloppé de brocart et, commença à lire.

« La nature fondamentale de notre esprit est la luminosité inséparable de la vacuité. Telle une immensité lumineuse, elle demeure au-delà de la naissance et de la mort. C'est le Bouddha de l'infinie lumière. »

Il se courba davantage au-dessus de mon père et prit si doucement sa main dans la sienne, et avec une tendresse telle, que ce contact parut lui redonner des forces. Après lui avoir fait comprendre qu'il devait répéter les paroles qu'il allait prononcer, il poursuivit.

« Maintenant que le *bardo* [1] de la mort descend
[sur moi,
J'abandonne tout attachement, tout désir, et tout
[lien.
Entrant dans la clarté de la présence éveillée
de l'enseignement,
Que ma conscience pénètre dans l'espace
de cette présence d'Éveil increéée.

1. Bardo signifie « intervalle » en tibétain et désigne communément l'état intermédiaire entre la mort et la prochaine naissance qui dure théoriquement quarante-neuf jours. Le *Livre des morts tibétain* (*bardo theudreul*) d'où est extrait ce passage est lu aux mourants et aux défunts et contient des instructions guidant la conscience à travers les différentes épreuves de cet état transitoire.

Quittant ce corps composé de sang et de chair,
Je sais que je serai en paix. »

Il referma le texte.

— Pomdha Gonor, vous avez été un chef puissant, un mari et un père loyal. Au commencement de ce voyage, puissiez-vous être le protecteur des abandonnés, le guide de ceux qui cheminent et, pour ceux qui désirent l'autre rive, être la barque, le pont, la chaussée... Puissiez-vous être pour les malades le remède, le médecin... De même que la terre et les autres éléments servent aux multiples usages des êtres innombrables répandus dans l'espace infini, puissiez-vous être de toute façon utile aux êtres qui occupent l'espace [1]... Puissiez-vous quitter le lieu de votre naissance en paix.

Après le départ de Khalé Rimpotché, l'état de mon père parut s'améliorer. Pendant un moment, son esprit retrouva sa vivacité coutumière et il entreprit de relater certains événements de ces dernières années. Il revenait souvent sur sa rencontre avec le Dalaï-Lama. Ce souvenir lui redonnait de l'énergie et il insistait pour nous le raconter.

— Tous les chefs du Kham s'étaient rassemblés pour lui demander de les bénir. Au cours de l'audience, Sa Sainteté nous a souri et nous a regardés avec affection.

Cette évocation faisait briller ses yeux.

1. Ce passage est extrait du célèbre et admirable ouvrage intitulé *La Marche vers l'Éveil* (*Bodhicaryavatara*) de Shantidéva (VIIe-VIIIe siècle), grand saint et philosophe indien. Ce livre est traduit aux éditions Padmakara, 1991.

— Avant que nous repartions, il a remis à chacun une écharpe cérémonielle et il nous a bénis en apposant sa main sur nos têtes. J'ai alors prié du fond de mon cœur pour qu'il ne lui arrive rien de mal. Au moment de partir, j'ai ressenti une profonde tristesse et des larmes ont coulé de mes yeux. Aujourd'hui, on dirait bien que le Tibet et Sa Sainteté vont tomber sous la coupe des Chinois, dit-il, les yeux embués.

Plus tard, luttant pour trouver la force de parler, il murmura :

— Ne faites jamais confiance aux Chinois. Ils sont venus pour détruire.

Le lendemain, il s'affaiblit au point de ne pouvoir parler. Toute la nuit, ma mère et Kunsang s'étaient relayées à son chevet. Le matin, quand je pénétrai dans la chambre, ma mère, assise à la tête du lit, caressait son front. Kunsang avait la main posée sur son épaule. Anya et Gosé Tséring se tenaient à ses côtés et Ani Rigzin à ses pieds. En l'espace d'une nuit, la couleur de sa peau avait changé. Elle était maintenant d'un gris pâle. À peine visible dans la pénombre, sa bouche était ouverte, comme un petit trou noir sur sa peau blême. Je regardai son cou mince. Les muscles s'étaient relâchés et sa gorge paraissait s'affaisser sur son plastron. Je m'assis à son côté et je posai ma main sur les siennes, flasques, qui reposaient sur sa poitrine. Ses yeux étaient presque clos, ses joues creusées, comme si à chaque minute qui s'écoulait sa force vive s'échappait doucement. J'examinai les taches décolorées au sommet de son front, la courbe de ses pommettes, l'arête bien dessinée de son nez. Ma gorge se noua. Il souleva l'une de ses mains, lentement, en un immense effort, et la posa sur la mienne. Il est en train de me dire qu'il m'aime, pensai-je.

Nous passâmes toute la journée assises auprès de lui. Un moment, il parut aller mieux et je repris espoir. En fin d'après-midi, Ani Rigzin me dit :

— Allons prier au monastère.

Je la suivis à contrecœur. Le lendemain matin, alors que nous retournions à la maison, Tashi courut vers nous.

— Ashe Patchèn ! Ashe Patchèn ! Venez vite, l'état de votre père a empiré.

Je me précipitai.

— Que s'est-il passé ? criai-je folle d'inquiétude.

J'arrivai à la hauteur de Tashi qui se tenait debout, essoufflé, sur le bord du chemin. Je lui pris les épaules en hurlant :

— Dis-moi ! Est-ce qu'il va vivre ?

Tashi parut désorienté et bafouilla. Je courus vers la maison. Les gens pleuraient à l'intérieur. Les lamentations étaient si violentes que l'air résonnait étrangement.

— Que s'est-il passé ? demandai-je à nouveau en saisissant le bras d'une voisine qui se tenait près de la porte.

— Notre chance a tourné, sanglota-t-elle.

Je me frayai un passage à travers la foule qui s'était réunie dans la maison et gravis les marches dans un état d'hébétude. Lorsque je parvins sur le palier, je vis Shamo Tchémi, l'un des conseillers, assis sur la chaise de mon père. Je courus droit vers la chambre, mais il se leva pour me barrer le passage.

— Je dois le voir ! Je promets de ne pas faire de scène.

Devant ma détresse, Shamo Tchémi s'écarta.

À l'intérieur, papa gisait sur son lit. En m'approchant de lui, je m'aperçus que son visage était creusé comme un masque et sa peau décolorée. Je me penchai pour toucher son front. Je tressaillis quand mes doigts se posèrent sur son visage. Je me sentai vide, statufiée. La peau qui commençait à se refroidir s'était raidie comme le beurre dans une lampe dont la flamme s'est éteinte. Le courant qui avait toujours existé entre nous comme la force vive d'un torrent n'était plus.

Je le regardai.

— Papa, ne me quitte pas, murmurai-je.

Son corps perdait peu à peu sa force, comme s'il tombait, s'abîmait, écrasé d'un poids énorme. Il ne pouvait plus bouger la tête. Ses yeux s'asséchaient.

La chaleur de son corps se dissipait. Dans ses oreilles, un souffle se déchaînait, comme un grand vent balayant le monde, consumant l'univers entier. Un vent qui l'emportait.

En fin de journée, on envoya Tashi demander à Khalé Rimpotché d'effectuer le *pho-wa*, de transférer et de guider la conscience de mon père sur la voie blanche du paradis de la paix. Ce soir-là, maman et Kunsang lavèrent son corps, l'enveloppèrent dans un tissu d'un blanc pur et prièrent. Je m'assis en gardant la main posée sur celle de mon père. Il n'est pas parti, me répétai-je. Un jour, il reviendra.

On garda son corps à la maison pendant trois jours. Des moines et de grands lamas vinrent prier, assis dans la cuisine, dans la chapelle, faisant cercle autour de sa dépouille en récitant des prières. Occupée à la cuisine avec maman, je ne trouvai pas le temps de me joindre à eux. Mais lorsque j'allai dans la chambre de mon père pour remplir son bol de nourriture, je profitai que personne ne me regarde pour murmurer à son oreille : « Va toujours vers la lumière. » On prépara également la crémation. Maman cuisina les plats préférés de mon père et les disposa à côté de lui. Kunsang et les autres domestiques s'occupèrent des repas des invités. On fit brûler mille lampes à huile dans la maison et on en offrit plusieurs milliers aux monastères environnants. Au terme de ces trois jours, quand il fut certain que sa conscience eût quitté son corps, mon père reçut les funérailles réservées à un grand lama. Sur le toit plat du grenier, on édifia une plate-forme dont le centre était constitué d'un espace cylindrique où l'on inséra le corps, en ménageant un espace pour le feu. À côté de cette construction, Khalé Tulkou, Dorzong Tulkou et Ngulra Tulkou [1] se tenaient debout, vêtus de leurs robes de brocart, attendant le début de la cérémonie. Je me trouvais avec les autres invités sur le toit de la maison et j'observai les officiants qui allumaient le feu. Les flammes craquèrent, détonèrent dans l'air. Quand le corps fut dévoré par le feu et commença à disparaître,

1. Tulkou est un titre qui désigne au Tibet, depuis le XIIe siècle, la réincarnation reconnue des grands maîtres spirituels.

des pleurs et des gémissements éclatèrent autour de moi. Ma mère et Kunsang gémissaient si fort qu'elles étaient au bord de l'inconscience. J'étais immobile, abasourdie, les yeux fermés, mon esprit uni à celui de mon père.

Sa famille pleurait, mais il ne pouvait l'entendre. Son corps avait cessé d'éprouver toute peine, toute sensation. Ses pensées et ses émotions avaient pris fin. L'environnement familier s'effaçait. Flottant dans l'espace sans forme ni dimension, il pénétra dans la clarté lumineuse.

Il fut ébloui par la couleur et le son. Bleu, blanc, rouge, jaune, vert apparurent tels des rayons puis s'unirent pour former des points lumineux. La lumière qu'ils émettaient était aveuglante, le son aussi assourdissant que le grondement d'un million de cascades. En une lente dissolution, il se mouvait comme l'écume de l'océan sur une lame ondulant à l'infini.

Il revenait à son état primordial. Il n'éprouvait aucune peur.

Ce jour-là, mon enfance s'acheva. Je compris brutalement que mon rêve d'une vie consacrée à la prière et à la méditation n'était plus possible. Dans l'impossibilité de suivre la voie que me dictait mon cœur, mon devoir m'obligeait à poursuivre la tâche de mon père. Mon pays menacé, ma famille en danger, je commençai à faire des préparatifs de guerre. Ce jour-là, ma vie changea pour toujours.

6

À travers les hautes collines

J'étais avec lama Ratri dans l'un des monastères du village.

— Que puis-je faire d'autre pour mon père ? lui demandai-je.

Concentré sur sa lecture, il ne leva pas les yeux. Ses robes monastiques enveloppaient sa forte carrure ; les pages rectangulaires de son texte étaient étalées sur ses genoux. Au bout d'un moment qui me parut très long, il rangea les feuillets et prit son chapelet. Le tenant entre le pouce et l'index, il en égrena les grains très vite, deux par deux.

— Votre père Pomdha Gonor a rejoint le paradis de Vajradhara. Mais si vous voulez l'aider davantage, je vous donnerai d'autres prières à réciter, dit-il d'une voix solennelle après avoir évalué le nombre de grains restants [1].

Il me donna une centaine de cordelettes de pro-

1. Il s'agit d'une pratique de divination particulière appelée *mo* à laquelle les Tibétains ont souvent recours lorsqu'ils se trouvent confrontés à un problème, qu'il s'agisse de connaître l'issue d'une destinée ou de prendre une décision.

tection, autant de petits sachets contenant des morceaux de ses vêtements, quelques-uns de ses cheveux et une centaine de petites figurines d'argile, des amulettes à porter autour du cou. Tous ces objets sacrés constituaient des offrandes pour le bien de mon père. Puis il déclara que sous le contrôle de mon père notre tribu était la mieux organisée de tout le Gonjo.

— Vos chefs sont compétents, les gens aisés, vos hommes sont forts et vos chevaux rapides. Mais maintenant la foi du Bouddha est menacée d'extinction. Il en va de la survie des enseignements bouddhistes, conclut-il.

La survie des enseignements ! Quand j'entendis ces paroles, un nouveau but s'imposa à moi. Des siècles de sagesse, d'innombrables textes sacrés : tout cela était menacé ! Si je pouvais contribuer dans la mesure de mes moyens à protéger les extraordinaires enseignements du Bouddha, je ferais tout ce que l'on me demanderait. Même tuer !

De retour à la maison, je me sentis accablée par l'ampleur de la tâche. Je ne savais pas par où commencer. Pour inspirantes que fussent les paroles de lama Ratri, leur mise en pratique paraissait en revanche difficile. Partout où je me rendis, les gens m'accueillirent comme leur chef. Ils m'appelaient « Pomdha Patchèn ». « Patchèn, notre chef. » Leurs visages témoignaient de tant d'amour et de confiance que je sentais que je n'avais pas le droit de les décevoir. Mais je craignais de ne pouvoir assumer la place de mon père. Parfois, j'aspirais profondément à revenir au calme de la prière.

Dans les jours qui suivirent la crémation, je me

sentis totalement seule. Quand je passais près de sa chambre, je m'attendais à le voir assis sur son matelas. Plusieurs fois, je regardai à l'intérieur. Mais le matelas était vide. Dans la cuisine, j'entendais le bruit de ses pas dans les escaliers. J'entendais sa voix qui m'appelait : « Nyou, Nyou... » Chose étrange que la disparition de mon père, son absence totale. Et plus étrange encore, la façon dont son esprit habitait le monde. Le jour de sa mort, un envol d'oies sauvages ondula dans le ciel. Quelque temps plus tard, un léger ruban de couleur luit au milieu des nuages assombris. Partout, des traces de lui.

À la maison, la vie quotidienne continua sans lui. Maman ne manifesta pas son chagrin et vaqua comme d'habitude à ses tâches domestiques. Je la vis pleurer silencieusement, penchée sur une marmite au-dessus du feu. Quand elle n'en pouvait plus, Kunsang sanglotait ouvertement, assise, la tête entre les mains. Je demeurais silencieuse et retenais mon chagrin. Nous priâmes sans interruption pendant les quarante-neuf jours qui suivirent la mort de mon père. Afin d'aider sa conscience à traverser le bardo, nous accomplîmes des rituels et fîmes des offrandes aux lamas. La pluie s'abattit pendant dix jours d'affilée. Un vent furieux projetait en l'air de la poussière, de la pierraille et de l'herbe. L'obscurité enveloppa la maison. « C'est papa, toujours en colère contre les Chinois », pensai-je. À cette époque-là, mon inquiétude s'accrut. Mon père s'était acquitté de ses devoirs avec une telle aisance que je savais à peine en quoi ils consistaient. Presque tous les jours quelqu'un venait avec une nouvelle requête : « Il nous faut plus de chevaux. » « Un voleur a dérobé des céréales. » « Vous devez lever les impôts pour Lhassa. » Comment va-t-on faire sans lui ? me demandais-je constamment. J'inspectai la maison, frappée par tout ce que nous avions. Tant de choses.

— Donnons tous nos biens aux monastères afin de recueillir des mérites pour lui, proposai-je à maman. Tous ces biens nous accablent. Ils nous possèdent plus que nous ne les possédons.

Je convoquai les conseillers de mon père Gosé Tséring et Shamo Tchémi pour qu'ils me secondent. Quand j'entendis leurs pas familiers dehors, il me sembla que rien n'avait changé. Cela me rassura. Mais lorsque je vis Gosé Tséring pénétrer dans la cuisine, je fus frappée de voir à quel point il avait changé depuis la mort de mon père. Une ride profonde séparait ses sourcils, lui conférant une expression de détresse étonnée. Ses yeux étaient fatigués, comme s'il avait retenu trop de larmes. Derrière ses moustaches, les commissures de ses lèvres retombaient en formant un trait mince. Il ressemblait à un petit enfant égaré. Derrière lui, Shamo Tchémi se balançait sur ses pieds, en posant son regard tour à tour sur Gosé Tséring et sur moi. De tous les conseillers de mon père, ils étaient les plus compétents. Mais à cet instant je me sentis désespérée, car ils ne semblaient pas plus assurés que moi.

— Je viens juste de rencontrer lama Ratri ; il m'a déclaré qu'il nous incombait d'offrir de l'aide. Il a également affirmé que notre religion et notre culture étaient en danger. Et il nous a demandé de poursuivre la lutte, dis-je dans l'espoir de dissiper leur tristesse.

Je leur rappelai qu'avant de mourir mon père avait commencé à envoyer des secours de notre village pour combattre les envahisseurs dans le sud du Gonjo. Il avait fait circuler un message dans chaque famille précisant le nombre d'hommes, de chevaux, d'épées et de fusils qu'elle devrait fournir :

— Un minimum de trois armes et de trois hommes pour les grandes familles, deux pour une famille moyenne et un pour les plus modestes. Sa prévoyance a facilité notre tâche, mais c'est à nous de poursuivre son œuvre.

Les conseillers demeurèrent silencieux un moment, puis Gosé Tséring leva la tête et redressa les épaules, comme s'il venait de comprendre que j'avais besoin de son aide.

— Dans le sud du Gonjo, les Chinois font sauter des collines à la dynamite pour construire des routes. Dès que les voies d'accès seront prêtes, les camions chargés de ravitailler leurs troupes vont entrer en masse dans le Gonjo. Il faut faire tout ce qui est en notre pouvoir pour les en empêcher.

— Envoyons cinquante hommes armés. Notre tribu compte plus de six cents hommes ; nous pouvons largement nous le permettre, renchérit Shamo Tchémi.

— Nous irons de maison en maison, comme mon père l'avait décidé. Je vais rassembler les hommes et m'assurer que chacun a un cheval robuste et une arme utilisable, dis-je, soulagée par lcur réponse.

Au moment de partir, Gosé Tséring me prit à part et me dit d'un ton confidentiel :

— Les gens de Lhemda sont contents que vous ayez repris la succession de votre père. Mais certains s'en inquiètent. Ils savent que vous aspirez profondément à la vie spirituelle et ils redoutent que vous ne vous acquittiez pas de votre engagement...

Il paraissait nourrir la même inquiétude. Je savais qu'il y avait une part de vérité dans ses paroles, mais le fait que l'on doute de ma loyauté m'irritait.

— Vous pouvez leur dire qu'il n'y a aucune raison de s'inquiéter. Je tiens toujours mes promesses.

Quand il fut parti, je m'assis un moment dans l'obscurité : « Papa, où es-tu ? » Je priai ce soir-là. « Gourou Rimpotché, guidez-moi sur la voie. »

Jusqu'à la fin de l'année, nous travaillâmes à mettre des stratégies au point. Mon père n'étant plus là, c'était Anak Pon, chef d'un village voisin, qui devenait l'homme le plus puissant de la région. C'était à lui de concevoir un plan d'ensemble. J'envoyai Gosé Tsring et Shamo Tchémi assister à ses réunions à ma place.

— Vous avez élaboré ces plans avec mon père. Vous savez ce qu'il avait en tête. Je vous fais confiance pour me représenter.

Mais mes raisons étaient autres. Je voulais rester à la maison auprès de maman et d'Ani Rigzin. Je voulais être sûre qu'elles étaient en sécurité. J'espérais aussi disposer d'un peu plus de temps pour prier dans le calme. Je savais également que je devais faire mon possible pour défendre le pays. Au nom de Sa Sainteté, et pour mon père, je devais m'employer à organiser les forces de Lemdha.

Au cours des mois suivants, la situation dans le Kham et l'Amdo s'aggrava considérablement. On apprit que l'Armée de libération du peuple venue du nord descendait massivement vers le Kham, tandis que ses troupes basées dans le Sichuan et le Yunnan remontaient vers le sud. Les Chinois appelaient cette tactique le « grand cercle ». Grâce à elle, ils espéraient écraser la « rébellion des Khampas » en la prenant en tenaille. Dans le Kham même, la lutte s'éternisait dans le sud du Gonjo. Chaque jour, les marchands de passage nous apportaient des nouvelles. Les troupes de toutes les tribus avaient maintenant rejoint la lutte. Mais les Chinois commençaient à prendre le dessus et elles durent se réfugier dans les montagnes. Dergué et Lingkha Shipa perdirent leurs territoires. Le prince de Dergué, les chefs et les combattants des deux villes s'enfuirent vers notre région. Nous fîmes tout ce qui était en notre pouvoir pour les approvisionner mais nos réserves devenaient elles aussi limitées. Nous apprîmes que dans d'autres régions du Tibet les zones agricoles et les régions où vivaient les nomades furent transformées en communes. L'épuration des dirigeants tibétains se poursuivit ; les moines et les lamas furent dénoncés. La situation devint si extrême qu'à Lokha, une ville située au sud de Lhorsa, un groupe de résistants se constitua en une seule grande armée : Tchoushi Gangdrouk, « Quatre Fleuves, Six Montagnes ». On acheta des armes à l'Inde et, finalement, la CIA nous apporta son soutien.

— La prison pour quiconque aide Tchoushi Gangdrouk, annonça Gosé Tséring en montant les escaliers. Les Chinois ont forcé notre gouvernement à faire cette proclamation. Dans peu de temps nous devrons supporter la pleine puissance de leurs forces armées. Ils tenteront tout ce qui est en leur pouvoir pour mettre fin à notre révolte.

Au début de l'année 1959, des avions chinois survolèrent les plaines de Janthang qui s'étendaient au sud, à plusieurs jours de cheval de notre village. Les bombes dévastèrent la région, faisant plus de mille victimes. Nous allâmes trouver les chefs de Dergué et de Lingkha Shipa qui campaient dans les collines situées au-dessus de notre maison et nous décidâmes avec eux d'établir un camp de base sur le haut plateau habité par les nomades. Par un jour clair et froid, le sol encore saupoudré de neige, nous nous rassemblâmes dans la région de Natchèn Thang, au sud de Lemdha. En chemin, nous mîmes pied à terre devant une pile de « pierres à mani », observant la fumée d'encens qui s'élevait dans l'air. Les moines d'un monastère voisin nous bénirent et récitèrent des prières pour notre survie et notre succès. Puis nous enfourchâmes nos montures et repartîmes vers les hautes collines. Nous chevauchâmes en lignes, formant un front large de plusieurs hommes. Nous traversâmes ainsi la grande prairie en décrivant de larges boucles. Devant moi trois hommes portaient notre drapeau. L'éclat du soleil jetait une lumière aveuglante sur la neige. Le crissement des sabots sur la surface gelée résonnait, vide et froid. Chaque pas m'emportait loin de la paix de l'esprit. Alors que nous longions les rives d'un fleuve, une pensée, une seule, occupait mon esprit : serai-je vraiment capable de tuer ? Après avoir traversé le fleuve, nous débouchâmes sur de vastes pâturages qui m'étaient familiers. C'était l'endroit où mon père m'emmenait quand il m'apprenait à monter à cheval.

Ki, Ki, Kihiii [1] !

La voix de papa derrière moi m'encourage à presser mon cheval. Comme il me l'a montré, je fais claquer les rênes à petits coups secs sur l'encolure pour le faire courir plus vite. Je me penche sur son cou en murmurant : « Vas-y, vas-y ! »

En me retournant, j'aperçois mon père qui galope vers moi, ses longs cheveux ondulant derrière lui, un bras levé au-dessus de la tête. « J'arrive, Nyou ; fais attention à ce que tu fais. »

Il arrive à ma hauteur, se penche pour enlever mon chapeau au vol, me dépasse et galope à travers l'immense prairie. Puis il tire sur les rênes et arrête son cheval à quelque distance de moi. Il rit tandis que je le rattrape. Ses yeux noirs étincellent, ses joues sont cramoisies. « Bien, petite Nyu, tu m'as presque eu ! » dit-il en me donnant une petite tape affectueuse.

Je le regarde, assis à côté de moi. La beauté de son visage, la majesté de son maintien sont frappantes. Je plisse les yeux et lui jette un regard plein de détermination : « La prochaine fois, c'est moi qui t'aurai ! »

1. Interjection tibétaine signifiant selon les contextes : « Vas-y ! » « Allez ! » « En avant ! »

Nous atteignîmes le camp de nomades en début de soirée et installâmes le campement dans une cuvette qu'offrait le terrain. Après avoir dégagé la neige, je plantai ma tente un peu à l'écart des autres hommes. Je déroulai ma peau de mouton et plaçai mon petit reliquaire en or à l'endroit de ma tête. Les hommes allumèrent un feu. La chaleur m'attira et je m'approchai. Nous bûmes du thé chaud. Parfois, l'un de nos compagnons se levait et jetait un peu de bouse sur les flammes, en veillant soigneusement à ce qu'elles ne montent pas trop haut pour ne pas attirer l'attention. C'était le dernier quartier de lune et la nuit était plus sombre que d'habitude. La seule source de lumière émanait de la lueur vacillante du feu. Afin de chasser l'inquiétude, je fixai mon regard sur les flammes. Mais lorsqu'il n'y eut plus que des braises, mon malaise alla croissant. Mes responsabilités me pesaient lourdement. En outre j'étais la seule femme parmi tous ces hommes et je n'étais pas sûre de savoir comment me comporter. Je regardai les visages autour du feu : tous avaient la même expression. C'était la première fois que nous faisions partie d'une « armée ». Aucun d'entre nous n'avait une idée précise de ce que nous devions faire. Lorsque je me glissai sous mes peaux de mouton, j'éprouvai l'ardent désir de sentir la peau chaude de maman contre la mienne.

Tous les jours, des hommes partaient sur le front du Sud. Ils étaient jeunes pour la plupart, leur visage débordait de fierté. L'idée de se battre, encore irréelle, les excitait. Cela me faisait de la peine de les voir s'en aller. Je savais que certains d'entre eux ne reviendraient jamais. Chaque jour, je rencontrai les chefs de district : nous recevions des informations du Gonjo méridional et envoyions de nouveaux hommes dans le Sud. Mais après la réunion du matin, il n'y avait plus rien à faire. Pour passer le temps, certains racontaient des histoires. D'autres bavardaient ou priaient. Je récitais mes prières quotidiennes. Rien d'autre ne se passait jusqu'au lendemain où un messager arrivait. Parfois, il ne venait pas, et nous écourtions notre réunion.

Plusieurs semaines après notre départ, Shamo Tchémi arriva au camp. Je lus sur son visage qu'il apportait de mauvaises nouvelles. Il sauta de cheval et me remit une lettre. Elle était rédigée en tibétain, mais la signature était chinoise.

« Rentrez chez vous et je vous garantis que vos biens seront saufs. En outre, si vous rendez toutes les armes que votre père a répertoriées dans la liste, on vous attribuera un rang particulier en récompense de votre geste. Envoyez votre réponse par l'intermédiaire de Shamo Tchémi. »

J'étais furieuse. Loin de penser à une quelconque reddition, je me sentis plus que jamais déterminée à rester cachée et à lutter. En relisant le message, je pensai aux morts du Gonjo et à ceux qui souffraient entre les mains des Chinois sur tout le territoire tibétain. Je me rappelai le conseil que me répétait souvent mon père : « Ne nous laissons pas duper par les habiles mensonges des Chinois. »

— Mieux vaut mourir que de se rendre aux Chinois, dis-je pleine de colère à Shamo Tchémi. Parce que je suis une femme, ils pensent que je vais leur remettre les armes de mon peuple. C'est une insulte. Retournez les voir et dites-leur que je ne me rendrai jamais.

Shamo Tchémi me supplia de rentrer à la maison et promit de veiller à ce que rien n'arrive à ma famille ni à moi-même. Il n'arrêtait pas de me répéter :

— Je vous en prie, rendez-vous. Rendez-vous. Si vous restez ici, il n'en sortira rien de bon.

Les Chinois poursuivirent leurs attaques dans le sud du Gonjo. Nous perdîmes beaucoup de batailles et il y eut de nombreuses victimes parmi les Tibétains, dont beaucoup furent tués.

— Les Chinois peuvent se réapprovisionner en armes régulièrement, alors que nos hommes dépendent uniquement des munitions qu'ils ont avec eux, nous expliqua un messager. Parfois, on arrive à s'emparer des armes de soldats chinois qu'on a tués. Mais même si on a dix balles de plus dans nos fusils, après les avoir tirées, on n'a plus rien.

Sans réserves de munitions, sans approvisionnement de l'arrière, nos troupes commencèrent à faiblir. Un jour, alors que nous discutions de la situation, je sentis que je ne pouvais supporter davantage de rester inactive et inutile dans le camp. Je suppliai les autres chefs de me laisser aller me battre dans le Sud. À mon insu, l'un des chefs envoya un messager avertir ma mère de mon désir. Dès qu'elle l'apprit, elle arriva au camp accompagnée de Gosé Tséring afin de m'en dissuader. Ils me supplièrent de revenir sur ma décision. Ma mère pleura tant que je renonçai.

— Les Chinois sont à un jour d'ici. Ils ont déjà traversé tout le nord du Gonjo, hurla un messager qui pénétrait dans le camp.

Les hommes sortirent de leurs tentes, s'interpellèrent. Nous nous rapprochâmes les uns les autres pour discuter de ce qu'il fallait faire.

— Lemdha Patchèn, descendez à Lemdha et rassemblez autant de familles que vous le pourrez, dit Anak Pon. Nous allons monter plus haut et attendre que vous nous rejoigniez. Ensuite, nous irons tous ensemble vers Lhassa.

La plupart des combattants du Kham qui avaient quitté leur maison pour combattre les Chinois commençaient à se replier sur Lhassa ou à fuir vers le camp de Tchoushi Gangdrouk, la principale force de résistance. Ne sachant quoi faire d'autre, nous mîmes tous nos espoirs sur la capitale et sur la possibilité de rejoindre nous aussi ce mouvement. Après la réunion, je descendis chez moi annoncer les plans que nous avions arrêtés. La panique s'empara de la maison. Comme une pierre que l'on jette sur une volée d'oiseaux, tous s'éparpillèrent dans tous les coins. Ce jour-là, la vie familiale bascula.

Gonlha et Ani Rigzin coururent à la chapelle pour rassembler les statues, les tangkha et les textes sacrés ; maman et Kunsang dans la pièce où l'on gardait l'or et les bijoux ; Anya, Thouptèn et Tashi allèrent dans la réserve pour faire des provisions. Je supervisai les autres domestiques qui rassemblèrent les animaux et se préparèrent à les charger. Nous décidâmes d'enterrer autant de biens de valeur que possible, mais le sous-sol de la maison était encore gelé. Kunsang faillit se blesser les mains en grattant la terre durcie par le gel. Thouptèn vint à la rescousse avec une houe en métal. Ils creusèrent pendant des heures. La maison résonnait du bruit des pas dans les escaliers, du métal contre le sol dur, des sacs que l'on traînait d'un étage à l'autre. À la fin de la journée, un immense chaudron de cuivre pouvant contenir dix hommes fut rempli de textes religieux et recouvert de terre. Six malles pleines de statues précieuses, de trompes, de tambours et d'ornements d'argent furent enterrées dans des fosses peu profondes. Et on cacha dans les lézardes des murs les bijoux trop lourds à transporter. Cette nuit-là, nous allâmes pour la dernière fois à la chapelle. Dépouillée de ses statues et de ses tentures de brocart, elle n'était plus qu'une grande pièce vide, pareille aux autres. La lueur d'une seule lampe à beurre projetait les ombres de ceux qui étaient inclinés en prière sur la nudité du mur de terre battue. Seule la voix de Gonlha résonnait.

Plus les êtres sont démunis, plus il est vital de
[les aimer.
Aussi, libérez tous les êtres de cet âge sombre.
Que se répande et croisse la source des béné-
[fices et de la bonté,
Que perdurent les enseignements du Bouddha.

Tard dans la nuit, avant d'aller se coucher, maman et Ani Rigzin me demandèrent de partir seule :

— Tu iras plus loin si tu pars en avant. Nous sommes âgées et nous ne ferons que te retarder.

Je refusai catégoriquement :

— Si nous devons mourir, nous mourrons ensemble. Si nous restons en vie, on ne nous séparera pas. Quoi qu'il arrive, nous resterons ensemble.

Le lendemain matin, nous chargeâmes autant d'objets de valeur que les dos des yaks, des *dri* [1] et des mules pouvaient en porter. À l'aide de sangles, nous attachâmes une partie des bijoux sur nos corps et enfouîmes le reste dans les sacoches de selles. On enveloppa l'or que l'on cacha avec les bijoux. La tangkha de famille donnée par le gouvernement et stipulant notre rang, l'étendue de nos terres, nos droits en tant que chef, fut enroulée et placée sur le dos d'une mule. Les textes sacrés illustrés de représentations du Bouddha peintes à l'or furent placés dans un coffre spécial sur le dos d'une dri. Nous emmenâmes même une vache afin d'avoir du lait. Nous quittâmes la maison au moment où le soleil étendait ses premiers rayons derrière les collines. À mi-distance du fleuve, je me retournai une dernière fois pour regarder notre demeure.

Au bord du fleuve, nous retrouvâmes d'autres familles de Lemdha. Thouptèn, à qui l'on avait demandé d'aller chercher ma grand-mère qui vivait dans un village avoisinant, arriva, tenant son cheval par la bride. Cette année-là, le dégel avait été précoce ; le fleuve coulait, sombre et lisse. Nous traversâmes à un endroit où les eaux étaient plus basses et atteignîmes l'autre rive sans être mouillés. Plus haut dans les collines, nous nous joignîmes à d'autres groupes venus des villes de

1. Femelles des yaks.

Lingkha Shipa, Markham et Dergué. Quand nous prîmes la direction de Lhassa, notre groupe comptait des milliers de fugitifs, plus les chevaux, chiens, yaks, dri, mules et d'innombrables bagages. Comme les anciennes caravanes parcourant les plaines, nous nous déplaçâmes lentement vers l'ouest. Au bout de quelques heures de voyage, nous prîmes conscience que notre nombre risquait de nous rendre facilement repérables par les avions chinois. Nous décidâmes de nous diviser en petites unités : notre groupe de Gonjo décida que les habitants de Dergué et de Lingkha Shipa se retrouveraient le lendemain matin dans la région des nomades de Daguiab et le groupe de Markham choisit un itinéraire différent.

J'envoyai quelques hommes en avant afin qu'ils s'assurent qu'aucun Chinois n'avait l'intention d'emprunter notre chemin et qu'il trouve la meilleure piste pour traverser la montagne. Ils revinrent en affirmant que notre voie était sûre, mais j'envoyai malgré tout une quinzaine d'hommes en éclaireurs, pour qu'ils nous défendent en cas d'attaques éventuelles. Après m'être assurée qu'ils avaient atteint le sommet de la colline et que plusieurs autres avaient franchi le col, j'ordonnai à six autres cavaliers de fermer la marche de manière à nous protéger d'une attaque venue de l'arrière. Le ciel sans nuages et l'immensité désertique des plaines qui s'étendaient devant nous ne nous offraient aucun abri en cas d'embuscade. À plusieurs reprises, un avion apparut dans le lointain. Comme j'en avais toujours entendu parler sans jamais en avoir vu, je pensai tout d'abord que c'était un oiseau géant. Mais mon compagnon de route murmura : « Un avion. » Je compris alors de quoi il s'agissait. Il volait sans battement d'ailes et émettait un bruit que je n'avais jamais entendu jusqu'à présent. Chaque fois que l'un d'eux apparaissait, notre angoisse montait. Lors d'une halte, une jeune fille fit tomber le couvercle d'une marmite sur une pierre, déclenchant la panique dans nos rangs : nous croyions qu'un avion s'approchait pour nous bombarder.

En fin d'après-midi, nous quittâmes les plaines et commençâmes à gravir les hautes collines. Par endroits, de gros rochers empiétaient sur les bas-côtés du sentier de plus en plus raide. La piste devint si accidentée que nous descendîmes de cheval jusqu'à ce que le terrain redevienne plus égal. J'envoyai ma famille et d'autres gens en avant et je restai avec les hommes à l'arrière pour fermer le convoi. Lorsque nous fûmes certains qu'ils avaient bien traversé le col, nous nous préparâmes à leur emboîter le pas. Mais à ce moment, Thouptèn, affolé, nous montra du doigt une colline proche. Trois soldats chinois en uniforme vert-jaune grimpaient péniblement vers le sommet, leurs armes pointées vers le ciel.

— Les Chinois ! hurlai-je, prise de panique.

Avant même que nous puissions nous mettre à l'abri, ils ouvrirent le feu. Le bruit de leurs mitrailleuses effraya les animaux de bât qui se débarrassèrent de leur chargement et dévalèrent la colline.

— Dispersez-vous ! criai-je.

Tous se précipitèrent pour s'abriter derrière les rochers avoisinants. Je courus vers un grand roc sur le bord de la piste. Je m'accroupis et, tenant les rênes d'une main, je sortis mon pistolet de ma ceinture. Le cœur battant, j'attendis.

Le crépitement des mitrailleuses se fit à nouveau entendre, plus près cette fois-ci. La main tremblante, je levai mon pistolet. Je visai un point près des soldats, mais mon arme refusait de rester pointée sur la cible. De mon autre main, je maintins mon poignet défaillant pour le stabiliser et appuyai sur la détente. Il y eut un tourbillon de poussière et l'un des soldats battit en retraite. Je tirai plusieurs coups. Les autres soldats disparurent. Je m'appuyai contre le rocher et esssuyai la sueur de mon front. J'aspirai l'air par grandes bouffées. Personne n'avait été tué. Il n'y eut plus de coups de feu pendant un moment. Je sortis la tête et fis un signe aux autres. Nous montâmes la colline en rampant, suivant les traces de ceux qui nous avaient précédés.

Ce soir-là, nous rejoignîmes le groupe de Gonjo à Daguiab. Le prince de Dergué et le chef de Lingkha Shipa arrivèrent plus tard, épuisés mais sains et saufs. Nous nous assîmes dans l'obscurité, chacun racontant les événements de la journée. De peur d'être repérés par le feu, nous mangeâmes de la viande de mouton séchée avec du pain et nous bûmes le lait tout chaud de notre vache. Mais nous avions perdu de nombreuses bêtes de somme et une bonne partie de nos biens. La disparition des textes sacrés illustrés et de la thangka du gouvernement attelés sur le dos des animaux qui s'étaient enfuis m'attrista particulièrement. Je pensai un moment partir à leur recherche mais mes compagnons se récrièrent.

— C'est déjà un miracle que nous soyons en vie, alors ne parlons plus de nos biens, dit maman.

J'appris plus tard qu'une de nos dri était allée dans un camp de nomades de notre région et que l'un d'eux avait conservé ces trésors à notre intention. Mais je ne devais les récupérer que bien des années plus tard. Cette nuit-là, je tirai la peau de mouton sur moi et restai éveillée dans l'obscurité. Pour la première fois depuis que nous avions quitté le camp, je pleurai. Maman se retourna dans son sommeil sans ouvrir les yeux.

Le lendemain matin, je me réveillai de bonne heure. Les premiers rayons de soleil venaient de se poser sur les sommets. En amont de la vallée, j'apercevais les tentes de la division de Dergué, et à côté, celles du groupe de Lingkha Shipa. Dans notre campement, la plupart étaient encore endormis, mais la fumée qui s'élevait d'une tente voisine indiquait que certains étaient déjà levés et commençaient à préparer le thé. Encore ensommeillée, je me glissai dehors en veillant à ne pas réveiller maman, ma grand-mère, Kunsang ou Ani Rigzin. Ma tasse à la main, je me dirigeai à pas de loup vers le feu qui brûlait non loin de là.

Le tonnerre du canon ébranla le silence. Un groupe de soldats chinois s'élança vers nous. Ils criaient en tirant à la mitrailleuse. Des colonnes de poussière s'élevèrent, les balles pleuvaient comme de la grêle. Dans le campement les cris retentirent : « Debout ! » « Contrôlez les chevaux ! » Partout, la confusion, l'affolement, le hennissement des chevaux, le mugissement des yaks. Un jeune garçon aux yeux égarés courut vers moi en pleurs, à la recherche de sa mère. Quelques instants plus tard, il tomba sur le sol, l'épaule déchirée par une balle. Un cheval se dégagea de ses attaches, se cabra et fut touché au cou. De tous côtés, résonnaient des hurlements. Les gens tentaient de fuir par tous les moyens. Certains enfourchèrent leur cheval à cru, d'autres se mirent à courir pieds nus. Je m'élançai vers notre tente :

— Maman, Kunsang ! hurlai-je. Aidez grand-mère... Ani Rigzin.

Je courus vers les chevaux. La ceinture de ma tchouba se dénoua, traînant sur le sol. Les bêtes agitées se cabraient, essayant de briser les cordes qui les retenaient. Je saisis le licou de Shindrouk et des autres montures et courus jusqu'à notre tente. Kunsang aida grand-mère à se lever et la soutint par le bras. Le regard empli de frayeur, la vieille femme avait du mal à se tenir debout. Sans prendre le temps de seller mon cheval, je pris grand-mère et l'installai à cru sur son dos. Je montai derrière elle et penchai mon corps vers le sien, faisant signe aux autres de nous suivre. Je pressai Shindrouk en direction des collines. Certains de nos compagnons firent de même. Dans la mêlée, un cheval heurta le nôtre. Je fixai les collines des yeux et maintins Shindrouk à vive allure. Il renâcla à plusieurs reprises, manquant de nous jeter à terre. Nous chevauchâmes d'une seule traite jusqu'à un bosquet d'arbres près d'un col où nous pouvions nous abriter. Maman, Kunsang et Ani Rigzin étaient derrière nous ; les autres fugitifs nous rejoignirent. Nous descendîmes de cheval et nous nous serrâmes les uns contre les autres sous les arbres. Je m'efforçai de penser à ce que nous allions faire.

Les tirs s'espacèrent puis se turent. Un peu plus tard, un jeune homme de Lemdha vint nous informer que les Chinois étaient partis. Le danger passé, mes idées s'éclaircirent et je pris conscience que l'on avait abandonné tous nos bagages. Nous nous étions enfuis avec tous les bijoux que nous avions attachés sur nos corps, mais nous n'avions même pas une cuillerée de tsampa à manger. Je craignais que maman, grand-mère et Ani Rigzin ne meurent de faim.

— Il n'y a pas d'autre solution que de revenir en arrière et de récupérer ce que nous avons laissé, dis-je à Kunsang.

En redescendant, nous rencontrâmes quelques personnes qui quittaient juste le camp et montaient encore la colline. Mais les milliers d'autres s'étaient dispersées.

Le camp déserté était jonché de corps. Certains avaient la poitrine ouverte, d'autres gisaient la tête ensanglantée, d'autres encore avaient perdu un bras ou un pied. Ici et là, un cheval, un yak, une mule étaient étendus sur le sol, inertes. Des vêtements, des sacs de nourriture, des textes sacrés étaient éparpillés sur le terrain, éclaboussés de sang ou recouverts de poussière. Je repris ma respiration et regardai Kunsang. Nous hésitâmes un moment. Puis je pressai Shindrouk en gardant les yeux rivés sur l'endroit où nous avions planté notre tente. Tout était calme. Alors que nous chargions les chevaux de viande, de beurre et de tsampa, Shawaramo, l'une de mes mules préférées, courut vers moi en braillant, comme si elle était heureuse de nous revoir. Elle frotta son museau contre ma tchouba.

— Shawaramo, où étais-tu passée ? m'exclamai-je, surprise.

Je lui grattai l'oreille.

— Dépêche-toi, m'intima Kungsang.

Elle avait l'air nerveuse. Nous chargeâmes les vivres sur le dos des mules et remontâmes vers le col. Là, nous découvrîmes que les autres avaient continué leur chemin et nous suivîmes leurs empreintes. Au bout de plusieurs heures, nous atteignîmes une prairie dans le cœur d'une vallée. Une femme se tenait au milieu de la piste, son cheval attaché à un arbuste. Elle était grande, mince et faisait les cent pas comme si elle attendait quelqu'un. En m'approchant, je la reconnus. C'était Dékyong ! Je lâchai la corde de Shawaramo et me dirigeai vers elle. Immobile, elle me regardait venir. Quand elle me reconnut, ses lèvres s'ouvrirent en un grand sourire. Des larmes perlèrent à ses yeux, mais un cillement de paupières suffit à les sécher.

Nos retrouvailles me plongèrent dans la nostalgie et la tristesse. Pour la première fois depuis la mort de mon père, je ressentis tout le poids des événements survenus au cours de ces derniers mois. J'essuyai mes larmes et descendis de cheval. Dékyong et moi nous tînmes debout, silencieuses, serrées dans les bras l'une de l'autre. L'espace d'un moment, les visages de Guialtsé Rimpotché et de mon père passèrent comme un éclair devant moi, mêlés à ceux des victimes ensanglantées et déchiquetées. Nous relâchâmes notre étreinte et nous reculâmes pour nous regarder.

— Tu as l'air fatiguée. Je me suis inquiétée, dit-elle en caressant ma joue.

Je fis signe à Kunsang de partir en avant avec les provisions. Dékyong et moi nous adossâmes contre les gros rochers qui bordaient le chemin. La journée était claire, l'air vif mais sans vent. Nous regardions vers les collines. Dékyong se frotta le visage.

— C'est un cauchemar. Je persiste à espérer que nous allons nous réveiller.

Je remarquai de légères ridules au-dessous de ses yeux, des plissements d'inquiétude autour de sa bouche. Sur son visage, plus plein qu'auparavant, s'inscrivait l'épuisement.

— Ma famille a perdu ses terres. Nous nous sommes enfuis à Daguiab et nous avons rejoint les gens de Lingkha Shipa. Quand j'ai appris que ta famille était en tête du groupe, je suis venue dans le camp pour voir si tu étais là. Mais il y avait tant de monde... et puis il y a eu l'attaque.

Elle retourna ses mains sur ses genoux. Elles étaient gercées et couvertes d'ampoules à vif.

— J'ai rencontré ta mère ce matin au moment où elle passait sur la piste. Elle m'a dit que tu étais retournée au camp pour chercher les vivres. J'ai eu peur que tu ne sois attaquée, reprit-elle

Je demeurai silencieuse. La brise se mit à souffler.

— Et toi ? Ton père... demanda-t-elle.

— Mort. Son cœur était brisé, comme tout ici, dis-je.

Je m'arrêtai un moment. Des émotions refluèrent, inattendues. J'égrenai mon chapelet.

— Après sa mort, j'ai dû organiser le repli des

gens dont nous sommes responsables. Mais à l'intérieur de moi, je me sentais absente. Tout cela me paraissait irréel...

— Je sais. Mon père est mort lui aussi. Nous avons été séparés au cours de notre fuite. Maman et moi avons dû partir avant de l'avoir retrouvé. Quelques mois plus tard, nous avons appris qu'il avait été tué.

Nous restâmes silencieuses un moment. Que s'est-il passé ? Quelle fureur s'est déchaînée ? me demandai-je.

— Au nom de mon père, j'ai juré de combattre. De tuer même. Les préceptes l'interdisent mais compte tenu des événements, nous n'avons pas le choix. Défendre notre pays et les enseignements sont des objectifs prioritaires, dis-je en essuyant les larmes de mes yeux.

Nous discutâmes encore un moment, nous racontant ce qui s'était passé au cours de toutes ces années où nous avions été séparées, imaginant ce que l'avenir nous réservait. Ma tête contre le rocher, le visage vers le soleil, je laissai mon esprit dériver.

« Le Loup et la Brebis », Lhamo chante sans cesse le nom de notre jeu : « Le Loup et la Brebis, Le Loup et la Brebis. » Nous disposons chacune des pierres dans la boue au bord de l'eau. Elle s'accroupit un moment pour les observer puis saute par-dessus l'une de mes pierres. « Je t'ai eue ! » s'écrie-t-elle ravie. « Le loup prend la brebis. »

Le crépitement d'une mitrailleuse nous fit bondir sur nos pieds.

— Nous ne pouvons pas rester là. Les Chinois nous suivent, murmurai-je d'un ton impératif.

— Les coups de feu proviennent de l'autre côté de la colline. Ce sont des Tibétains postés pour bloquer leur avance, répondit Dékyong.

Nous regardâmes en direction du crépitement des armes, hésitantes.

— N'oublie jamais le Tibet, dit Dékyong.

Nous faisions le même choix : lutter.

Les membres de notre groupe avaient dépassé la colline. Le bruit des mitrailleuses venait de la direction opposée. Nous revînmes sur nos pas, jusqu'à une autre colline. Là, nous attachâmes nos montures à un arbuste pour les cacher de l'ennemi, et entravâmes leurs jambes afin de les empêcher de s'enfuir au cas où nous devrions tirer. « Dordjé Phourba, protégez-nous », murmurai-je.

Plusieurs coups de feu. Je serrai les poings.

Depuis le fond de la vallée cinq hommes en uniforme vert-jaune remontaient la piste droit vers nous. Dékyong me donna un coup de coude et me les désigna du doigt. Elle prit sa respiration et leva son arme au long canon. Je sortis de ma tchouba le pistolet qui avait appartenu à mon père. Ma main tremblait. J'inspirai profondément et fis signe à Dékyong de tirer la première. Elle tira quatre coups vers le bas de la piste. La poussière tournoya, deux hommes tombèrent. Les trois autres firent demi-tour et coururent se mettre à l'abri. Je pressai la détente, mais mon tir était trop court.

— Tu en as touché deux ! lui dis-je, remplie de

stupeur. Cela paraissait irréel : les détonations de son arme suivies de la chute des deux hommes.

— Je n'ai plus de balles. Partons, murmura Dékyong d'un ton pressant.

Les Chinois ne se déplaçaient pas à cheval et les soldats cachés en contrebas ne pouvaient pas nous rattraper. Nous détachâmes nos montures, sautâmes en selle et galopâmes pour rejoindre les nôtres. Nous les retrouvâmes dans la soirée à Tripa. Nos familles, qui s'étaient inquiétées en nous voyant repartir en arrière, avaient envoyé un homme à notre rescousse. Lorsque nous pénétrâmes avec lui dans le camp, il y eut un soupir de soulagement parmi nos compagnons. Nous nous réunîmes autour d'un petit feu pour relater les événements de la journée. Mais en dépit de l'exploit de Dékyong nous étions très abattus par le nombre de morts et de blessés. La plupart de ceux qui avaient été épargnés soignaient les plaies des blessés en appliquant des cataplasmes d'herbes médicinales. Nous apprîmes qu'après la première attaque de nombreux villageois avaient changé d'avis et décidé de rentrer chez eux. J'en connaissais beaucoup parmi eux. Ils préféraient revenir que risquer la mort.

Avec ceux qui restaient, je continuai vers Shothalhosum, en direction de Lhassa, où nous espérions trouver refuge. Mais nous ignorions que Lhassa était déjà tombée aux mains des Chinois et que le Dalaï-Lama s'était enfui en Inde. À cette époque-là, les informations circulaient si lentement que nous ne connûmes les détails de ces événements que cinq ans plus tard.

À Lhassa, les Chinois avaient invité le Dalaï-Lama à se rendre à une représentation théâtrale dans leur camp. Ils avaient insisté pour qu'il vienne sans gardes armés et que cette visite demeure secrète. Lorsque l'on sut que Sa Sainteté allait s'y rendre sans escorte, la rumeur courut que les Chinois avaient l'intention de l'enlever. Au matin du 10 mars 1959, près de trente mille Tibétains s'étaient rassemblés devant le palais du Norboulingkha. Les jours suivants, ils restèrent à le surveiller afin de s'assurer que Sa Sainteté ne partait pas et que les Chinois n'y pénétraient pas non plus. Le 16 mars, la situation devint si tendue que les Chinois comme les Tibétains redoutaient un bain de sang. Lorsque retentit le bruit des fusils à l'extérieur du palais, ses proches conseillèrent à Sa Sainteté de quitter la ville immédiatement afin d'empêcher le massacre imminent. Vêtu de l'uniforme de l'armée tibétaine et coiffé d'un chapeau de fourrure, il traversa la foule sans être remarqué jusqu'à un bateau qui le transporta avec sa famille en aval du fleuve. Le petit groupe fut accueilli par des guerriers khampas. Le Dalaï-Lama, sa famille et son escorte rejoignirent l'Inde par les montagnes. Quatre jours plus tard, ignorant tout de sa fuite, les Chinois commencèrent à bombarder le Norbulingkha. Les obus tombèrent toute la journée, endommageant gravement ce palais et celui du Potala, ainsi que des monastères et des écoles. Le nombre des victimes atteignit plusieurs milliers.

Si nous avions appris à ce moment-là que cette destination si chère à nos cœurs était tombée aux mains des Chinois et que notre chef révéré avait fui, nous aurions sans doute perdu tout espoir. Mais notre moral était bas. Des hommes, des femmes et des enfants de notre village furent tués. Le même jour, le chef Ogmatsang Rinnam, le plus compétent des ministres de Dergué, fut blessé et nous perdîmes la plupart de nos animaux de bât et de nos biens. Gongma Ranangtsang, l'un des chefs de notre groupe les plus respectés et les plus dignes de confiance, gisait mourant sur le sol. Plusieurs hommes l'aidèrent à se tenir debout et élevèrent son bras en l'air, en un geste de défiance et de victoire. Puis les troupes chinoises lancèrent un nouvel assaut. Ils gagnèrent la bataille et nous fûmes dispersés. Ce n'était que le début de notre errance dans les collines.

7

La capture

La nuit était calme et sans vent. Dans le lointain résonna un léger roulement de tonnerre. Ou un avion ? Je scrutai le ciel qui fourmillait d'étoiles. Un croissant de lune commençait à se lever sur l'horizon. Je me serrai dans ma peau de mouton. Derrière moi, la crête de la colline s'incurvait, sombre et inquiétante. L'endroit même semblait en proie à la tristesse. J'avais beau détourner mon regard, quel que soit le lieu où je le posais un écheveau d'images défilait devant mes yeux. Sur le sol, une main tranchée au poignet. Un visage emporté. Un enfant recroquevillé contre sa mère. Un oiseau cria, une forme sombre passa au-dessus de nous. Je regardai ses ailes s'élever et s'abaisser. J'écoutai le souffle de l'air sur ses plumes. Si seulement je pouvais voler. Loin de ce lieu abominable, vers un autre monde. Dans l'obscurité j'évoquai le visage de Guialtsé Rimpotché qui me regardait, les yeux pleins de tendresse. « Rimpotché, guidez-moi sur la voie. »

— Il y a eu de nombreux morts hier.

La voix triste du prince de Dergué résonnait au-dessus de la foule.

— Nous savons maintenant à quel point il est dangereux de voyager en groupe si nombreux. Malgré notre vœu de rester ensemble, nous devons à nouveau nous diviser et suivre des pistes différentes. Les gens de Lingkha Shipa passeront par Zayul. Les habitants de Gonjo et de Dergué iront vers Pelbar en espérant rencontrer l'armée de résistance de Tchoushi Gangdrouk. Les Chinois nous talonnent. Nous ne pouvons pas prendre le risque de rester sur place. Nous déciderons plus tard si nous allons ou non à Lhassa. Rassemblez tous vos bagages et mettez-vous en route.

Il s'ensuivit une grande confusion, chacun tentant de rejoindre son groupe pour partir dans la direction indiquée. Les enfants appelaient leur mère, des animaux erraient, perdus. Dékyong se fraya un passage. Quand je l'aperçus, elle avait les larmes aux yeux. Elle m'entoura de ses bras. Nous nous serrâmes l'une contre l'autre. Quoi faire d'autre ? Elle devait s'occuper de sa famille et moi de la mienne ; nous devions suivre nos groupes respectifs : il nous était impossible de rester ensemble. C'était cruel que d'être à nouveau séparées, si peu de temps après nous être retrouvées.

— Ashe Patchèn !

Ma mère, affolée, me faisait signe de venir. J'ôtai un anneau d'or et le passai autour d'un doigt de Dékyong. Je m'accrochai à elle comme si ma vie en dépendait.

— Ashe ! appela de nouveau ma mère.

Je pressai la main de Dékyong, évitant son

visage, puis je courus vers ma mère. Je me retournai et vis Dékyong à l'endroit où je l'avais laissée, le visage empreint de douleur. Puis elle disparut dans la foule en effervescence.

Nous fîmes route vers le nord, en direction de Réwotché, une ville proche de Chamdo. J'avais la gorge serrée à force de retenir mes larmes. Au fur et à mesure que nous avancions, je remarquai que le terrain m'était familier. Savoir que nous nous trouvions en pays khampa, mon pays natal, était une sorte de consolation. Je me sentais moins seule. La plupart du temps, nous voyagions de nuit de manière à ne pas être repérés, mais parfois également pendant la journée, lorsque les circonstances le permettaient. Chaque fois qu'il nous était difficile de nous orienter, nous demandions à Khalé Rimpotché de faire une divination. Et nous suivions sans hésiter ses indications. Nous réussîmes à éviter les Chinois. Mais ils se rappelaient à nous.

— Un massacre ! cria un homme.

Devant nous s'étendaient les traces d'une bataille passée. Des tentes en lambeaux, le sol jonché de corps. D'énormes vautours se débattaient au-dessus des morts, des morceaux de chair dans leur bec. De certains corps il ne restait plus que les os. À la périphérie de cet espace dévasté, des chiens affamés dévoraient les membres qu'ils avaient arrachés aux victimes. Des morceaux de tissus ensanglantés tournoyaient partout dans le vent. Hantés par ce spectacle, nous voyageâmes surtout de nuit. Tourmentée par ces images que je voulais oublier, je fermai les yeux et laissai Shindrouk me mener. Je ne tardai pas à m'endormir.

Quand je me réveillai, les autres avaient disparu. La nuit était sombre, sans un souffle de vent. La lune s'était levée. J'entendis tout près de moi le bruit de brindilles que l'on piétinait. La silhouette d'un soldat accroupi. Je retins ma respiration. Rien ne bougeait. Je regardai de plus près. Ce n'était qu'un buisson. Au loin, les loups hurlaient. Je fis claquer les rênes et pressai Shindrouk. Une forme se dessina devant moi. Je crus voir des dents luisantes, une bouche écumante. Je passai brusquement sur le côté. Ce n'était qu'un rocher. Sindrouk enjambait des branches qui ressemblaient à des membres humains, nous dépassions des rochers qui avaient l'apparence de chiens à demi fous. Où que nous allions, je ne pouvais chasser de mon esprit les images de cette journée. Par chance, Shindrouk parut sentir la direction que mes compagnons avaient empruntée et il suivit leurs traces. Nous les rattrapâmes enfin. Je parvins alors à me calmer.

Nous arrivâmes à un petit pont de bois suspendu au-dessus d'une gorge profonde. Il n'était pas long mais très instable, et pendait comme une fragile toile d'araignée au-dessus du torrent. Nous l'empruntâmes les uns derrière les autres. À chaque pas, le pont se balançait de haut en bas. Sur les côtés, s'ouvrait une vue vertigineuse. Effrayée à l'idée de glisser sous le mince parapet, je gardai les yeux fixés droit devant moi. Arrivée presque à l'extrémité de la passerelle, j'entendis le hennissement d'un cheval. Le pont se mit à tressauter et à rebondir sous mes pas. Je m'agrippai au garde-fou et me retournai. Une mule prise de panique avait donné un coup de pied au cheval qui me suivait. Celui-ci s'était cabré et son chargement se détachait. Les bagages tombèrent dans le vide et s'écrasèrent sur les rochers. À voir le contenu de ce chargement éclaté en tous sens, je songeai que c'était ce qui m'arrivait : des pans de ma vie volaient en éclats, éparpillés aux quatre vents. Tout au long de la journée, j'entendis le hennissement du cheval, je revis la chute du chargement. Comme au ralenti, il éclatait et se dispersait.

Pressés d'atteindre aussi vite que possible les plaines de Shothalhosum, situées à mi-chemin entre Chamdo et Lhassa, nous chevauchâmes de nuit. L'obscurité devint si profonde que nous dûmes descendre de cheval et chercher la piste à tâtons en faisant glisser nos pieds sur le sol pour nous assurer que nous étions toujours sur le bon chemin. La nuit s'éclarcit un peu lorsque nous débouchâmes sur une clairière. Un bruit de ruissellement nous indiqua que nous nous trouvions près d'un petit torrent. Épuisés, nous nous arrêtâmes afin de nous détendre. Plusieurs jeunes gens allèrent chercher du bois pour faire un feu. Nous venions de terminer notre repas lorsque nous entendîmes un avion vrombir non loin de nous.

— Les Chinois nous recherchent, murmura Thouptèn.

— Vite, éteignez le feu, cria quelqu'un.

Un homme arriva en courant du torrent avec une marmite pleine d'eau qu'il déversa sur les flammes. Elles sifflèrent, vacillèrent puis finirent par s'éteindre. Nous restâmes assis sans oser bouger. Il flottait dans l'air une odeur de brûlé et d'humidité à laquelle se mêlait le froid de la nuit. Au bout d'un moment, quand l'avion se fut éloigné, nous poursuivîmes notre chemin à pied, guidant nos chevaux par les rênes et faisant glisser nos pieds dans l'obscurité. Nous avançâmes ainsi toute la nuit à travers les collines. À l'aube, j'étais si épuisée que je distinguais à peine le chemin. Mais déterminée à ce que maman, Ani Rigzin et grand-mère se retrouvent bientôt en sécurité auprès d'un groupe plus important, je continuai. Lorsque nous descendîmes la dernière colline et que nous débouchâmes vers les plaines de Shothalhosum, nous aperçûmes plusieurs milliers de personnes dispersées sur une immense étendue. Au milieu de la matinée, nous atteignîmes le premier groupe de tentes et nous apprîmes que l'avion que nous avions entendu la nuit précédente était américain et non pas chinois.

— Ce n'est pas la peine de fuir en Amérique, les troupes américaines sont venues pour nous aider à reprendre notre pays, commenta un jeune homme.

Nous étions au comble de la joie.

— Peut-être allons-nous pouvoir rentrer à la maison maintenant, dit maman.

Cette pensée obsédait chaque esprit, mais personne n'osait la formuler. Il nous restait beaucoup d'épreuves à traverser.

Nous prîmes rapidement l'habitude d'entendre les avions au-dessus de nous. Des largages avaient lieu toutes les nuits, avant que nous nous endormions. Tout d'abord, une lumière rouge apparaissait loin dans le ciel. Puis nous entendions un bourdonnement. Plusieurs hommes délimitaient l'espace de largage à l'aide de feux. Des formes sombres tombaient du ciel. Elles descendaient en flottant, suspendues à de grands morceaux de tissu. Treize hommes furent ainsi parachutés ainsi que d'innombrables conteneurs renfermant des armes, des vêtements, des pièces d'or et de la nourriture. Parmi les hommes qui tombèrent du ciel se trouvaient des Tibétains formés par la CIA aux États-Unis. Certains d'entre eux étaient originaires de l'Amdo, mais la plupart venaient du Kham. J'appris plus tard que je connaissais certains des parachutistes : Sey Donyo, Rarou Yéshé et Buké de Dergué, Yéshi Rarou et Yéshi Wanguial de Markham, Buguial de Dugur. Il y avait également des hommes appartenant aux maisonnées de Phourba Tsang et de Drakpa Lama dans le Markham. Le lendemain du premier largage, trois de ces combattants tinrent une réunion. Ils distribuèrent des armes à chacun de nos groupes.

— Prenez-en autant que vous pouvez en utiliser, assez pour que chaque homme en état de combattre dans une famille en ait une, dit l'un d'eux.

Les Américains larguèrent tant d'armes qu'on entassa le surplus. Il y avait des fusils avec des chargeurs de huit balles qu'ils appelaient M1, des pistolets, des grenades et des équipements radio. Nous, Tibétains, ne disposions que de deux types de fusils : le *boura*, qui pouvait tirer une balle à la fois, et le *kha-dum*, pourvu d'un canon court. Avec les armes américaines, nous étions bien équipés. Je pris deux M1. J'en donnai un à un homme du Gonjo et fixai le second sur le côté de ma selle. Je portais mon pistolet enfoncé dans la ceinture de ma tchouba. Au cours des mois suivants, il y eut huit ou neuf largages. À l'issue de chacun d'eux, nous nous réunissions pour distribuer la nourriture et prévoir de nouvelles stratégies. Un lointain cousin de la région de Markham faisait partie des parachutistes. Il venait souvent parler avec ma mère et moi, mais il n'évoquait jamais son entraînement ni sa mission.

— Nous n'avons pas le droit de vous révéler ce que nous savons. Ainsi, si vous êtes pris, vous n'aurez rien à avouer. Tout est strictement confidentiel.

Je hochai la tête et ne lui posai plus de questions. De temps à autre, je le voyais monter au sommet de la colline pour installer un poste de radio émetteur. Je n'ai jamais su ce qu'il disait ou entendait, mais je soupçonnai que ces échanges concernaient les largages car il semblait toujours savoir quand ils allaient avoir lieu.

Au cours des quatre mois suivants, des milliers d'entre nous vécurent disséminés dans la zone de Shothalhosum qui entourait le village de Pelbar. Certains campaient dans la vallée, d'autres sur les grandes prairies. Malgré les largages, nous ne disposions pas de suffisamment de vivres pour nous alimenter. Il était particulièrement difficile de se procurer du riz et des légumes. Les chevaux manquaient de fourrage et nous devions parfois les nourrir de feuilles d'arbrisseaux dont on se servait d'habitude pour fabriquer de l'encens. Mais surtout, nous devions nous déplacer continuellement pour trouver de nouveaux pâturages. Ma famille résida d'abord chez des amis dans le village de Pelbar, mais la nourriture vint à manquer et nous dûmes aller un peu plus loin, dans une région appelée Dadho. En chaque endroit, nous demeurions un peu plus de trois mois. Pendant toute cette période, des gens continuèrent d'affluer presque quotidiennement des villes de Gapa, Nangtchèn, Karou et Narou.

Un jour, je reconnus quelques visages familiers dans un groupe qui venait d'arriver au camp. Comme je m'approchais pour les accueillir, j'aperçus Lhamo. Une petite fille s'accrochait à sa tchouba : le bébé que j'avais tenu dans mes bras quelques années auparavant était devenu une enfant. Elle marchait à présent. J'éprouvais de la tristesse en constatant combien le visage de Lhamo avait vieilli. Autour de ses yeux, les cernes avaient gonflé comme si elle avait manqué de sommeil. Son corps, jadis mince, s'était épaissi et son ventre était manifestement très rond.

— Ça fait longtemps... Ton enfant marche déjà, lui dis-je.

— Et un second ne va pas tarder, répondit-elle.

Elle haussa les épaules comme pour dire « tu te rends compte... ».

Tandis que nous discutions, sa petite fille vint vers moi et me tendit la main. Je me souvins du bébé qui pleurait et de mes vaines tentatives pour le calmer. Elle avait grandi et son visage était souriant et avenant. Je regardai le petit coléoptère qui traversait la paume de sa petite main tendue.

— C'est pour moi ? lui demandai-je.

La petite fille fit oui de la tête et leva vers nous des yeux innocents et pleins de confiance. À cet instant, elle gagna mon cœur. Depuis ce jour, chaque fois qu'elle me voyait venir, elle courait à ma rencontre, les bras tendus. Je me penchais vers elle pour caresser son front en lui disant : « Péma, regarde ce que je t'ai apporté. » Je la soulevais et la laissait fouiller la poche intérieure de ma tchouba à la recherche des petites gâteries que j'y avais cachées. Une petite grenouille. Un petit morceau de fromage.

Au fil des jours, un rythme de vie s'installa. Nous parlions beaucoup autour du feu. Certains, comme moi, récitaient des prières, d'autres jouaient aux dés. Nous étions toujours en quête de nourriture. Parfois des messagers arrivaient, porteurs de nouvelles. Un jour, un jeune homme qui avait fait partie de l'armée de résistance de Tchoushi Gangdrouk arriva en nous informant que celle-ci avait été battue et que la majorité de ses effectifs avait fui en Inde. Nous fîmes cercle autour de lui, curieux de savoir ce qui s'était passé.

— Il y a un an, nous étions une force avec laquelle il fallait compter, raconta-t-il avec fierté. L'une de nos plus âpres batailles, sur les rives du fleuve Nyémo, a duré trois jours. À cette époque-là, les champs et les maisons des environs grouillaient de Chinois armés de canons, d'armes automatiques et de grenades. Quand les clairons sonnaient l'attaque, notre chef Tashi Androuktsang menait soixante-dix cavaliers sur le champ de bataille. Nous nous élancions au galop, chargeant l'ennemi à toute allure comme des bêtes sauvages. Nous luttions au corps à corps. Les Chinois étaient incapables de résister à nos attaques et se repliaient dans un village voisin. Nous tirions sur les portes et les fenêtres des maisons que nous finissions par brûler. C'était la seule façon d'en finir avec eux. Mais peu de temps après, nous avons commencé à subir des pertes, poursuivit-il en regardant le sol tristement. Nous avons perdu Tsona, notre base principale. Ce fut particulièrement dur. Notre volonté de continuer le combat fléchit. C'est à ce moment-là que nous avons compris que la situation était désespérée. Nous avons décidé de garder nos forces pour des luttes ultérieures et de nous retirer en Inde pendant un moment. C'est avec une grande tristesse que notre chef Tashi Androuktsang a remis ses armes aux autorités indiennes et est parti en exil.

Ce compte rendu nous abattit. Fallait-il les suivre en Inde ?

Quelques jours plus tard, les Chinois attaquèrent de tous côtés. L'assaut fut si inattendu que nous n'eûmes même pas le temps d'ouvrir les caisses du dernier largage. C'était tôt le matin. Je montais vers les pâturages surveiller les animaux lorsque j'entendis des coups de feu en contrebas. Je revins en courant vers le camp. Au moment où j'y pénétrai, des soldats venus du bas de la colline avançaient vers nous. J'appelai ma mère, ma grand-mère et Ani Rigzin. Nous saisîmes nos chevaux et nous nous mîmes à courir. Devant nous Lhamo, portant Péma dans ses bras, s'efforçait de fuir elle aussi. Soudain, j'entendis son cri. Péma était touchée. Lâchant les rênes de mon cheval, je courus pour aider Lhamo à ouvrir la robe de la petite fille. La balle lui avait déchiré la poitrine et le sang giclait. Elle gémissait de douleur. Je compris qu'elle allait mourir. Lhamo restait debout, paralysée ; ses yeux exorbités se voilèrent. Je la suppliai de venir, mais elle ne bougeait pas. Elle se tenait là, le regard rivé au loin, son visage devenant de plus en plus pâle. J'essayai de la tirer vers moi, mais elle s'effondra sur le sol. Un filet de sang s'échappa de sa bouche. Elle aussi allait mourir. Les cris des soldats retentissaient derrière moi et, affolée, je cherchai ma mère, ma grand-mère et ma tante. Elles couraient devant. Je n'avais d'autre choix que de les suivre. Je laissai Lhamo, en proie à une immense douleur.

Avec huit autres habitants de Lemdha, nous nous réfugiâmes dans les épaisses forêts qui couvraient les collines situées au-delà du camp. Accroupis derrière les arbres, le cœur battant, nous attendîmes. Je m'adossai à un sapin et priai. *Om mani pémé houng*. Au fur et à mesure de la prière, le visage de Lhamo s'imposa devant moi. J'avais beau détourner la tête, je ne pouvais échapper à ses yeux. Tantôt ils me fixaient, tantôt ils étaient inexpressifs. Cela s'était passé si vite. Toute la nuit, son regard me hanta. Comme si elle avait fait partie de mon corps et que cette part de mon être était morte. Plus tard, lorsque les Chinois lancèrent des fusées éclairantes d'une colline opposée, illuminant toute la région comme en plein jour, je pensai un instant que son esprit nous avait suivis. « Qu'est-ce que c'est ? » murmura maman en désignant les lumières qui fusaient dans le ciel. « C'est Lhamo », répondis-je. Elle me jeta un regard interrogateur mais ne dit rien. Nous nous serrâmes les uns contre les autres, à plat ventre. Quelques jours plus tard, nous nous éloignâmes dans les collines. Nous apprîmes alors que le combat du camp de Shothalhosum avait duré trois jours à l'issue desquels les Chinois avaient pris Pelbar et la région avoisinante.

Au cours des vingt-cinq jours suivants, nous nous dirigeâmes vers l'Inde. Nous avions décidé d'avancer vers le sud en passant par Nyultchou et de traverser le fleuve pour passer dans la région de Jangthang, frontière de l'Inde. J'étais très inquiète à cette idée, car je savais que si nous étions pris nous serions exécutés, mais à ce moment-là je ne songeai pas à me rendre. Bien que la faim nous ait affaiblis et que nos vêtements fussent en lambeaux, nous pensions qu'il valait mieux mourir libres que de se livrer aux Chinois et vivre sous leur joug. Nous voyagions de nuit et nous nous cachions le jour. Le troisième jour, nous rencontrâmes un groupe de trois cents personnes qui se rendaient également en Inde. Nous nous joignîmes à elles. La peur nous taraudait : peur d'être pris, peur d'être tués. Parfois cette terreur était sans objet mais flottait autour de nous comme une brume. Une nuit, alors que nous nous enfoncions dans les hautes collines, la piste se rétrécit et nous dûmes avancer en file indienne. Je fermais la marche. J'entendis une voix parlant chinois. Je tournai la tête. Personne. Mais je sentis une odeur étrange et forte. Les gens qui me précédaient n'avaient rien remarqué. Tard dans la nuit, nous arrivâmes au pied d'une montée raide jonchée de rochers. Les rudes chevauchées et le manque de nourriture avaient considérablement affaibli nos montures. La piste était trop abrupte pour qu'elles puissent nous porter. Je descendis de cheval et, confiant les rênes à Ani Rigzin, je pris ma grand-mère sur le dos. En m'aidant de mes mains, j'arrivai à monter lentement, mais le poids de ma grand-mère me coupait le souffle. Quand le sentier s'aplanissait, elle remontait à cheval.

Le vingt-quatrième jour, nous arrivâmes au pied de l'un des plus hauts cols de la région. Nous grimpâmes toute la nuit jusqu'à une altitude d'environ 6 000 mètres. Le froid était cinglant et nous nous enfoncions jusqu'aux genoux dans la neige fraîche. Lorsque le ciel s'éclaircissait, la lumière de la lune sur la neige était si forte que nous devions nous protéger les yeux. Nous avions peur que l'on vît nos silhouettes sombres se détacher sur les berges blanches du fleuve. À l'aube, nous redescendîmes dans une vallée. La faim et le froid avaient affaibli grand-mère et nous-mêmes étions trop épuisés pour continuer notre marche. Certains décidèrent de poursuivre la route, mais la majorité d'entre nous s'arrêta. Le sol était parsemé de rochers. Aucun arbre, juste quelques rares épineux. Je découvris une légère cavité dans le terrain et j'y étendis grand-mère. Je la recouvris de branchages pour l'isoler du froid, puis je m'allongeai à ses côtés et m'endormis.

Le crépitement tout proche d'une mitrailleuse me réveilla. Un homme descendit la colline en courant vers nous.

— Les Chinois ont capturé le groupe qui nous précède et viennent droit sur nous. Préparez-vous à combattre ou à fuir, hurla-t-il.

Les autres se levèrent et nous nous serrâmes. « Combattre ! » criaient certains. « Fuir ! » s'exclamaient les autres. Maman et Ani Rigzin étaient inflexibles :

— Laisse-nous ici et va-t'en. Nous sommes

vieilles, mais tu peux t'échapper, me pressèrent-elles.

— Nous resterons ensemble, répondis-je.

Certains s'emparèrent de leurs affaires et reprirent la piste en sens inverse ; d'autres s'enfoncèrent plus bas dans la forêt. Ceux qui restèrent sur place renoncèrent à l'idée de se battre à cause des nombreux enfants et des personnes âgées. Déterminés à rester dans ce vallon, nous nous divisâmes en petits groupes et attendîmes. Maman, grand-mère, Ani Rigzin et moi restâmes blotties les unes contre les autres en nous tenant par les bras. Le froid de la nuit s'était dissipé. La chaleur du jour me fit somnoler. Je fermai les yeux, oubliant un moment l'endroit où j'étais.

Cinq soldats chinois s'avancèrent, leurs fusils pointés vers nous. Je regardai d'un côté : trois autres approchaient. Derrière nous aussi. Et de l'autre côté. Des soldats, nombreux, marchant lentement vers nous, l'arme au poing. Je tentai désespérément de creuser la neige à mes pieds pour cacher mon pistolet. Soudain, je levai les yeux. Le militaire était à moins d'un mètre de moi. Il était jeune et avait la peau douce d'un adolescent. Mais il avait un regard d'acier. Il s'empara de mon arme et me força à me lever. Grand-mère cria quand on la contraignit, elle aussi, à se mettre debout. Un autre soldat s'avança et me maintint les bras derrière le dos. Le premier leva les mains à hauteur de ma poitrine. Il me toucha. Un frisson de dégoût me parcourut des pieds à la tête et je reculai. Il me saisit le bras, plaqua son visage contre le mien et prononça des mots que je ne compris pas. Il passa ses mains sur tout mon corps, de haut en bas. Il sentit la petite bourse dissimulée dans la poche intérieure de ma tchouba, entre mes seins, et s'en empara, ainsi que des bijoux précieux, des cordelettes bénies et du petit reliquaire que j'avais réussi à sauver. Il les jeta à un autre soldat puis me poussa en avant. La même scène se répéta autour de moi. Les enfants pleuraient. Un soldat gifla une femme qui tentait de s'écarter. Au moment où les militaires nous poussèrent en avant, j'entendis des coups de feu. Un cheval nous dépassa et descendit la colline. Il avait été touché au ventre et ses boyaux pendaient. Il trotta jusqu'à un buisson en contrebas et s'écroula. Dans son agonie, ses jambes battaient l'air. Plus bas, une petite fille gisait inerte sur le bas-côté du chemin. Nous arrivâmes au bord d'un fleuve. Le corps gonflé d'un homme flottait. Derrière lui vinrent d'autres corps suivis des cadavres de chevaux. À cette époque-là, aucun d'entre nous n'avait la moindre idée de ce qui allait se passer. Nous ne pouvions pas commencer à imaginer ce qui allait suivre.

Nous marchâmes une journée avec les soldats à nos côtés. Nous étions maintenant une centaine, hommes, femmes et enfants. Certains enfants pleurèrent pendant tout le trajet. Un garde pointa son fusil vers un petit garçon, mais cela ne fit que redoubler ses pleurs. En fin de journée, nous arrivâmes au village de Rok. Une grande maison servait à entasser les prisonniers. Lorsque nous arrivâmes dans la cour, nous fûmes dépouillés de tous les biens qui nous restaient, armes, selles et chevaux. Un soldat prit Shindrouk par les rênes et l'emmena. Je sortis du rang et me dirigeai vers mon cheval. Je lui pris la tête et l'abaissai vers moi, puis me haussai sur la pointe des pieds et touchai son front avec le mien. « Adieu mon bon Shindrouk, mon ami. » Le soldat se mit à crier et me repoussa. Puis un autre me remit brutalement dans le rang. Je regardai Shindrouk disparaître dans un bâtiment. Maman, grand-mère, Ani Rigzin et moi fûmes conduites dans une grande pièce nue, à l'intérieur d'une maison inhabitée. Trois femmes et deux enfants étaient accroupis sur le sol. Les gardes refermèrent la porte à clef derrière nous. Je m'allongeai à même le sol dur, ma tête sur mes bras. La pièce était humide et sentait le renfermé.

Un officier de grande taille, vêtu d'un uniforme arborant quatre étoiles, se tenait debout sur une estrade dressée devant nous. Il déversait un flot de paroles, comme une mitrailleuse, tandis qu'à son côté un jeune Tibétain, raide, traduisait. J'allais vite me familiariser avec cette forme de discours, le débit rapide, les mots chinois gutturaux et la monotonie de la traduction tibétaine.

— En guise de punition pour avoir tué des soldats qui sont venus de Chine pour vous aider, vous devez nous remettre tous vos biens, ceux que vous portez avec vous comme ceux que vous possédez chez vous... (On sentait le décalage entre les paroles de l'officier et la traduction tibétaine.) Si vous le faites, vous serez libres de partir. Si vous refusez, vous serez jetés en prison où vous subirez de lourds châtiments, continua l'interprète, son poing fermé.

Comme nous nous doutions qu'ils n'avaient

aucunement l'intention de nous libérer, personne n'accepta leurs conditions.

Nous restâmes un mois à Rok. Les soldats montaient la garde à l'extérieur de la maison où nous logions, mais à l'intérieur nous pouvions parler comme nous le voulions. Chaque jour de nouveaux prisonniers arrivaient. La plupart venaient des collines où ils avaient combattu, d'autres avaient tenté de s'enfuir en Inde. On nous donnait une petite tasse de tsampa le matin et une sorte de riz bouilli le soir. Les deux premières semaines, les journées se déroulèrent sans incident. Libérés de la peur d'être capturés, nous étions relativement calmes. Mais ensuite les interrogatoires commencèrent.

Dans le couloir, j'entendis le bruit de pas rapides et cadencés qui venaient en notre direction. Ils s'arrêtèrent derrière la porte. Celle-ci s'ouvrit brusquement et deux soldats entrèrent, le fusil pointé vers nous. Ils scrutèrent la pénombre, comme s'ils cherchaient quelqu'un, puis s'avancèrent vers moi. L'un d'eux me donna un coup de botte dans les côtes tandis que l'autre me fit signe de me lever et de le suivre. Ils me firent traverser le couloir, puis monter un escalier étroit qui menait à une petite pièce humide. Au milieu, l'officier aux étoiles rouges était assis derrière une petite table avec d'un côté le traducteur tibétain et, de l'autre, deux soldats. Il me fit signe de me placer devant lui et commença à parler. Son visage était pâle et luisant, ses yeux exorbités et ses cheveux lissés en arrière. Lorsqu'il élevait la voix, des postillons humectaient ses lèvres ; ses mains faisaient des petits mouvements saccadés comme s'il voulait frapper l'air.

— Tu es l'un des chefs des forces ennemies, tu essaies de ruiner l'œuvre de la mère patrie. Tu es responsable des crimes que tu as commis et de ceux de ton père. Nous avons un rapport révélant qu'il a tué un interprète tibétain et tu seras punie pour ce meurtre. Mais si tu reconnais tes fautes, ta vie sera épargnée.

Les mots se déroulaient dans la bouche du Tibétain sans la moindre intonation. J'étais furieuse qu'il mentionne le nom de mon père, mais avant même de réfléchir, je répondis :

— Mon père n'a pas tué votre interprète. Celui-ci était en route vers Samyé et traversait notre territoire avec des provisions pour vos troupes quand il a été abattu. Personne n'a jamais su qui l'avait tué, mais ce n'était pas mon père.

Comprenant que j'aurais dû me taire, je m'arrêtai. Mais il était trop tard. L'officier se pencha vers moi, les yeux encore plus exorbités, et cracha quelques mots.

— Quelle est ta ville natale ? Combien d'hommes combattaient avec toi ? Qui étaient les hommes parachutés de l'avion ? D'où viennent-ils ?

Les questions m'arrivaient si vite que je me sentis étourdie. Je ne savais pas quoi dire.

— Connais-tu Yéshé Rushodtshang, le Tibétain qui a été parachuté ? Qui a-t-il rencontré ? Qu'est-ce qu'il t'a dit ? Quels sont ses plans ?

Je regardai mes mains sans ouvrir la bouche. Je savais qu'on avait confié une mission secrète à Yéshé Rushodtshang. Mais je n'avais rien à leur révéler. Mon silence irrita l'officier et il cria quelque chose aux soldats assis à ses côtés. Ceux-ci se levèrent et prirent des bâtons de saule dans un seau d'eau placé sur un côté de la pièce. Ils s'approchèrent de moi en les agitant et se tinrent de part et d'autre de la table. Avant qu'ils n'arrivent à ma hauteur, je sentis les gouttelettes d'eau qui giclaient. Puis ils s'acharnèrent sur moi. Ils me frappèrent le visage, les mains, les pieds, le dos et la tête. *Om mani pémé houng*, murmurai-je en un souffle.

— Quelle relation as-tu avec les aviateurs américains ? Quels sont leurs noms ? Qu'est-ce qu'ils t'ont raconté ?

Les questions pleuvaient.

— Je n'ai aucun rapport avec les avions américains. Je n'ai rien à dire, murmurai-je d'une voix à peine audible.

Mes oreilles commencèrent à siffler, mon visage était en feu. C'est mon karma antérieur, pensai-je. La douleur éliminera les fautes passées. Les soldats me saisirent les mains et me mirent debout. Je me tenais en équilibre instable. Ils me lièrent les mains dans le dos.

— Comment s'appelaient-ils ? Qu'est-ce qu'ils t'ont dit ?

J'hésitai, mais je me tus. Les hommes firent passer une corde autour des poutres transversales du plafond.

— Réponds ! Quels sont leurs noms ?

Je restai muette. Les hommes tirèrent la corde d'un coup sec et une brusque secousse tordit mes bras en arrière. Une douleur comme un fer en fusion traversa mes épaules. Un liquide amer sortit de ma bouche. Je restai en l'air, suspendue par les poignets. Ils me frappèrent le visage avec une planche et la pièce s'assombrit. De l'eau froide ruissela sur mon visage. J'étais allongée sur le sol. Je ressentis une telle pression derrière mes yeux que je crus qu'ils allaient sortir de ma tête. J'éprouvai une douleur lancinante dans les épaules et une terrible brûlure aux poignets.

— Les soldats vont te ramener dans ta pièce. On verra demain si ta mémoire s'améliore, dit l'interprète d'une voix blanche.

Les deux soldats me traînèrent jusqu'à la pièce où nous étions enfermées et me jetèrent à l'intérieur.

— Regardez ce qu'ils lui ont fait ! hurla maman.

Elle se précipita vers moi. Elle prit ma tête sur ses genoux et Ani Rigzin déchira des morceaux de sa tchouba pour essuyer le sang de mon visage. Toute la nuit, maman pleura, en état de choc. Elle me berça dans ses bras. Assise à côté de nous, Ani Rigzin priait. Mon nez saigna longtemps. Hormis la douleur, j'étais dans un état d'hébétude. Maman, grand-mère et Ani Rigzin étaient effondrées. Pendant les sept jours qui suivirent, les soldats vinrent quotidiennement me chercher. Ils arrivaient après le petit déjeuner et les interrogatoires duraient jusqu'au déjeuner. Suivait une pause d'une demi-heure, puis ils reprenaient jusqu'au soir. Les soldats me liaient les mains, me tiraient brusquement en l'air et me frappaient. Aucune partie de mon corps n'était épargnée. Quand je m'évanouissais, ils me jetaient de l'eau pour me faire revenir à moi. Et chaque jour, maman, grand-mère et Ani Rigzin pleuraient.

Même si j'avais voulu parler, je n'aurais pas pu. Ma bouche, mon nez et mes yeux étaient tellement boursouflés que je ne pouvais pas les ouvrir. Je ne tardai pas à apprendre qu'il valait mieux recevoir des coups de pied qu'être frappée. Les pires moments étaient ceux où ils me suspendaient brutalement en l'air. Mes poignets et mes épaules me faisaient tellement mal que dans ces instants-là je souhaitais qu'ils me tuent au lieu de me torturer ainsi. Au bout de quelques jours j'éprouvai moins d'angoisse quand j'entendais les pas dans le corridor, je me sentais moins inquiète à l'idée des tortures qu'ils m'infligeaient. Parfois, mon esprit était ailleurs et je voyais mon corps allongé sur le sol. Dans les moments où j'étais capable de penser, je me disais que pour être battue de la sorte j'avais dû accumuler un horrible karma dans une existence antérieure. Je priai afin que les souffrances que je ressentais éliminent tous les actes négatifs que j'avais commis. J'invoquai les Trois Joyaux. « Guidez-moi. » *Om mani pémé houng.*

Nous restâmes encore plusieurs semaines dans cette prison de fortune. En dépit de mes prières, je ne parvenais pas à dissiper ma colère. J'étais tombée aux mains des Chinois. J'avais peur de ce qui allait advenir de maman et des autres. Je me sentais impuissante. Je ne pouvais rien faire pour améliorer leur sort. Parfois, je songeais à m'échapper : briser la fenêtre et courir, libre. Mais il fallait passer devant une petite maison gardée par des soldats et un chien qui ne manquerait pas d'aboyer. En admettant que je surmonte ces obstacles, il m'était impossible d'emmener les autres avec moi. Au bout d'un mois, les Chinois libérèrent toutes les femmes, tous les enfants et les personnes âgées. « Vous êtes libres d'aller où vous voulez », dirent les soldats. On donna à tous un laissez-passer leur permettant de rentrer au village natal s'ils le désiraient. Ceux d'entre nous qui étaient « coupables de crimes » furent retenus prisonniers. Deux jours plus tard, on réunit les centaines de détenus restants. J'étais la seule femme. Une fois de plus, l'officier aux quatre étoiles rouges discourut debout devant nous sur une estrade. Il nous annonça qu'on nous emmenait à Chamdo et que nous devions obéir à tous les ordres des militaires :

— Asseyez-vous quand on vous dit de vous asseoir. Marchez quand on vous dit de marcher. Mangez quand on vous apporte de la nourriture. Si vous essayez de vous échapper, vous serez abattus.

On nous attacha les uns aux autres par le poignet, comme un troupeau de bêtes, puis on nous fit aligner en file indienne. Des soldats nous encadraient, devant, derrière et des deux côtés. J'étais presque au bout de la queue. C'était un jour clair, mais froid. Les cordes qui nous retenaient étaient dures comme de la glace sur mes poignets. Quelle que soit la façon dont je les tournais, elles me mordaient littéralement la peau. Tchimé Gonpo marchait devant moi, Anak Pon derrière. Liés comme nous l'étions, chacun de nos mouvements affectait les autres prisonniers. « Garde à vous ! » « Repos ! » Mais nous étions déséquilibrés par les cordes qui nous liaient. Notre démarche traînante irritait les soldats. Ils nous poussèrent du bout de leurs fusils. « Avancez ! »

Quand nous passâmes la porte, je vis ma mère qui se tenait sur le bas-côté du chemin. Ani Rigzin et grand-mère se tenaient un peu en retrait derrière elle. Leur vue m'attrista énormément ; la vie de ces derniers mois les avait profondément affectées. Elles ressemblaient à trois mendiantes en quête de nourriture. Leurs cheveux étaient en désordre, leurs tchouba déchirées. Des traces de poussière formaient des sillons sur le visage de maman. À peine capable de tenir debout, grand-mère s'appuyait sur Ani Rigzin. « Maman. » Le mot se forma dans ma gorge mais s'éteignit avant que je l'aie prononcé. Pourquoi es-tu toujours là ? me demandai-je, étonnée. Pourquoi n'es-tu pas rentrée à la maison ? Dès qu'elle me vit, elle courut vers moi. « Ne t'approche pas ! » murmurai-je intensément. Mais elle continua d'avancer. Elle arriva à la hauteur du soldat qui conduisait notre file. Il leva son fusil pour lui barrer le passage. Elle lui saisit le bras en le suppliant :

— S'il vous plaît, n'emmenez pas ma fille... Sinon nous mourrons de faim.

Ani Rigzin et grand-mère la suivirent. Ani Rigzin cria :

— Emmenez-nous en prison avec elle ; nous ne sommes plus bonnes à rien si elle part.

Le soldat les écarta avec son fusil. J'essayai de toucher le bras de celui qui marchait à côté de moi.

— S'il vous plaît. Laissez-moi leur parler. Je vais leur dire de partir. Elles sont âgées et ne comprennent pas.

Mais l'homme me dépassa comme s'il ne m'avait pas entendue. Une seconde fois, maman attrapa le bras du soldat. Celui-ci se retourna et la renversa. Alors que nous nous ébranlions sur le chemin qui montait, je l'entendis appeler : « Ashe,

Ashe... » Je me retournai. Le soldat la frappa, puis il lui donna des coups de pied. Ani Rigzin se jeta sur son dos pour essayer de lui faire lâcher prise. On ne les voyait presque plus. Je les regardai une dernière fois. Maman et Ani Rigzin se tenaient debout maintenant. Grand-mère était couchée sur le chemin. Au moment où nous disparûmes dans le tournant, je les entendis encore m'appeler. Il nous fallut trois jours pour atteindre Lhodzong. Durant toute cette marche, elles ne quittèrent pas mes pensées. Où que je regarde, elles étaient toujours devant moi.

À Lhodzong, je retrouvai plusieurs chefs de district et de nombreuses personnes qui faisaient partie de l'entourage du prince de Dergué. Ils avaient été pris avant nous et étaient détenus dans une sorte d'étable qui faisait office de prison. J'étais soulagée de voir tant de visages familiers. Je voulus leur demander des nouvelles de Gosé Tséring, de Shamo Tchémi, de Thouptèn et de tant d'autres. Mais nous n'avions pas le droit de parler et nous ne communiquions que par le regard. Lhodzong était un centre de regroupement. De là, les gens étaient emmenés à Chamdo. Les prisonniers qui avaient commis les « crimes » les plus graves étaient rassemblés au dernier étage d'une grande maison qui servait de prison. On me mit dans une pièce avec une autre femme. Elle s'appelait Jamyang et était originaire de Shothalhosum. On nous donnait matin et soir une petite tasse de bouillie de riz. L'un des gardiens me remit des ciseaux pour que je puisse me couper les cheveux, ainsi que du fil et une aiguille pour raccommoder les trous de ma tchouba. Il fut l'un des plus gentils. Nous passions de longues heures à ne rien faire. Je voulais effectuer mes pratiques spirituelles, mais les Chinois avaient interdit toute prière. Ils disaient que c'était une croyance aveugle et dès qu'ils voyaient que nous remuions nos lèvres, ils menaçaient de nous battre. Mais je priai en silence dans mon cœur. Je fus détenue un mois à Lhodzong. De là, nous marchâmes jusqu'à Nyultchou. Certains prisonniers étaient enchaînés, d'autres attachés par des cordes qui rétrécissaient quand elles étaient mouillées. On ne nous détachait que pour aller aux toilettes. Nous devions lever la main et dire *bako* ; on nous permettait alors de nous dissimuler. Nous n'avions aucun matelas sur lequel nous allonger et nos seuls vêtements étaient ceux que nous portions. Nous traversâmes plusieurs cols et différents fleuves. Nous ne connaissions aucun répit.

Ce matin-là, il faisait un froid cinglant. Le vent du nord s'était levé et s'engouffrait dans le profond ravin bordé de rochers. Le soleil qui apparut derrière la crête d'une montagne semblait gelé dans le ciel et ne dégageait aucune chaleur. Dans l'air glacial, on n'entendait aucun bruit hormis le frottement de nos pas sur le sentier. Mes mains étaient engourdies par le froid. Les cordes s'étaient rétrécies et ralentissaient la circulation de mon sang. J'essayai de ne plus penser à la douleur, mais alors, invariablement, revenaient les images de maman allongée sur le sol, du fusil qui s'abattait sur son dos, de sa main tendue vers moi et de sa voix qui criait : « Ashe ! » Lorsque le sentier amorça une montée raide, Tanag Tulkou, un lama âgé, glissa et ne put se relever. Il avait perdu toute volonté de poursuivre la marche. Deux soldats s'avancèrent vers lui et pressèrent leurs fusils contre son corps. Comme il ne bougeait toujours pas, ils le saisirent par les bras et le tirèrent sur les rochers tranchants. Un peu plus loin, un vieil homme s'effondra sur le côté de la piste, incapable de continuer. Un soldat lui assena des coups de fusil sur le dos jusqu'à ce que le prisonnier se remette péniblement sur ses pieds. Cette scène se répéta maintes fois. Dès qu'un détenu s'arrêtait, il était battu.

Nous arrivâmes enfin à Nyultchou. Dans cette bourgade, deux cent cinquante camions nous attendaient pour nous emmener à Chamdo par la route qui venait d'être construite. Les soldats entassèrent trente prisonniers par camion. Nous étions attachés les uns aux autres et gardés par quatre hommes munis de fusils à baïonnette. Ils gardèrent leurs armes pointées vers nous pendant tout le trajet, de peur que nous ne tentions de nous évader. La route était pleine de trous et de gros cailloux. Le camion tressautait tellement que j'en eus la nausée. J'étais la seule femme, et la seule à être malade. Tout le monde me regardait, même les soldats. Les autres croyaient sans doute que mon estomac de femme ne pouvait pas supporter le voyage, mais en fait c'était la première fois que je montais dans un camion et je n'avais pas l'habitude de ces secousses constantes. La vue du paysage qui défilait si vite m'étourdissait. Et il était difficile de respirer avec l'odeur âcre de la fumée qui s'échappait du véhicule.

— Asseyez-vous, s'il vous plaît, dit l'officier chinois d'une voix suave en désignant des tapis aux couleurs chatoyantes. Nous nous trouvions dans les réserves du monastère de Chamdo. On avait enlevé les plus beaux tapis monastiques des autres salles pour les disposer là. Je me demandais pourquoi ils essayaient de nous impressionner ainsi. Je n'en ai jamais compris la raison. La voix de l'officier était si polie et si respectueuse que je crus que nous allions être bientôt libérés.

— Vous allez rester ici et vous reposer de ce long voyage, continua-t-il de cette voix d'une troublante douceur. Ensuite, nous vous poserons quelques questions.

Le mot « question » aurait dû m'avertir de ses intentions, mais, fatiguée et heureuse d'être dans le monastère, je n'y prêtai pas plus d'attention. En fin d'après-midi, on nous emmena par groupes de dix dans la salle où se trouvaient d'ordinaire les représentations de Bouddha et d'autres grands saints. Cette vaste salle avait été dépouillée de toutes ses statues et thangka. La vue de ces murs nus bordés de soldats me ramena à la réalité. Ils se tenaient debout et nous observaient, leurs fusils pointés dans notre direction. Deux d'entre eux entreprirent une fouille au corps, allant même jusqu'à vérifier les boutonnières de nos chemises. Ils nous confisquèrent les lanières servant à attacher nos bottes et me prirent la ceinture de ma tchouba afin de nous empêcher de nous pendre. Ils nous arrachèrent nos cordelettes de protection et les petits reliquaires que nous portions autour du cou. Ils ne nous laissèrent que nos vêtements en lambeaux. Après la fouille, on nous mena à travers un long couloir jusqu'à la grande salle d'assemblée. Nous n'étions plus traités avec courtoisie, mais poussés et bousculés. À l'intérieur, nous étions environ deux mille assis en rangs, comme une congrégation de lamas. Nous devions dormir dans le petit espace où nous étions assis. Parfois, j'arrivais à me recroqueviller sur le sol, utilisant mes bottes en guise d'oreiller. Mais quand arrivèrent de nouveaux prisonniers, nous étions si serrés que nous dormîmes assis, dos à dos.

Dans cette promiscuité, sans même un filet d'eau pour nous rincer le visage, les poux nous envahirent. Ils étaient si nombreux que je les voyais fourmiller sur la tête de mes compagnons. Et si denses que je pouvais les balayer de la main sans que leur nombre diminue. Nous vécûmes ainsi pendant des mois, tulkous, lamas, abbés, chefs, commandants et autres dirigeants de la résistance du Kham, plus maltraités que des chiens. Avec la fille d'un des prisonniers, qui avait le droit de sortir pour s'occuper de son père âgé et malade, nous étions les deux seules femmes.

— Venez manger !

Deux prisonniers arrivèrent en portant des récipients, suivis des cuisiniers qui étaient des prisonniers inculpés de « délits mineurs ». Ils nous distribuèrent la nourriture. Les rations étaient maigres : deux poignées de tsampa. En temps normal, il en fallait plus de dix pour être rassasié. Le soir, on nous donnait une sorte de riz bouilli. Le manque de nourriture affecta notre santé. Je rationnai ma tsampa. J'en mangeai le moins possible de façon à en mettre de côté pour les personnes âgées qui commençaient à s'affaiblir. Khalé Tulkou était en mauvaise santé et je me débrouillais pour lui glisser tous les jours une petite boulette de tsampa.

Le bruit se répandit que je partageais ma ration. Les hommes se retournaient quand ils me voyaient passer et murmuraient :

— Patchèn, Patchèn, donnez-moi un peu de tsampa.

La faim commença à me causer de fortes crampes, mais j'étais heureuse de pouvoir les aider. Pourtant mes petites contributions ne suffisaient pas à les soulager vraiment. Au terme de plusieurs mois, certains vieillards peinaient pour se mettre debout ; ils s'effondraient lorsqu'ils tentaient de se lever et il fallait les soutenir quand ils allaient uriner. Un grand seau posé près de la porte de l'entrée principale de la salle était réservé à cet effet. Nous devions uriner devant tout le monde, Tibétains et Chinois. J'eus droit à un petit récipient que je pouvais glisser sous ma tchouba, mais je devais m'accroupir au milieu de tous les prisonniers. Une fois par jour, on nous emmenait deux par deux pour déféquer. Hormis cela, nous n'avions aucune autre opportunité de nous soulager. Quand le grand seau d'urine était plein, deux personnes avaient ordre de le sortir. Elles passaient un bâton à travers les poignées afin de le porter dehors sur leurs épaules. Afin de s'assurer qu'elles n'allaient pas plus loin, deux soldats les suivaient jusqu'à l'endroit où le déverser. Je me portai plusieurs fois volontaire. C'était les seules occasions où je pouvais respirer un peu d'air frais.

— Le moment est venu de confesser vos crimes. De raconter comment vous avez combattu l'armée chinoise. De livrer vos plans, vos organisations, vos alliances, déclara l'officier, doublé par l'interprète tibétain.

C'était un homme petit et rond. Avec ses minuscules yeux fendus, son visage me faisait penser à un rat. On disait que c'était un fonctionnaire important, « un des gros bonnets », me confia quelqu'un.

— Si vous coopérez en avouant vos faits et gestes et en nous remettant vos biens, vous serez amnistiés. Vous ne subirez aucune punition, poursuivit-il d'une voix qui sortait en petits couinements aigus.

« De toute façon... » Il fit une pause après que le traducteur eut parlé. Je me penchai en avant pour entendre ce qu'il allait déclarer. « De toute façon » reprit-il, paraissant manifestement jouir du suspense qu'il créait, « ... si vous refusez... » Il s'arrêta à nouveau un instant et ses yeux s'agrandirent : « Il n'y aura pas d'autre choix que la mort. » Ces derniers mots lâchés, il se retourna et partit.

Le lendemain, nous fûmes répartis en sections, ou *tsug* comme les appelaient les Chinois. Section un, deux et trois, chacune composée d'un cercle de dix à vingt personnes. Un fonctionnaire chinois menait l'interrogatoire et l'on ordonna à un Tibétain de dresser la liste des « aveux » ainsi recueillis. Le fonctionnaire envoya ensuite les coupables des « crimes » les plus graves dans une pièce du dernier étage. Et les interrogatoires recommencèrent. Avec les mêmes questions : « Quel fusil utilisais-tu ? Comment t'es-tu procurée ces armes ? Qui était impliqué ? Comment as-tu aidé Longkha Shipa et Dergué ? », je fus de nouveau battue.

« Combien de temps allons-nous rester ici ? » murmurai-je un jour à un compagnon alors que personne ne nous regardait. C'était un jeune homme qui était venu un an auparavant avec le prince de Dergué dans notre village. Il s'appelait Sogmo Guéga. Il secoua la tête :

— Si tu crois que ça va être facile de partir d'ici, tu te trompes. Ils vont nous garder au moins un an, peut-être plus. Il baissa la voix : tu n'as encore rien vu.

— Si tu dis vrai, nous allons sans doute tous périr. Certains sont en train de mourir de faim, répondis-je. Ils souffraient même tellement du manque de nourriture qu'ils étaient prêts à manger leurs excréments.

Pendant la journée, nous n'avions d'autre activité que de rester assis en silence. J'attendais avec impatience mes moments de conscience, entre les interrogatoires et les coups, car alors mon esprit était libre. La lumière filtrait des fenêtres situées près du plafond. Dans ces instants de calme, mon esprit flottait librement et les paroles des textes sacrés me revenaient, m'offrant leur précieux soutien.

« Demeure dans la grande paix de l'état naturel. Cet esprit épuisé que battent sans relâche le karma et les pensées, telle la fureur des lames qui se brisent dans l'océan infini du *samsara*. Demeure dans la paix de l'état naturel. »

J'accomplis mes pratiques quotidiennes et je récitai mes prières en mon for intérieur. Je n'ai jamais réussi à me libérer totalement du désir d'être relâchée, mais j'atteignis néanmoins un certain niveau de paix intérieure. Au bout de dix mois passés dans la grande salle d'assemblée de Chamdo, je fus transférée dans une autre partie du monastère. J'étais triste de quitter tous ces hommes avec lesquels j'avais passé de si longs mois ; je me séparais d'une grande famille. Je fus emmenée dans une partie du monastère appelée Déyong Nang. Ce fut là, et plus tard en prison, que je vécus les pires moments de ma détention.

passés dans la grande salle d'assemblée de Chamdo, je fus transféré dans une autre partie du monastère. J'étais triste de quitter tous ces hommes avec lesquels j'avais passé de si longs mois ; je me séparais d'une grande famille. Je fus emmené dans une partie du monastère appelée Dévong Nang. C'est là et plus tard en prison que je vécus les pires moments de ma détention.

8

Prison I — 1960-1965

Le soldat me poussa dans la pièce et referma la porte. Le loquet fit un bruit métallique en coulissant. Le bruit de ses pas résonna dans le couloir puis décrut jusqu'à disparaître. Lorsque mes yeux se furent habitués à la pénombre, je vis que la pièce était petite et avait autrefois servi à garder des animaux. Le sol était en terre battue, les murs inégaux et maintenus par des montants de bois. Des femmes et des enfants étaient assis le long des murs.

— Ashe Patchèn, murmura une voix venant d'un coin de la pièce.

Je me retournai et je vis se lever une petite silhouette râblée. Je reconnus tout de suite le visage de Tamdin Tcheukyi, la femme de Tchimé Gonpo, le ministre de Dergué. Elle me prit les mains, inclina la tête en signe de salutation, puis mit sa main devant sa bouche :

— Chut. Un gardien rôde peut-être.

Son visage était rouge, mais dans cette pénombre il était difficile de reconnaître si cette rougeur était due aux coups. Lorsqu'elle sourit, je remarquai qu'elle avait perdu beaucoup de dents. Tamdin me désigna la pièce d'un geste de la main et je reconnus beaucoup de visages familiers : sa fille, Soyang, qui avait environ vingt et un ans ; son fils, Asong, âgé de huit ou neuf ans, Wangdzin et ses quatre filles, Nantchèn. Hormis une mère et sa fille que je ne connaissais pas, tous les autres avaient été capturés dans la même région que moi. Tamdin Tcheukyi gardait la main contre sa bouche :

— Si les gardiens nous entendent discuter, ils penseront que nous préparons une évasion. Dans ces cas-là, leurs questions n'en finissent plus.

Elle regarda par une fissure de la porte. Puis elle fit signe qu'il n'y avait personne dans les parages et nous nous mîmes à parler. Je pris les mains de Tamdin dans les miennes. Elle faisait presque partie de notre famille. Son mari et mon père avaient juré de s'aider mutuellement dans les moments difficiles, au prix même de leur vie, si c'était nécessaire.

— Il n'a pas encore été arrêté. Il est toujours dans les collines en train de mener des attaques contre les Chinois, me confia-t-elle quand je lui demandai des nouvelles de son époux.

Je fus heureuse d'apprendre que des gens combattaient encore pour libérer le Tibet.

Quelques jours plus tard, on nous appela :

— Lemdha Patchèn, Tamdin Tcheukyi, sortez !

Nous nous raidîmes, sachant ce qui nous attendait. Deux soldats arrivèrent et nous firent signe de sortir. On nous emmena à l'étage supérieur dans une petite pièce qui avait été naguère la cellule d'un moine. Elle sentait la cigarette froide et le moisi. Au centre, un officier chinois était assis à une petite table, un interprète à ses côtés. Deux autres soldats se tenaient près de la porte. D'un geste brusque, le commandant nous fit signe d'avancer devant lui. Il éteignit sa cigarette, en alluma une autre et tira plusieurs bouffées avant de parler.

— Aucune de vous deux n'a avoué ses crimes commis contre la mère patrie, malheureusement, ajouta-t-il en inhalant la fumée, les yeux plissés. Si vous n'avouez pas immédiatement, vous n'aurez aucune chance d'être relâchées.

Ses mots se déversaient dans un nuage de fumée. Pendant qu'il parlait, l'un des soldats apporta deux longues barres de fer qu'il jeta sur le sol devant nous. À leurs extrémités étaient attachés deux anneaux circulaires. En touchant le sol, elles émirent un son métallique aigu qui résonna, se mêlant aux légers sifflements du commandant tirant sur la cigarette. Quand il estima que nous avions bien eu le temps d'observer les barres de métal, il poursuivit :

— Si vous n'avouez pas, vous porterez ces barres jusqu'à ce que vous changiez d'avis. Maintenant, on commence, n'est-ce pas ? dit-il en se penchant vers nous.

— Connaissais-tu Tamdin Tcheukyi avant ? me demanda-t-il.

— Elle est célèbre pour son courage. Bien sûr que j'ai entendu parler d'elle, dis-je d'un ton cassant.

L'officier se renfrogna, mais poursuivit.

— Qui d'autre était avec toi au camp de Shothalhosum ?

— Ma mère et deux personnes âgées de ma

famille, répondis-je d'un ton buté, décidée à ne pas citer de noms.

L'officier parut contrarié. Il fit claquer ses doigts en direction de l'un des soldats qui se tenaient près de la porte. Celui-ci avança et éleva la paume de sa main au-dessus de moi. La gifle me brûla le visage. Sous le choc ma tête fut projetée en arrière. Il me frappa trois fois.

— Peut-être as-tu meilleure mémoire maintenant ? me demanda le commandant avec un léger sourire.

— J'ai répondu à vos questions, je n'ai rien d'autre à ajouter.

Il rougit et, frustré, se tourna vers Tamdin Tcheukyi.

— Où se cache ton mari ?

— Mon mari ne se cache pas. Il est parti négocier des affaires, répondit-elle d'un ton provocant.

Le soldat la frappa également. Furieux, l'officier écrasa sa cigarette. Il désigna de la main les barres métalliques. Les soldats s'avancèrent et les passèrent d'un coup sec autour de nos chevilles. Le métal était froid. Il était difficile de se tenir debout les jambes écartées. Je faillis tomber en avant. Mais, déterminée à ne pas leur donner ce plaisir, je tendis mes genoux et réussis à me maintenir droite.

— Jusqu'à ce que vous passiez aux aveux, vous resterez comme ça, les pieds entravés comme des bêtes, déclara le commandant en se levant pour partir.

Tamdin Tcheukyi fit quelques pas gauches vers lui. Elle releva la tête et lui déclara :

— À quel pays puissant appartenez-vous pour

enchaîner deux femmes sans défense comme vous le faites ?

De ses mains, elle fit claquer sa tchouba devant lui et se dirigea vers la porte, la barre raclant bruyamment le sol. Il ne pouvait pas savoir que faire claquer une tchouba devant quelqu'un était une expression de dégoût censée porter malheur. Néanmoins, ce geste l'irrita. Il nous fit signe de nous éloigner et tourna les talons. Tamdin Tcheukyi, la tête haute, boitillait entre les deux gardiens. J'avançai lentement derrière eux. J'ignorais que j'allais porter ces fers pendant plus d'un an.

Les jours qui suivirent nous fûmes soumises à de continuelles « séances d'autocritique ». Les gardiens venaient dans la pièce où nous étions entassées et nous forçaient à nous agenouiller devant eux. Les autres devaient faire cercle autour de nous. Ils leur ordonnaient ensuite de nous accabler de reproches méprisants et même de nous battre. Le but de ce traitement était de nous contraindre aux aveux. L'une des méthodes favorites de nos geôliers consistait à dresser les prisonniers les uns contre les autres. Deux femmes inventèrent une accusation insignifiante et firent semblant de nous frapper, nous touchant juste de leurs manches. Puis les questions commencèrent.

— Quel est l'homme le plus capable de votre organisation ? Comment recrutez-vous vos combattants ? Où avez-vous caché vos biens ?

Quand j'y étais vraiment contrainte, je reprenais une réponse que j'avais déjà donnée. Ils n'apprirent rien de nouveau. Quand ils me battaient, ils me projetaient sur le côté avec tant de force que souvent ma tête venait heurter leurs jambes. Cela ne faisait qu'accroître leur colère. Leurs bâtons s'abattirent sur nos dos. Nous nous agenouillions, impassibles, les laissant nous frapper jusqu'à ce qu'ils soient satisfaits. Que pourrait-il arriver de pire ? me disais-je. Ils ont irrémédiablement gâché nos vies, emporté nos biens, ils ont battu et tué notre peuple. Que peut-il y avoir de pire ? Ils ne valaient pas la peine qu'on implore leur pardon. À la grande douleur physique s'ajoutait la souffrance de ne pas savoir ce qu'il était advenu de ma mère, de ma grand-mère et de ma tante. Après le départ de nos tortionnaires, les femmes nous félicitaient de n'avoir pas laissé échapper un seul gémissement sous la pluie de coups. Elles n'osaient pas nous toucher, car tout contact physique nous était interdit, mais elles faisaient de leur mieux pour nous réconforter :

— Ne vous inquiétez pas. Un jour vous serez toutes les deux libérées, murmuraient-elles.

Mon visage et mon corps étaient couverts de bleus. Les coups faisaient monter ma colère. J'essayai de la transformer en prière et je priai. « Que je prenne sur moi la souffrance de tous ceux qui subissent le même traitement. Que je porte leur douleur. Que je sois la seule à souffrir et qu'ils soient épargnés. »

Je restai à Déyong Nang de 1961 à 1963. Au cours de ces années, une grande famine s'abattit sur le Tibet et sur la Chine. Depuis notre prison, nous apprîmes que les récoltes avaient été maigres et que le Grand Bond en avant avait provoqué une scission avec les pays fournisseurs de céréales de la Chine. Les Chinois confisquaient donc les céréales tibétaines pour nourrir leur armée ou les expédiaient en Chine. Mais la famine tua des millions de Chinois et des dizaines de milliers de Tibétains. Elle affecta également les prisons. Le temple qui jouxtait Déyong renfermait plus de cinq cents prisonniers tibétains. Au cours des deux années où j'y vécus, cinq ou six Tibétains mouraient chaque jour de faim. J'appris plus tard que les corps des victimes étaient jetés dans un ravin situé derrière le monastère. Quand le ravin fut comble, ils les jetèrent dans les fleuves Zatchou et Ngomtchou. Les vautours et les chiens ne parvinrent pas à manger le monceau de cadavres qui commençaient à pourrir. La puanteur était telle que pendant des années personne ne put s'en approcher.

Au fil des mois, je m'habituai au rythme quotidien de Déyong. J'appris à me déplacer avec la barre de fer entre mes jambes. Pour atténuer le froid, j'entourais mes chevilles de tissu, les isolant ainsi du métal. Je me déplaçais en traînant les pieds lentement, l'un après l'autre. Les « séances d'autocritique » continuèrent, mais on nous accorda un peu plus de liberté. Nous pouvions nous rendre seules aux toilettes situées à l'extérieur du bâtiment. Celles-ci consistaient en une rudimentaire cabane en bois qui recouvrait des planches au-dessus d'une fosse. Nos allées et venues pour nous rendre à cette cabane constituaient notre seule occasion de rencontrer les prisonniers enfermés dans d'autres pièces. Nous nous attardions à l'extérieur du bâtiment et, lorsque nous étions sûrs qu'aucun gardien ne nous observait, nous échangions quelques mots.

Un jour, en me rendant aux toilettes, je vis un jeune homme dont le visage était si enflé qu'on ne distinguait pas ses yeux. Ses jambes paraissaient remplies d'eau. Au moment où je passais près de lui, il m'appela : « Ashe. » Quelque chose dans sa voix m'était familier, mais son visage était méconnaissable.

— Qui êtes-vous ? Vous me connaissez ? lui demandai-je.

— Je suis Phourba, dit-il.

Le Phourba que je connaissais était originaire de mon village natal. Il était beau et vif.

— Que s'est-il passé ? lui demandai-je dans un souffle.

— Je ne peux pas dormir. Je ne vois pas bien et j'entends un bourdonnement constant et très fort dans mes oreilles, articula-t-il avec difficulté tant l'enflure de ses lèvres l'empêchait de former ses mots.

— C'est un trouble du vent. Tu n'as pas assez à manger, lui répondis-je, ne connaissant que trop bien ce symptôme.

Je voulus lui donner un peu de nourriture, mais je n'avais rien.

Le lendemain, je ne le vis pas.

— Phourba a été emmené à la clinique, me dit quelqu'un.

Je savais que les prisonniers que l'on transportait là-bas étaient sur le point de mourir. Il fallait absolument que je lui fasse passer un peu de nourriture. Quelques jours plus tard, j'appris qu'il était mort. Comme celui des autres, son corps fut jeté derrière la clinique. Deux jeunes gens de Lemdha moururent de la même façon.

Vers la fin de ma captivité à Déyong Nang, je retrouvai mon amie Dékyong. C'était le soir, je revenais des toilettes quand j'aperçus un groupe de femmes et d'enfants. Parmi eux, je reconnus Dékyong et sa mère. Leurs tchouba étaient en lambeaux et leurs visages rougis par la longue exposition au soleil. Le charisme qui les animait autrefois s'était éteint. La présence des gardiens m'interdit de leur parler quand elles passèrent à côté de moi. Lorsque Dékyong m'aperçut, elle laissa échapper un petit cri, mais continua à marcher et le groupe disparut bientôt dans un bâtiment. Le lendemain, je la rencontrai en allant aux toilettes. Nous avions peur de nous étreindre, mais l'intensité de nos regards exprimait le sentiment que nous éprouvions comme si nous avions pu nous serrer l'une contre l'autre.

— Nous faisions route vers l'Inde quand nous avons été pris. Nous avions atteint le village de Zayul. Du sommet du col, nous voyions les troupes indiennes patrouiller le long de la frontière. En descendant du col, les Chinois nous ont repérés et faits prisonniers. Nous étions tout près, mais nous n'avons pas pu rejoindre l'Inde, raconta-t-elle.

Le mois suivant, Dékyong et moi pûmes nous rencontrer régulièrement et échanger des bribes de conversation lorsque nous étions seules. Nous évoquâmes nos fuites respectives, les prisons où nous avions le plus souffert.

— Si nous n'avions pas été faits prisonniers, nous aurions souffert de la même manière. Si jamais nous revenons un jour dans notre région natale, j'ai l'impression que les Chinois nous tortureront. J'ai peur de la torture, mais je n'ai pas peur de la mort, me dit un jour Dékyong.

Un mois plus tard, les gardiens nous regroupèrent à l'extérieur du bâtiment. Tous les détenus originaires des régions situées à l'est du Yangzi Jiang allaient être emmenés dans une prison située dans cette zone. On appela Dékyong et sa mère. Tout se passa très vite. Elle se tenait deux rangées devant moi. Quand elle entendit son nom, elle se tourna vers moi, les yeux remplis de terreur. Un gardien s'avança et la prit par le bras. Je vis qu'elle pleurait. Je l'appelai. Le gardien la poussa en avant. Elle trébucha. Il la poussa à nouveau. J'écartai les prisonniers pour essayer de parvenir jusqu'à elle. Un gardien me vit et me barra le passage. Je me trouvais tout près d'elle, mais je ne pouvais pas la toucher. Elle se retourna et me lança :

— On se retrouvera. Ne perds pas espoir.

Je ne la revis jamais. Plus tard, j'appris que ce groupe de détenus n'avait pas été envoyé en prison : il était constamment déplacé d'un endroit à un autre. Les prisonniers étaient soumis à de terribles séances d'autocritique, calomniés en public et battus. Quelques mois plus tard, ils moururent de faim.

Dans les jours qui suivirent le départ de Dékyong, je passai la majeure partie de mon temps en prière. Je priai pour Dékyong et sa mère, pour maman, grand-mère et Ani Rigzin. Je priai pour tous les êtres afin qu'aucun ne souffre.

Protégez les êtres du mal,
Libérez-les des sentes dangereuses,

Empêchez qu'ils ne chutent dans les sphères
[inférieures,
Menez-les vers la voie de la libération.

Je méditai sur la souffrance et la mort qui m'entouraient, je contemplai les horreurs que j'avais vues. Et je me remémorai les paroles de Guialtsé Rimpotché : « Au moment de mourir, la seule protection est la force du bien que l'on a accompli. » La faim nous tourmentait. Je pensais souvent à la nourriture que nous préparait maman. Des soupes épaisses et riches, des nouilles bien blanches, des pommes de terre recouvertes de morceaux de saucisse, des boulettes cuites à la vapeur, du pain. Je pensais aussi à tout ce que nous possédions naguère : l'or, l'argent, les bijoux. Si l'on m'avait donné une maison pleine de richesses, je l'aurais échangée.

Les mois passèrent, identiques. Séances d'autocritique, faim. Nombre de mes amis avaient le corps couvert de meurtrissures, nombre d'entre eux moururent. Un jour, un soldat arriva à la porte de notre pièce :

— Patchèn Dolma, Tamdin Tcheukyi, préparez-vous à partir.

Les enfants de Tamdin Tcheukyi se mirent à pleurer. Ils coururent vers leur mère et s'agrippèrent à elle. Un gardien la saisit par le bras et la tira brutalement. « Maman, maman ! » cria son jeune fils. Il tirait sur sa tchouba, essayant de la retenir. Mais les soldats le repoussèrent sur le côté. Dans le couloir, j'entendais encore ses appels. L'image de maman me revint à l'esprit. Je la chassai et continuai à marcher. Un grand camion nous attendait devant la porte d'entrée. Un soldat abaissa un marchepied en bois et nous fit signe de monter. La pente était prononcée et, au fur et à mesure que je la gravissais tout doucement, les anneaux s'enfonçaient dans mes chevilles. Ils pesaient lourd et je trébuchai à plusieurs reprises. Un prisonnier assis dans le camion m'aida à m'y hisser. La plupart des lamas et des chefs de district que j'avais quittés dans la grande salle d'assemblée du monastère étaient dans le camion. J'étais contente de les revoir et cela facilita mon départ. Mais Tamdin Tcheukyi était silencieuse.

Silthog Thang était une prison soigneusement gardée où l'on envoyait ceux qui étaient considérés comme coupables des crimes les plus graves. Elle était située en face du monastère, entre le Zatchou et le Ngomtchou. En amorçant la montée, nous aperçûmes des gens derrière les fils barbelés. Leurs corps étaient extrêmement émaciés. La peau était tirée sur leur visage, leurs yeux enfoncés dans les orbites, leurs pommettes ne formaient plus qu'un os semblable à un crâne. Mais c'est leurs bras et leurs mains qui retinrent mon attention : minces comme des bâtons, ils pendaient, flasques, de chaque côté de leur buste. Un homme leva la tête et me regarda. Je ressentis un choc lorsque je croisai son regard car ses yeux étaient complètement vides : deux cavités sur son visage. D'autres avaient des yeux démesurément grands et presque liquides qui semblaient constituer la seule partie vivante de leur être. Au-delà des barbelés, aucun bâtiment, rien que des tentes, alignées en rangées successives. Tamdin Tcheukyi et moi fûmes emmenées dans l'une d'elles, déjà occupée par d'autres femmes. Nous étions les seules à être entravées par ces barres de fer, mais presque tous les hommes portaient des chaînes à tel point que lorsqu'ils se déplaçaient le bruit de ce raclement résonnait dans tout le voisinage. Silthog Tang était froid et humide. Nous arrivâmes en hiver. Le soleil ne brillait qu'un court moment avant de disparaître derrière les collines. Un air glacial s'élevait du fleuve tout proche et planait au-dessus des tentes.

La première nuit, il gelait quand je gagnai la planche de bois que je partageais avec Tamdin. Elle était si étroite qu'il y avait juste assez de place pour que nous nous y étendions côte à côte. La tente était trouée et le vent souffla jusqu'au lendemain matin. Le froid s'intensifia. J'en vins à penser qu'il ne pouvait exister nulle part ailleurs de lieu aussi glacial. Je portais toujours la tchouba que j'avais quand nous avions été arrêtés trois ans et demi plus tôt. Elle était complètement râpée. Dans la nuit, le contact du fer sur mes chevilles me fit l'effet de la glace. Je finis par ressentir une brûlure semblable à un feu ardent. J'essayai de me tourner sur la gauche, puis sur la droite, pensant que j'aurais plus chaud d'un côté que de l'autre, mais mes jambes entravées par les fers et celles de Tamdin Tcheukyi m'empêchaient de me retourner. La seule partie de mon corps qui gardât un tout petit peu de chaleur était celle qui était accolée contre Tamdin. Partout ailleurs, le froid se faisait insoutenable. Toute la nuit, j'essayai de prier. « Rimpotché, regardez avec amour, pitié et compassion les êtres sans refuge ni protection. Protégez-les. Guidez-les vers la liberté. »

— Ashe Patchèn ! Tamdin Tcheukyi, sortez !

Il était très tôt et personne n'était levé. J'avais les jambes raides et il m'était difficile de bouger.

— Sortez ! Sortez !

Le rabat de la tente s'écarta et un gardien scruta à l'intérieur :

— Ashe Patchèn, Tamdin Tcheukyi, on vous attend dehors.

Encore hébétée par ma longue nuit glaciale, je me sentais flottante et amorphe. J'essayai de rassembler mes forces pour m'en faire comme un bouclier car je savais ce qui nous attendait. *Om mani pémé houng,* murmurai-je en me mettant péniblement en position assise. Mais en dépit de tous mes efforts, je n'arrivais pas à me ressaisir. Je jetai un coup d'oeil à Tamdin Tcheukyi assise à côté de moi. Nos yeux semblaient dire : que peuvent-ils nous faire de plus ? Essayant de secouer la torpeur de mon esprit, je glissai maladroitement de ma planche.

Les gardiens nous firent traverser le terrain entre les rangées de tentes jusqu'à un petit bâtiment en ciment. Je respirai profondément et fermai les yeux en les suivant à l'intérieur. « Que ma douleur soulage la souffrance des autres. » Comme d'habitude, un soldat chinois nous attendait derrière une petite table, et deux autres se tenaient debout de chaque côté. Mais cette fois-ci, il n'y avait pas de traducteur, du moins n'en vis-je aucun. L'homme assis nous désigna du doigt. Ses auxiliaires firent lentement le tour de la table. Ils se penchèrent et étendirent leurs bras vers mes chevilles. *Om mani pémé houng*. J'inspirai profondément.

La sensation de leurs mains tirant sur les fers me raidit. Je m'attendais à être bousculée, battue, frappée à l'estomac. Puis il y eut un bruit de métal, comme une clef dans un cadenas, et mes fers se détachèrent. Lorsqu'ils en eurent terminé avec moi, ils firent de même avec Tamdin Tcheukyi. J'attendis que quelque chose d'autre se produise. Mais l'homme assis à la table désigna la porte du doigt et on nous fit sortir. Ayant porté des fers pendant plus d'un an, j'eus du mal à marcher. C'était une sensation effrayante, j'avais l'impression qu'une partie de mon corps manquait. À chaque pas, je m'attendais à sentir la pression habituelle sur mes jambes, mais au lieu de cela, elles s'élançaient en avant comme si elles étaient dotées d'une vie propre. À plusieurs reprises, je faillis perdre l'équilibre ; je n'osais pas parcourir de longues distances de peur de tomber. Quand nous revînmes à notre tente, j'éprouvai une bouffée de joie, tel un oiseau qui s'envole de sa cage. Nous n'avions rien avoué et rien n'expliquait ce changement. J'imaginai que c'était sans doute à cause de mon karma antérieur. Ayant suffisamment souffert, j'avais peut-être purifié certains actes négatifs passés. Je priai afin que les souffrances que j'avais vécues soient épargnées aux autres. Que tous les êtres, y compris ceux du Tibet aux cimes enneigées, n'aient jamais à endurer les douleurs que j'avais connues. Ces prières calmèrent peu à peu mon esprit.

Libérées de nos fers, nous participions aux activités des autres femmes. Dans un coin du terrain se trouvait un espace réservé à la lessive. Sur le sol des planches servaient à frotter le linge ; au-dessus d'un grand foyer en terre, nous faisions bouillir les vêtements dans de grandes bassines. Nous commencions à travailler après notre petit déjeuner qui consistait en deux petites boulettes de tsampa. Nous arrivions à la « laverie » au lever du soleil. Il faisait parfois très froid. Et nous travaillions jusqu'à la nuit tombée. Malgré la sévérité des gardiens, nous profitions de leur absence momentanée pour faire une pause. Sinon, à l'exception du repas de midi, nous ne nous interrompions jamais. Nous lavions les vêtements des soldats chinois, parfois ceux des prisonniers. Ceux-ci contenaient tant de poux qu'il fallait les enlever avec une brosse. En veillant à ne pas attirer l'attention des gardiens, qui n'auraient pas manqué de taxer notre attitude de « religieuse », nous nous acquittions de cette tâche au-dessus du sol afin de ne pas tuer les poux dans l'eau bouillante. Lorsque nous étions contraintes de les ébouillanter, les images de ces petites bêtes toutes rouges flottant à la surface de l'eau restaient en moi des jours durant. L'une des sections de Silthog Tang renfermait des prisonniers que les Chinois accusaient de ne pas s'être suffisamment « corrigés ». Ce terme signifiait qu'ils restaient fidèles au Dalaï-Lama, répandant la rumeur qu'il reviendrait un jour au Tibet, que ce pays redeviendrait libre et que les Chinois seraient contraints de partir. Les détenus qui exprimaient leur foi dans la Chine communiste, eux, étaient récompensés par des brosses à dents, des serviettes de toilette ainsi que par le petit livre rouge du président Mao. Et ceux qui étaient véritablement acquis à la cause chinoise voyaient leur peine de prison réduite de plusieurs années. Quant aux Tibétains qui ne se « corrigeaient » pas, ils étaient exécutés.

Un jour, nous fûmes tous appelés dans la cour. On amena six prisonniers sur une sorte d'estrade placée devant nous. Un jeune lama du nom de Guialwa Yungdrung se trouvait parmi eux. Je l'avais rencontré alors que nous étions en fuite dans les collines de Narou. J'avais été frappée par son éloquence et sa passion à défendre notre pays. Mais ce ne fut que lorsqu'il monta sur l'estrade que je compris vraiment l'ampleur de sa personnalité. Les coups avaient bleui son visage. On lui ordonna de se tenir en face de nous, sans parler ni lever les yeux. Un officier se tenait derrière lui.

— C'est un traître, cracha-t-il d'une voix gutturale. Un espion à la solde de l'impérialisme. Un instrument des forces révisionnistes.

Pendant qu'il parlait, Guialwa Yungdrung leva la tête avec peine et, élevant un bras en l'air, cria :

— Puissé-je prendre sur moi toutes les souffrances des prisonniers ! Longue vie au Dalaï-Lama ! Vive le Tibet libre !

L'officier sauta sur lui et lui fourra un morceau de tissu dans la bouche. Deux soldats s'avancèrent et épaulèrent leurs fusils. Guialwa Yungdrung regarda droit devant lui. Ses yeux contemplaient fixement le lointain. Je crus voir ses lèvres murmurer une prière. « Invoque le Bouddha », me dis-je dans un souffle. Deux coups partirent. Guialwa Yungdrung s'effondra sur le côté. Des morceaux de cervelle éclaboussèrent le prisonnier qui se trouvait à côté de lui. Le visage de Guialtsé Rimpotché se dessina devant moi dans toute la douceur de sa compassion. Il se penchait légèrement vers moi et me regardait de ses yeux pleins d'affection et de lumière. Les yeux fermés, j'entendis le glissement du corps que l'on traînait sur les marches de l'estrade. En frappant les marches de bois, les pieds faisaient un bruit sourd. Puis j'entendis le moteur d'un camion qui s'éloignait et la voix de l'officier tonner :

— Voilà le sort réservé à tous ceux d'entre vous qui ne se corrigeront pas.

Quelques semaines plus tard, Tamdin Tcheukyi fut relâchée. Certains prétendirent qu'elle fut libérée parce que son mari avait été capturé dans les collines et que c'était lui qu'ils recherchaient. Mais ils me gardèrent.

— Tu étais l'un des chefs, me dirent-ils.

En fait, j'étais retenue prisonnière davantage à cause du rôle qu'avait joué mon père dans l'organisation de la Résistance, des plans qu'il avait dressés avant sa mort, que pour mes propres agissements. Car j'avais simplement essayé de réaliser certains de ses projets. Mais les Chinois avaient fini par nous confondre et, par devoir envers lui et mon pays, j'en portais la responsabilité comme si j'avais moi-même tout organisé. Je fus ensuite placée dans une section de Silthog Tang appelée Lokheschu. Encadrant une cour, des rangées de bâtiments en brique se faisaient face. Chaque bâtiment comprenait une série de pièces en enfilade aux murs recouverts de plâtre. Et chaque pièce renfermait quinze prisonniers. Les lits consistaient en terre battue légèrement surélevée par rapport au sol. Au fond de chaque salle s'ouvrait une petite fenêtre. Les toilettes se trouvaient à l'extérieur de la porte principale. Pas plus que dans les tentes, nous ne disposions de couvertures ; nos vêtements en tenaient lieu. Les femmes avec lesquelles je partageai une chambrée étaient assignées à une unité de travail. Tous les matins, nous sortions en file indienne. Certaines d'entre nous déblayaient les champs et devaient transporter de la terre et des pierres. D'autres fabriquaient des briques en terre cuite ou construisaient des cellules.

Le travail était dur. Nous n'avions pas assez à manger et tout en travaillant, certaines creusaient la terre à la recherche d'insectes et de vers. De temps à autre, je trouvais une racine que je cachais dans ma tchouba pour la manger le soir, une fois revenue dans la chambrée. Un soir, après avoir arrosé les champs, un prisonnier découvrit une dépouille de cheval. Comme il n'avait pas de couteau, il entreprit de la découper avec une pierre. Dès qu'il eut creusé un trou assez grand pour y passer la main, il se mit à manger tout ce qu'il pouvait en retirer. Ce ne fut qu'après s'être rassasié qu'il sentit la puanteur des excréments. Mais il avait si faim qu'il continua néanmoins à manger tous les viscères qui lui venaient à la main. Il tomba malade le lendemain même et mourut quelques jours plus tard.

Tous les ans, pendant un mois ou deux, les Chinois dirigeaient un programme nommé Guntod Lobjong, ou « Éducation du début de l'hiver ». Lorsque le gardien annonça le début du programme, l'une de mes voisines de chambrée me prévint : « Quand le Guntod Lobjong commence, on souffre encore plus. » Plus il approchait, plus elles devenaient inquiètes. Qui serait pris ? Qui serait puni ? Qui serait exécuté ? Le programme commençait tôt le matin. Les prisonniers étaient réunis dans la cour. Quatre dirigeants chinois s'asseyaient sur des chaises en face de nous. Derrière, des soldats, fusils à la main, nous gardaient. Le premier jour, un officier, petit et gros, la casquette rabattue sur le front, expliqua :

— Le but du programme du début de l'hiver est de vous aider à voir la réalité de votre situation et de changer votre façon de penser. La plupart d'entre vous restent attachés à des croyances ineptes. Mais qu'est-ce que la religion a fait pour vous ? Où sont vos dieux et vos esprits maintenant ? Et où est le Dalaï-Lama ? Il est parti comme un voleur en vous laissant seuls. Les Tibétains en exil en Inde sont en désaccord avec lui. Ils se sont étripés comme des chiens.

À entendre les mots qu'il employait pour qualifier le Dalaï-Lama, j'eus le réflexe de bondir et de gifler son horrible figure rondouillarde. Je m'élançai. Wangzin m'empoigna le bras. Je me rassis en crachant sur le sol.

— Et tout d'abord, nous vous donnons une chance de confesser un crime que vous n'avez pas encore avoué. À quels vains espoirs vous raccrochez-vous ? À quelles pratiques superstitieuses vous livrez-vous ? Quelles rumeurs avez-vous fait courir sur la mère patrie ?

Il marchait de long en large devant nous, désignant du doigt l'un ou l'autre des détenus pour faire de l'effet.

— Vous devez d'abord avouer vos propres

crimes. Puis vous devez dénoncer ceux des autres. Quels crimes les voyez-vous commettre ? Est-ce qu'ils souhaitent que revive le Tibet du passé ? Si vous n'avez pas au moins un ou deux reproches à faire à vos compatriotes — il fit une pause et plissa les yeux — votre silence sera considéré comme un crime à part entière.

Après cet exposé, on nous renvoya dans nos cellules où l'on nous fit asseoir en cercle. Les séances d'autocritique et de dénonciations commencèrent. Ils exigeaient d'abord des aveux : « J'avoue que j'ai pris une boulette de tsampa supplémentaire », « J'avoue que j'ai porté moins de pierres que la charge qui m'était assignée. » Suivait le régime disciplinaire. Les calomnies, les coups. Je prenais garde de ne rien dire contre quiconque. Je pouvais endurer les coups, mais accuser injustement une personne m'était impossible. Quand on me demandait d'accuser les autres, je gardais le silence, même au prix de brutalités supplémentaires. La majorité des habitants du Kham était ainsi. Durs, dignes et fiers. À la fin des séances, les Chinois nous distribuaient un exemplaire du *Tibet Daily* [1]. « Avez-vous une suggestion ou une plainte quelconque ? demandaient-ils. Lisez l'article sur l'Amérique, et comprenez à quel point ils exploitent les masses. Ce sont d'impitoyables impérialistes. C'est à eux que le Dalaï-Lama a demandé de l'aide. » Ensuite, ils nous apprenaient des chansons de propagande.

1. Journal officiel du Parti communiste tibétain entièrement contrôlé par les Chinois et unique organe de presse autorisé au Tibet depuis l'invasion chinoise de 1959.

La spiritualité soutenait la majorité des prisonniers. Nous croyions que le Dalaï-Lama et la communauté en exil étaient unis et qu'un jour ils rentreraient au Tibet. Aussi, lorsqu'on nous demandait des aveux, nous ne mentionnions jamais le Dalaï-Lama ni le Tibet, nous contentant de reconnaître la transgression d'une règle insignifiante. Dans le cadre de « l'Éducation du début de l'hiver », un programme intitulé « Destruction de l'ancien et instauration du nouveau » stipulait qu'il fallait détruire tout ce qui avait un rapport avec l'ancienne civilisation et établir la politique de la Chine communiste. Au cours de ce programme, les Chinois me blâmèrent tout particulièrement, m'accusant de ne pas vouloir changer mes croyances et ma foi, d'être obstinée et « démodée ». Ils m'accusèrent de « saper les forces progressistes du pays », désignant par là les Tibétains qui travaillaient pour les Chinois. Mais quoi qu'ils fassent, je refusai de dire ce qu'ils attendaient. Je ne voulais pas être comme l'insecte Bu Nyima qui tournait toujours sa tête vers le soleil de manière à se sentir toujours bien.

— Comment pouvez-vous appeler ça « éducation » ? On ne reçoit pas d'éducation en prison. C'est de l'endoctrinement ! criai-je un jour qu'ils m'assaillaient d'accusations.

Les coups furent encore plus violents que d'habitude. Puis les « éducateurs » apportèrent des fers qu'ils jetèrent devant moi. Je craignis qu'ils m'enchaînent à nouveau, mais ils ne le firent pas.

— Ton temps d'emprisonnement est allongé de trois ans. Et tu passeras les neuf prochains mois seule dans une cellule, me dit l'officier petit et obèse.

Je fus jetée dans une pièce. Dans l'obscurité, je tombai sur les mains et je sentis la poussière de la terre battue. J'entendis la porte se refermer derrière moi. Puis le grincement lourd de la clef tournant dans la serrure. Je me redressai sur mes genoux, essayant de comprendre où j'étais, mais je ne vis que les ténèbres autour de moi. Mes genoux étaient mouillés. L'humidité pénétrait ma tchouba. Je touchai les murs à tâtons. L'espace était très réduit. À peine plus grand que mon corps. De nouveau je tâtai les parois de mes mains, comme un aveugle essayant de se repérer dans un lieu inconnu. Elles étaient en ciment brut, mais moins humides que le sol. De petites entailles signalaient les endroits où les morceaux s'étaient effrités, et en certains endroits des fissures montaient jusqu'au plafond. Je me relevai lentement de façon à ne pas me cogner au plafond et je découvris que la pièce était tout juste assez haute pour que je me tienne debout. Je m'assis puis me relevai. Je fis quelques pas en avant, en arrière. De petites lignes rouges ondulèrent devant mes yeux. Dans mes oreilles retentit un bruit semblable au vent. Quand je me retournai pour porter mon regard ailleurs, les lignes me suivirent, le bruit s'amplifia. Les murs parurent se rapprocher, le plafond s'abaisser. En proie à la terreur, je portai la main à ma bouche.

— Gourou Rimpotché, aidez-moi, criai-je.

Je tombai à genoux et me mis à sangloter. « Maman, papa, Ani Rigzin. » J'avais un besoin désespéré de ma famille, de ma maison, de

Guialtsé Rimpotché. Après avoir pleuré jusqu'à épuisement, je priai.

Maître vénéré, tel un grand vaisseau traversant
le périlleux océan vers la terre de la libération,
dispersez les ténèbres de l'ignorance...
Tels un père et une mère, accordez votre amour
[à tous les êtres...
Tel un fleuve de compassion,
apaisez les tourments de ceux qui sont pris
dans le cycle des existences de ce monde...
Libérez les êtres de tous les royaumes.
Puissent-ils atteindre la liberté.

Le lendemain, je m'aperçus que la cellule me laissait juste assez de place pour faire des prosternations. Dès que les gardiens eurent déposé mon petit déjeuner et que j'entendis la clef tourner dans la serrure, je commençai. Je me collai contre le mur du fond, portai mes mains au-dessus de ma tête, à hauteur de ma gorge et de ma poitrine, puis je me courbai jusqu'au sol, m'étendant sur toute la longueur de la pièce, les paumes jointes au-dessus de ma tête. Je répétai cet exercice spirituel. Sans relâche. Je priai aussi afin que le mauvais karma accumulé depuis de nombreuses vies, et qui était la cause de ces souffrances, soit purifié. Pour accomplir cette purification, je fis le vœu de me prosterner cent mille fois. Les gardiens m'apportaient à manger tous les deux jours. Je divisais la portion en plusieurs parts : matin et soir, une cuillerée rase de tsampa ; quelques légumes bouillis avec un infime morceau de tsampa l'après-midi. Chaque repas ne faisait pas plus de deux bouchées. Certains jours et sans raison apparente, on me donnait un peu plus de nourriture ; je la faisais alors durer trois jours.

J'étais en permanence plongée dans l'obscurité la plus totale. Seul le bruit des oiseaux me permettait de distinguer le jour de la nuit. Quand je les entendais chanter dehors, je savais qu'une nouvelle journée s'amorçait. Et pour évaluer la quantité de thé dans ma tasse, je devais y tremper mon doigt. Mes relations humaines se limitaient aux Chinois, et principalement au gardien qui apportait mes repas à la porte. Je voyais très brièvement sa main déposer le bol sur le sol. De temps à autre, un fonctionnaire chinois, du nom de Tra Thang Danguia, venait jusqu'au seuil de ma cellule accompagné d'un traducteur. C'était un homme grand et mince ; il portait des lunettes et avait toujours l'air impatient.

— Es-tu prête à reconnaître tes crimes ? me demandait-il chaque fois. Si tu es prête à passer aux aveux, tu sortiras bientôt. Sinon, tu resteras là.

Il clôturait son petit discours en tapant du pied pour montrer qu'il ne plaisantait pas. Je ne répondis jamais.

— Tu resteras enchaînée dans cette pièce noire et tu n'en sortiras plus ! criait-il avec hargne, le visage tremblant de colère. Tu es une réactionnaire imbécile. Tu as la possibilité de te racheter et de te libérer des modes de pensée pernicieux, mais tu gaspilles cette chance. Tu es comme les cochons qui se nourrissent de détritus au lieu de goûter une bonne nourriture !

Après ces menaces et ces réprimandes, il tournait brusquement les talons et repartait. Je me retrouvai à nouveau seule pendant un mois et mes rations étaient diminuées pendant plusieurs jours.

Au fil des mois, mon découragement ne cessa de croître. Pendant mes prosternations, mon esprit était vide. Mais lorsque les douleurs de mon corps causées par le frottement contre le sol rugueux se faisaient sentir, dans l'obscurité totale qui m'enveloppait revenaient les souvenirs de ma maison natale. Dans ces moments-là, ma famille me manquait tellement que la tristesse de son absence se muait en une douleur physique dans mon cœur, comme si une main glacée le pressait de toutes ses forces. Par-dessus tout, je désirais ressentir un contact physique. J'imaginais la peau douce de maman contre la mienne, la main de papa contre ma joue. Parfois, ces images me revenaient si clairement qu'elles paraissaient réelles.

— Il faut lui administrer le traitement de l'eau, dit le médecin qui vient de diagnostiquer la varicelle.

Après son départ, maman et papa étendent une peau de yak sur le sol, me déshabillent et me posent dessus. Maman recouvre mon visage d'un tissu de laine et papa se tient près de moi avec un seau d'eau. Au moment où il s'apprête à le verser, mon oncle entre précipitamment dans la pièce. « Non, non ! Vous êtes tous des sorciers. Vous allez tuer ma nièce ! » s'écrie-t-il.

Thouptèn et Tashi le plaquent au sol puis l'enferment dans la réserve. J'entends le bruit des couverts jetés par terre, les marmites et les casseroles lancées à toute volée contre le mur. « Ils sont en train de tuer ma nièce ! » hurle mon oncle par-

dessus le tintamarre. Au milieu de ses hurlements, l'eau froide se déverse sur moi, rebondissant sur ma peau, brûlant les petits boutons comme autant d'aiguilles.

C'est alors que mon oncle resurgit près de moi. Étant parvenu à enfoncer la porte, il me soulève dans ses bras et essuie l'eau de sa main. Il ouvre le devant de sa tchouba *et me glisse doucement à l'intérieur. « Là, là, ma petite, ne pleure plus, murmure-t-il en me berçant dans ses bras. Voilà, tu es en sécurité. »*

Dans l'obscurité de mes nuits, d'étranges formes apparurent et s'évanouirent. Des monstres à plusieurs têtes, la langue pendante, le sang dégouttant des lèvres. Des êtres aux doigts griffus, pointus et tranchants. Des serpents ailés, crachant du feu. Des oiseaux aux becs pointus et aux ailes de fer aussi grands que des léopards. J'invoquai ma divinité protectrice. « Dordjé Phourba, venez combattre ces démons, protégez-moi. » Je la visualisai dans l'espace devant moi, dotée de ses trois têtes, de ses six mains, avec ses splendides ailes dorées, des rayons de lumière émanant de son cœur. Les corps de ses assaillants gisaient à ses pieds. J'entendais les paroles de Khalé Rimpotché. « Tout en conservant ta vigilance, visualise cet être courroucé et féroce qui pénètre en ton corps, t'emplit de la force de sa puissance, et te permet ainsi d'annihiler tous les obstacles qui se dressent sur la voie de la liberté. Fonds-toi en cette force, en cette puissance. Elle est désormais ton protecteur et le demeurera toujours. » Au fur et à mesure que s'opérait la visualisation, les autres créatures disparurent. Sa présence lumineuse rayonnait devant moi, mettant fin à toutes mes terreurs. Et je dormais particulièrement bien.

Au bout de quatre mois de confinement, je me demandai avec inquiétude si je pourrais terminer les cent mille prosternations que j'avais fait vœu d'accomplir. Chaque jour, je me forçai à en faire davantage. Le manque de nourriture commençait à m'affaiblir. Un jour, alors que j'effectuais ces exercices spirituels, je fus prise de vertige. Il faisait chaud dans la pièce ; je manquais d'air. Je vacillai d'un côté et tombai en avant. Quand je revins à moi, je m'aperçus que j'étais étendue sur la boîte en fer-blanc qui me tenait lieu de pot de chambre. Cette boîte que l'on vidait une fois par quinzaine grouillait de vers. Le contenu s'était répandu sur mes vêtements, sur mon corps et sur tout le sol. Ce soir-là, quand le gardien m'apporta le thé, j'eus tout juste assez de liquide pour me laver les mains. Et ce ne fut qu'au moment de ma libération que je pus me laver et nettoyer mes vêtements. Pendant des jours, les mouches volèrent tout autour de ma tête et fourmillèrent sur mon corps. Je me consolai en pensant que j'étais malgré tout capable de continuer à effectuer mes prosternations.

Quand je n'étais pas en prière ou en train de me prosterner, je me sentais déprimée. Puis la dépression faisait place à la colère. Pour l'affronter, je me remémorai les mots de Guialtsé Rimpotché : « Il n'y a pas de distinction entre ami et ennemi. Il faut les traiter de la même manière. Considérez votre ennemi comme votre maître spirituel. » Je visualisais mon père à ma droite, ma mère à ma gauche, et notre grand ennemi le président Mao Tsé-toung devant moi. Mon père me donnait la force et le courage, ma mère la tendresse et la bienveillance. Mao Tsé-toung se tenait face à moi parce qu'il était pour moi la personne la plus vile du monde. Sa politique avait provoqué la destruction de milliers de temples ; des milliers de lamas avaient perdu la vie, des dizaines de milliers de Tibétains mouraient de faim, étaient battus et exécutés. Par ces actes, il avait accumulé un karma lourd de fautes extrêmement graves. Je priai pour que son karma soit purifié. Mais je ne réussis jamais à me libérer totalement de la colère : dès que je cessais de prier, elle revenait.

Un jour, neuf mois après qu'on m'eut jetée dans cette cellule, je fus relâchée. Quand la clef tourna dans la serrure, je m'attendis à voir la main du gardien poser un bol de nourriture sur le sol. Au lieu de cela, il ouvrit la porte et entra dans la petite pièce. Il me saisit par le bras, me força à me relever, puis me poussa dehors. Le couloir était mal éclairé, mais la lumière était trop forte pour mes yeux. Les murs se mirent à tourner. Mes oreilles bourdonnèrent et je sentis que je commençais à m'écrouler. J'avais l'impression de flotter et de tomber en même temps. Le gardien me prit par le bras et, tout en me tirant et en me poussant, il me guida à travers le couloir jusqu'à un banc, dehors. La lumière frappa mes yeux comme des étincelles de feu. Je ne voyais que des bâtiments rouges et déformés. Je restai assise un moment. Mais des gardiens ne tardèrent pas à me chasser. Quand je retournai à la chambrée que j'avais occupée, ses occupantes étaient dehors en train de travailler. Je m'allongeai sur le lit et regardai fixement l'espace qui m'entourait. Mes yeux avaient du mal à se fixer sur des objets et je les laissai flotter au gré de la lumière et de l'espace. J'étais dans un tel état d'hébétude que je n'avais même pas demandé la raison de ma libération. Mon esprit accepta le changement comme s'il allait de soi. J'avais été détenue, maintenant j'étais libérée. C'était aussi simple que ça.

À l'heure du repas de midi, on m'appela pour que je me remette dans les rangs de ceux qui revenaient des champs. Je traversai les rangs comme dans un rêve. De chaque récipient de nourriture émanaient des lumières, chaque personne était entourée d'arcs-en-ciel. Ils avaient tous un éclat irréel.

Deux femmes de notre chambrée me prirent à part quand les gardes se furent éloignés. Nous étions très heureuses de nous retrouver.

— Nous nous sommes tellement inquiétées pour toi, me dit Tséring Dolma. Ton courage nous a inspirées. Nous avons toutes admiré la façon dont tu as tenu tête aux Chinois.

Au fur et à mesure de notre conversation, je découvris qu'elles avaient souffert au moins autant que moi bien qu'elles n'aient pas vécu l'emprisonnement solitaire dans une cellule obscure. Hormis cela, leurs journées se révélaient aussi épouvantables que les miennes. De temps à autre, une lettre nous parvenait du monde extérieur. Peu après ma sortie de cellule, j'en reçus une d'une femme qui avait été emprisonnée à Silthog Tang avec moi. Elle avait depuis été transférée dans un camp de travail et avait reçu des nouvelles de ma mère. « Votre mère est vivante, elle vit près de Kongpo. Elle travaille au service d'une famille ; elle leur fait la cuisine et la lessive. » Cette nouvelle était tellement inattendue que j'en fus abasourdie. J'imaginais maman, Ani Rigzin et grand-mère vivant ensemble. Pendant des jours je n'eus qu'une préoccupation en tête : trouver un moyen de les rejoindre. Quand j'appris que certaines femmes de ma section allaient être transférées à Kongpo, je m'adressai aux autorités du camp. Je leur exposai que j'avais commis les mêmes crimes que ces femmes, que je travaillais bien et qu'ils n'auraient rien à regretter. Je les suppliai tant et si bien qu'à la fin ils acceptèrent de me transférer.

En chemin vers Kongpo, nous passâmes la nuit dans un temple qui avait été transformé en prison. C'était la fin de l'après-midi et l'air était encore humide de la pluie de la veille. Une légère brise soufflait, l'odeur de l'herbe mouillée et de la terre détrempée me fit soudain prendre conscience que c'était le printemps. C'était la première fois depuis des mois que je pensais aux saisons. Je restai un moment à l'extérieur du camion à jouir de la brise sur mon visage. Je me tenais près des marches du temple et je regardais un groupe d'hommes qui revenaient des travaux des champs. L'un d'eux retint mon attention. Il paraissait âgé, ses épaules étaient courbées en avant, mais au profil de son nez et à la forme de son menton j'étais sûre que c'était Khalé Rimpotché. Je l'appelai. Il se retourna. Une pâle lueur de reconnaissance traversa ses yeux. Il baissa légèrement la tête par me signifier qu'il m'avait reconnue et continua de marcher avec le reste des hommes. Plus tard, dans la cour, alors que j'avais terminé le repas du soir, il vint me trouver. Aatop, un ami de mon père, l'accompagnait. J'eus beaucoup de mal à contenir mon émotion, mais je réussis à les regarder simplement dans les yeux et à leur adresser un signe de tête. En l'observant attentivement, je vis que l'on avait violemment frappé Khalé Rimpotché au visage. Une cicatrice s'étendait de son œil gauche jusqu'au sourcil et sa lèvre supérieure était déformée. Ce Rimpotché que je vénérais tant avait le visage brisé et il portait un pantalon comme le plus commun des Chinois.

— Avez-vous vu ma mère et les deux personnes âgées qui étaient avec elle ? murmurai-je.

Aatop regarda le sol, se balançant d'un pied sur l'autre. Ils restèrent silencieux un moment. Puis Khalé Rimpotché répondit :

— Ta mère va bien... Mais ta tante et ta grand-mère sont décédées. Elles ont été empoisonnées et sont mortes en quelques jours.

La brutalité de ces nouvelles m'abasourdit. Je pleurai, la tête entre les mains. Khalé Rimpotché mit sa main sur mon épaule :

— Nous devrons de toute façon affronter la mort. Il n'y a pas de raison d'être bouleversé puisque nous n'y pouvons rien. Quand le moment est venu, chacun doit mourir, dit-il avec douceur.

Le lendemain, nous continuâmes vers Chundo Dzong, dans la région de Powo. Nous étions huit femmes. Le gardien nous mena dans une chambre du monastère qui avait autrefois été la résidence d'un moine. Elle était petite mais confortable.

Pour la première fois depuis bien longtemps, nous dormions dans de vrais lits.

— On vous a conduites ici pour défricher les champs. Tous les jours, vous devrez les préparer et les labourer. Votre travail contribuera à faire pousser de l'orge et du blé pour nourrir nos troupes, nous expliqua l'officier.

L'idée de faire pousser des céréales qui serviraient aux Chinois me mit en colère, mais je retins ma langue. Le lendemain de notre arrivée, j'allai trouver l'un des membres du personnel. On m'avait assuré que certains gardiens étaient assez gentils et qu'on pouvait les solliciter si l'on avait besoin d'aide. Le gardien auquel je m'adressai était jeune et avait un sourire chaleureux. Quand je lui demandai de rechercher ma mère, il fit un léger signe d'assentiment de la tête et enfouit dans la poche de sa veste le petit bout de papier sur lequel était inscrit le lieu où elle habitait, indication que m'avait fournie Khalé Rimpotché. Pendant toute cette journée, c'est à peine si j'arrivai à me concentrer sur mon travail. Ma main tremblait quand je ramassais les pierres. L'excitation me nouait l'estomac. La pensée que ma mère était si proche me rendait folle d'attente. Plusieurs fois je crus la voir traverser les champs. Mais il ne s'agissait que d'une autre prisonnière, ou d'un buisson. Je regardais sans cesse au loin. « Elle est si près que je devrais pouvoir la voir », pensai-je.

Pourtant rien ne se passa au cours des cinq jours suivants. Je cherchai le gardien, mais je ne le vis nulle part. Il avait peut-être été transféré, ou il avait remis mon message aux autorités. Je devenais chaque jour plus anxieuse. Puis un matin, alors que je m'apprêtais à partir pour les champs, une prisonnière me prévint :

— Ashe Patchèn, le jeune gardien te cherche.

Je me dépêchai. Je courus dans le couloir du temple. Mon cœur battait dans ma poitrine. J'arrivai à la porte du temple et je regardai la route qui s'étendait en contrebas, vide et bordée de buissons d'orties. Puis j'aperçus un mouvement derrière l'un des buissons. Une femme scrutait à travers les branches. Quelques minutes plus tard, elle apparut aux côtés du gardien. Ses vêtements étaient en haillons. Elle portait une tchouba noire, sans chemise en dessous, comme les habitantes du Kongpo. Ses cheveux étaient emmêlés et hirsutes. Elle était voûtée et s'appuyait sur une canne. Elle fixa mon visage avec intensité comme si elle essayait d'en absorber chaque partie.

— Maman !

Le mot s'étrangla dans ma gorge. Elle avança vers moi en trébuchant. Son visage avait vieilli au cours de ces quatre années de séparation. « Maman, c'est bien toi ? » murmurai-je d'une voix à peine audible quand elle fut devant moi. Sa bouche esquissa le demi-sourire familier. Je me jetai dans ses bras en sanglotant. Elle me serra contre elle en me caressant les cheveux.

— Ne pleure pas. Je t'ai apporté à manger, chuchota-t-elle.

Le gardien nous permit de nous asseoir sur les marches et de parler un moment. Puis il revint lui ordonner de partir, mais elle le supplia de nous accorder encore un peu de temps et il accepta à contrecœur. Elle me raconta ce qui s'était passé depuis que nous avions été séparées.

— Le jour où ils t'ont emmenée, nous sommes restées à Rok avec d'autres personnes âgées et des enfants en bas âge. Nous étions libres, mais nous ne savions pas quoi faire. Les autres ont décidé d'aller au village de Tramo Dzong dans la région de Powo où ils avaient entendu dire que les conditions de vie étaient meilleures. Nous nous sommes jointes à eux. Nous avons traversé le col de Doungla sous une tempête de neige, en portant tout ce que nous possédions sur notre dos. La traversée a été longue et très dure. Pendant la montée, la neige était si haute qu'elle nous recouvrait presque entièrement. Ta grand-mère et moi, nous avons eu beaucoup de mal à arriver jusqu'au sommet. Ça n'a pas été moins difficile pour Ani Rigzin. Nous avons passé la nuit au sommet et nous sommes redescendues le lendemain matin. Mais nous ne pouvions plus marcher parce que nos pieds avaient gelé pendant la nuit. Nous avons dû faire toute la descente en glissant et en roulant. Même dans ces circonstances extrêmes, nous avons réussi à survivre. Quand nous sommes arrivées à Tramo Dzong, nous n'avons pas osé vendre nos bijoux de peur que les villageois et les Chinois n'apprennent que nous appartenions à la noblesse. Nous les avons gardés attachés autour de la taille. Nous n'osions pas non plus changer de vêtements, de crainte d'attirer l'attention sur nous. Une des familles avec laquelle nous voyagions nous a pris à son service. Pendant la moisson, nous l'avons aidée à récolter l'orge. Le reste du temps, nous mendiions de la tsampa auprès des autres villageois. Pendant un an, nous avons survécu ainsi.

Elle s'arrêta et son regard se perdit un moment

dans le vague, comme si elle essayait de remettre de l'ordre dans ses pensées. Elle essuya une larme du revers de la main et poursuivit.

— Au bout d'un an, les Chinois ont découvert que nous appartenions à une famille de propriétaires terriens et ont payé une Tibétaine pour nous éliminer. Un jour, elle nous a apporté des boulettes de tsampa et de beurre bien préparées. Toujours reconnaissantes de ce que l'on nous donnait, nous les avons partagées entre nous trois. Mais à peine les avait-on avalées que nous avons été prises de terribles maux d'estomac. La famille qui nous employait a tout de suite compris que nous venions d'être empoisonnées et a envoyé chercher un médecin. Nous étions inconscientes. Le médecin a réussi à nous ramener à la vie, mais nous ne pouvions pas parler. Ta grand-mère paternelle n'a survécu que deux jours. Ani Rigzin a résisté quelques jours de plus. Avant de mourir, elle m'a beaucoup parlé de toi. Elle disait que si elle pouvait te voir, ce serait aussi consolant que de voir ton père. J'ai pu m'en tirer. Quelques jours après la mort de ta grand-mère et d'Ani Rigzin, j'ai rassemblé mes forces pour les porter jusqu'au fleuve sur mon dos et les y jeter. Personne d'autre ne l'aurait fait par crainte des Chinois.

Elle se mit à pleurer et je la tins très fort dans mes bras. Puis le gardien arriva pour l'emmener. Cette nuit-là, j'éprouvai une telle douleur que je ne pus dormir. Je revoyais sans cesse la petite silhouette courbée de ma mère portant grand-mère sur son dos. Je voyais son corps tomber dans le fleuve, dériver lentement... J'entendais Ani Rigzin qui m'appelait : « Ashe... Ashe... »

J'étais malade de n'avoir rien pu faire pour elle. Je n'avais même pas pu leur donner un bon repas. Tous les dimanches ma mère venait me voir. Les autres jours quand je travaillais aux champs avec les autres femmes, je l'apercevais souvent, un panier sur le dos, en train de me regarder. Elle me souriait. Elle ressemblait si peu à la mère que j'avais connue : courbée pour ramasser la bouse des animaux qu'elle mettait dans son panier, ses vêtements en loques, elle avait l'air d'une servante ordinaire, d'une mendiante.

Au bout d'une année passée dans la région de Kongpo, on m'informa qu'on me ramenait à Chamdo. Sans aucune raison, comme d'habitude. Je suppliai le gardien de me permettre de voir ma mère une dernière fois. Encadrée dans une file de prisonniers, je passai la porte du monastère. Ma mère n'était nulle part. Deux soldats chinois ouvraient la marche et deux autres la fermaient. Quand notre colonne s'ébranla le long du chemin, l'un d'eux désigna les buissons sur le bas-côté et s'écria :

— Que fait cette vieille femme là-bas ?

J'aperçus alors ma mère qui nous observait. Le soldat se montra compréhensif car il lui fit signe de nous rejoindre et lui permit de nous accompagner jusqu'au village de Dzonga. Quand nous arrivâmes à l'endroit où nous devions attendre les camions, le soldat nous permit de rester toutes les deux seules quelques instants. Maman me donna un sac de tsampa. Je lui tendis une paire de chaussures et quelques vêtements que j'avais réussi à rassembler auprès d'autres prisonniers.

— Il y aura bien un moment où nous sortirons de prison. Je viendrai te chercher. Et je veillerai sur toi. Je t'apporterai les vêtements les plus chauds. Je te donnerai la meilleure nourriture. Tu n'auras plus jamais faim.

Je sanglotais tout en parlant. Maman, elle, se retenait de pleurer. Ses lèvres tremblaient et elle plissait les yeux.

— Tu te rappelles l'époque où nous sommes allées voir Guialtsé Rimpotché ? lui dis-je en lui prenant les mains. Tu te souviens des enseignements qu'il nous a donnés ? Ne pense pas aux choses qui n'ont pas d'importance. Le point essentiel est de demeurer dans un état de clarté. Pense aux enseignements et mets-les en pratique. Ne pense pas à moi.

Les larmes ruisselaient maintenant le long de ses joues. Elle mit sa tête sur ma poitrine qu'elle embrassa. Puis elle posa doucement sa tête sur mes seins et nous restâmes ainsi un moment silencieuses. Quand enfin elle releva son visage, elle me parut si malheureuse qu'il me fut difficile de soutenir son regard. Elle agrippa mes mains. Puis elle regarda autour d'elle comme si elle cherchait quelque chose d'autre à me donner. « Je vais chercher du beurre. Ça te donnera des forces », murmura-t-elle en essuyant ses larmes. Avant même que j'aie pu l'en dissuader, elle était partie. Je regardai sa petite silhouette en haillons disparaître au bout du chemin. Peu après son départ, les camions arrivèrent et les soldats commencèrent à nous faire monter.

— Attendez, ma mère est allée chercher du

beurre. Attendez un peu, elle va arriver, demandai-je d'un ton désespéré.

Mais ils n'attendirent pas. Ils m'ordonnèrent de monter dans le camion et nous nous mîmes en route. Je regardai dehors par la vitre arrière. Des gens marchaient sur le bord du chemin, mais ma mère ne se trouvait pas parmi eux. Je ne la revis jamais.

9

Prison II – 1965-1980

« — Ne porter que les vêtements qui vous sont délivrés. Se raser la tête.

— Pour s'adresser aux officiers et aux soldats, parler à une distance de cinq pas, jamais en face ni de près.

— Aucun prisonnier n'est autorisé à s'occuper d'un autre prisonnier. Si un tel incident se produit, le rapporter immédiatement.

— Traiter les instruments de travail avec soin. Travailler plus que le quota requis.

— Accepter que le Tibet fait partie intégrante de la Chine.

— Réformer vos pensées.

— Obéir aux autorités.

— Respecter ces règles. »

— Drapchi est la première vraie prison de la région autonome du Tibet, poursuivit l'officier après la lecture des consignes. — C'était un homme de petite taille au visage jaunâtre et crevassé par la petite vérole. — Drapchi ne ressemble pas à

Chamdo ni à aucune des prisons où vous êtes allés. C'est une véritable prison.

Il fit sèchement claquer les talons de ses bottes, puis se tourna et commença à marcher de long en large devant nous. Il parlait d'une voix monotone. J'avais déjà entendu vanter les vertus de la mère patrie, aussi perdis-je tout intérêt pour les propos qu'il tenait. Je jetai des regards prudents autour de moi. La pièce où nous nous trouvions était grande et nue, à l'exception de quelques tables et chaises. Deux boules rondes étaient suspendues au plafond par des fils, éclairant l'espace comme deux soleils miniatures. Je n'avais jamais rien vu de tel et je ne pouvais m'empêcher de les regarder.

— La prison est divisée en cinq sections, continua le fonctionnaire d'une voix rauque et aiguë. Les hommes iront dans la deuxième division, les femmes dans la troisième. Chacun d'entre vous sera consigné dans des cellules regroupant huit prisonniers. On va maintenant vous attribuer vos uniformes et vous conduire dans vos sections respectives.

On nous emmena dans une pièce plus petite au bout du couloir. Hormis une table sur laquelle s'empilait un tas d'uniformes à droite de la porte, elle était vide. Une vieille Chinoise se tenait derrière la table. Au moment où j'entrai, elle me fourra une sorte de ballot noir dans les mains et me désigna du doigt un coin de la pièce. Je m'y rendis et restai immobile. La tchouba que je portais au moment de mon arrestation, cinq ans plus tôt, était devenue une sorte de seconde peau. Je répugnais à l'enlever. Comme j'essayais d'ôter une manche, le tissu résista. C'était une sensation étrange, comme si j'abandonnais une partie de mon corps. Les fils bruns de la manche au tissage jadis serré s'étaient détendus et, par endroits, la laine élimée était aussi fine qu'une feuille. Je la frottai entre mes doigts comme je l'aurais fait avec mon chapelet. Le tissu était demeuré doux au toucher, aussi moelleux que lorsque j'avais mis ma tchouba pour la première fois.

« Tenez-vous droite, Lemdha Patchèn. » Le tailleur tire l'ourlet de la tchouba, mais je bouge, me haussant sur la pointe des pieds. Il se relève et laisse tomber ses bras en signe d'exaspération. À la vue de son visage rouge et ruisselant, je me mets à glousser. « Ashe Patchèn ! Tu as maintenant dix-huit ans. Arrête de te conduire comme une petite fille. » Ma mère me rappelle à l'ordre du fond de la pièce. Je repose mes pieds à plat sur le sol, mais dès que le tailleur s'agenouille, je les relève à nouveau. Incapable de me contenir, j'éclate de rire.

Maman traverse la pièce et se campe devant moi. « Si tu continues à te conduire comme ça, tu garderas la tchouba que tu as portée les six derniers mois. Si tu en veux une nouvelle, arrête de taquiner Guédoun Sonam et tiens-toi tranquille », me dit-elle en fronçant les sourcils.

— Dépêche-toi ! Tu dois aller dans ta cellule, me cria la Chinoise assise à la table.

J'enlevai lentement la seconde manche et je sentis la tchouba glisser le long de mon bras et tomber sur le sol. Je dépliai le ballot de linge. Il contenait une chemise et un pantalon. J'enfilai la chemise. Le tissu était rêche et les manches trop courtes. Je ne parvins pas à enfiler le pantalon.

— Dépêche-toi ! cria de nouveau la vieille femme.

Je passai un pied dans une jambe et faillis tomber en essayant d'enfiler la seconde. La femme me fit signe d'aller vers la porte. En commençant à marcher, je m'aperçus que le pantalon frottait contre ma peau. J'essayai de marcher les jambes écartées, mais quelle que fut la façon dont je me tienne, le tissu rugueux me gênait. Maintenant mes jambes sont entravées par des fers de tissu, pensai-je en traversant gauchement la salle. Je me promis de remettre ma tchouba dès que je le pourrais. Le visage de la Chinoise ressemblait à celui d'une statue ; elle regardait droit devant elle. Je lui jetai un regard renfrogné. J'aurais voulu enlever ces vêtements et les jeter. Au lieu de cela, je quittai la pièce, irritée. Un gardien nous attendait à l'extérieur et mena notre groupe de huit prisonnières dans le couloir puis dans la cour principale. Le jour venait de se lever et le ciel était gris. La pluie menaçait. Un vent froid soufflait des montagnes et je me serrais dans ma chemise. À la différence des tchouba qui étaient taillées très près du corps, celle-ci ne fournissait aucune protection : quelle que fût la manière dont je la rabattais contre moi, le vent passait à travers. Une allée séparait des bâtiments en ciment entourés de murs. L'une des femmes qui avait déjà été emprisonnée ici nous désigna les différentes sections.

— Tout au bout, c'est la cinquième section, où sont détenus tous les lamas et les membres du gouvernement. Là-bas — elle désigna les trois bâtiments sur la gauche — c'est la première division, où vivent les prisonniers condamnés à vie. La deuxième et la quatrième sont réservées aux hommes et, à droite, c'est la troisième section où sont emprisonnées toutes les femmes.

Les toits de chacune de ces unités limitaient la vue. Tout était froid et gris. Au fil du temps je finis par m'y habituer. Comme nous nous approchions des murs de notre section, Tséring Dolma me donna un coup de coude et me fit signe de regarder vers la gauche. Par-delà les murs de béton et les fils barbelés, j'aperçus dans le lointain un scintillement doré, si léger que je crus qu'il s'agissait de nuages. Je plissai les yeux et les formes devinrent plus précises. D'un toit d'or jaillissaient des pinacles, en or eux aussi, et, en dessous, une bande rouge. « Le Potala ! » murmurai-je. Tséring Dolma acquiesça. Un instant, j'oubliai totalement le lieu où je me trouvais et je fixai intensément le palais de Sa Sainteté. Depuis mon enfance j'avais entendu parler de Lhassa et du grand Potala. « Le palais du Potala est un spectacle qu'il faut contempler », avait déclaré mon père en revenant de son entrevue avec Sa Sainteté.

Notre cellule pouvait contenir huit personnes. Elle comprenait des couches étroites en terre battue à l'extrémité desquelles était posé un mince drap de coton. Le sol était dur et froid et les murs rugueux. « Il y a au moins un semblant de literie », me consolai-je en voyant les draps. Une rangée de cellules s'échelonnait le long du couloir au bout duquel une petite pièce servait de toilettes. J'arrivai à Drapchi en 1965. Je devais y passer les onze années suivantes.

Le premier jour, on nous appela pour le rassemblement devant nos bâtiments respectifs. On nous ordonna de nous aligner en file indienne, encadrée par un soldat à l'avant et un autre à l'arrière. Une Chinoise nommée Choungla se tenait près de la porte de la prison et nous inspectait au fur et à mesure que nous sortions. Comme nous nous rapprochions d'elle, elle nous barra le passage.

— Qu'est-ce que c'est que ça ? s'écria-t-elle en désignant des femmes qui portaient encore la tchouba. On vous a donné des vêtements, pourquoi ne les mettez-vous pas ?

Le traducteur tibétain répéta ses propos en gardant le regard baissé sur le sol.

— Qu'est-ce qui se passe dans votre vieille cervelle ?

La surveillante prononça ces mots d'un ton perçant tout en plissant les yeux.

— Enlevez-moi ces haillons tibétains et mettez la tenue qu'on vous a donnée. Elle est plus pratique pour travailler.

Elle éleva la voix et l'une des veines de son cou se gonfla. J'avais envie de sauter sur elle, de serrer mes mains autour de sa gorge et de la secouer. J'avais envie de la frapper au visage du revers de ma main. Au lieu de cela, je me tins immobile en regardant le sol.

— Vous n'avez pas honte de protester ! Alors pourquoi avez-vous honte de porter de bons vêtements ? Retournez vous changer sinon vous serez punies !

Les prisonnières retournèrent dans leur chambrée revêtir l'uniforme chinois. Nous avions l'impression de trahir notre pays et le Dalaï-Lama.

Nous nous sentions dépouillées de notre culture. J'étais convaincue que les Chinois nous obligeaient à porter du noir car ils savaient que c'était la couleur que nous aimions le moins. Leur but était de détruire le Tibet et notre loyauté envers le Dalaï-Lama. Ils s'employaient à annihiler nos coutumes, nos pratiques spirituelles et même nos habitudes vestimentaires.

Au fil des années, le rythme de nos journées resta le même. Tous les matins on nous réveillait de bonne heure pour faire de la gymnastique. Nous devions courir de long en large dans la « cour ». Ensuite, on nous emmenait travailler à la briqueterie près du monastère de Séra, l'un des trois principaux ensembles monastiques autour de Lhassa. Certains creusaient la terre, d'autres la mélangeaient à de l'eau pour obtenir de l'argile, d'autres encore la faisaient cuire pour obtenir des briques. Lorsque les briques étaient cuites, nous les transportions à Drapchi. Chacun d'entre nous devait porter dix briques. Si nous tentions d'en porter moins, nous étions punis. Nous travaillions pendant de longues heures et on nous donnait juste assez de nourriture pour renouveler nos forces. Peu à peu, nos corps s'affaiblirent. Un jour, je m'évanouis au cours des exercices de gymnastique. Quand je repris conscience, un gardien se tenait au-dessus de moi en criant : « Debout ! Continue à courir. » C'est à ce moment que j'ai commencé à être malade : je fis de la rétention d'eau dans les jambes. Mes cuisses enflèrent au point de frotter l'une contre l'autre quand je marchais, m'empêchant de suivre les autres. Quand je restais à la traîne, les gardiens m'ordonnaient d'accélérer. Je m'affaiblis de plus en plus et bientôt je ne pus plus porter qu'une ou deux briques à la fois. Mais ils ne me laissaient ni m'asseoir ni m'arrêter. Lorsque je compris que j'étais incapable de continuer, je demandai la permission de me rendre à l'hôpital. À ma grande surprise, on me l'accorda.

Une Chinoise, la doctoresse de l'hôpital, se montra gentille avec moi.

— Votre maladie est grave. Outre la rétention d'eau, vous souffrez de congestion cardiaque. Vous devez rester à l'hôpital, me dit-elle.

Puis elle me donna une lettre pour mon chef de section. Lorsque je la remis à celui-ci, il me l'arracha des mains et me réprimanda durement :

— Pourquoi es-tu allée à l'hôpital pour une maladie si bénigne ?

Je ne répondis pas et retournai travailler. Un peu plus tard, il vint me trouver.

— Prends tes vêtements et va à l'hôpital, m'ordonna-t-il, comme si cette décision émanait de lui.

L'hôpital était petit. Je restai alitée la plupart du temps. Au début, je me sentais si faible que je ne pouvais que regarder fixement dans le vide. Je remarquai une longue fissure au plafond. Je m'imaginais que c'était la main d'une divinité. Ou une petite main noire couverte de cheveux. Elle semblait se tendre légèrement en avant, puis se raviser très vite. Peut-être quémandait-elle de la nourriture. L'assistant médical était un prisonnier, le favori des gardiens. Au lieu des dures tâches manuelles, on lui avait permis de travailler là. Chaque fois qu'il s'avançait vers mon lit, je le fixais droit dans les yeux et je pinçais les lèvres.

« Traître », murmurais-je entre mes dents. « Retourne-toi, que je te fasse ta piqûre », répondait-il en me poussant l'épaule. Je me tournais sur le côté, l'air renfrogné. Beaucoup de prisonniers souffraient de maladies cardiaques, mais nombre d'entre eux avaient aussi perdu la raison. Deux lits plus loin, une femme gémissait jour et nuit. Parfois, elle s'asseyait sur son lit et hurlait : « Ne frappez pas mon enfant ! » Une autre riait sans cesse, poussant de temps en temps un cri perçant. La doctoresse était patiente et ne s'emportait jamais, mais je voyais bien qu'elle était parfois à bout. Je restai trois mois à l'hôpital. Je fus bien traitée et peu à peu l'enflure de mes jambes se résorba. Les deux premiers mois, je gardai le lit, mais le troisième, je pus faire lentement le tour de la chambre. Quand je me sentis presque rétablie, je prétendis que j'étais encore très faible pour ne pas retourner travailler. Sans les soins de cette gentille doctoresse, je serais sans doute morte. On m'a dit que la montée d'eau dans le cœur est fatale.

Quand je réintégrai ma cellule, Tséring me donna des nouvelles de Guialtsé Rimpotché, mon maître vénéré.

— Rimpotché a été emprisonné seul dans la pièce du monastère qui abritait autrefois le moulin à prières [1]. Les soldats l'avaient détruit et la pièce était vide, la porte fermée de l'extérieur. Le lende-

1. Outre les petits moulins à prières qui ornent les cours ou bordent les murets, il y a dans les monastères une ou parfois plusieurs pièces qui abritent un à trois gigantesques moulins à prières, pouvant atteindre deux mètres de hauteur.

main, on a trouvé Rimpotché dehors. Beaucoup de prisonniers l'ont vu et la nouvelle a circulé. Le gardien a cherché à savoir qui avait déverrouillé la porte. On a ensuite transféré Rimpotché dans une autre prison, à dos de yak, les menottes aux mains, entouré de gardiens et d'officiers, tous armés. Au cours du voyage, ses menottes se sont ouvertes. Et chaque fois qu'on les lui remettait, elles s'ouvraient à nouveau. Le matin venu, ils se sont arrêtés pour dresser la tente. Les gardiens sont allés ramasser du bois pour faire un feu, mais il n'était pas assez sec et il a été impossible de l'allumer. Alors, ils l'ont appelé : « Lama, nous avons entendu parler de vos grands pouvoirs. Nous vous défions de faire brûler ce bois. » Puis ils sont rentrés dans leur tente. Quand ils en sont ressortis, le feu brûlait à belles flammes. Le lendemain à la prison, ils ont enfermé Rimpotché dans une chambre avec huit prisonniers dont deux lamas. Rimpotché a annoncé à ses compagnons qu'il était désormais inutile qu'il reste vivant plus longtemps et qu'il allait quitter cette vie. Les deux lamas lui ont répondu : « Si vous mourez, nous vous suivrons. » Le lendemain, tous les trois étaient morts. Les autres prisonniers n'ont rien dit aux gardiens. Mais trois jours plus tard, ceux-ci ont découvert les corps. Rimpotché était assis en tailleur, le dos bien droit. L'un des gardes lui a donné un coup de pied et a retiré le matelas sur lequel il se trouvait, mais le corps n'a pas bougé. Comme s'il flottait. Les Chinois ont pris le corps et l'ont jeté dans le fleuve. Il est resté à la surface dans la même position sans s'enfoncer. Une semaine plus tard, un arc-en-ciel s'est dessiné là où il était resté assis.

Puis un orage a éclaté alors qu'à cette époque de l'année il n'y en a généralement pas. Dans la région, un lama a vu l'orage et a dit : « Guialsté Rimpotché est parti. »

Je compris que Guialtsé Rimpotché avait atteint le corps d'arc-en-ciel. Au moment de sa mort, les agrégats composant son corps avaient retrouvé leur nature lumineuse et s'étaient dissous dans en une lumière d'arc-en-ciel. Ce récit me rappela que le corps n'est qu'une chose éphémère. Au-delà de cette enveloppe, une autre réalité perdure. Quoi que les Chinois fassent subir à mon corps, ils ne peuvent atteindre cette essence. Elle se situe au-delà de l'existence physique. Cet événement me donna de l'espoir.

— Mao est notre père.

Une Chinoise se tenait devant nous. Elle s'appelait Li. C'était l'un des chefs de la section des femmes. Malgré son visage avenant, tout le monde savait qu'on ne pouvait pas lui faire confiance.

— Répétez après moi, ordonnait-elle en agitant ses longs doigts fins dans l'air. « Mao est notre père. »

Je vérifiai qu'aucun gardien ne nous observait et je crachai par terre. Tséring me poussa du coude et me lança un regard de côté pour me recommander la prudence. Parmi les prisonniers qui m'entouraient, certains remuaient les lèvres, mais beaucoup restaient silencieux. Je crachai à nouveau en regardant Li d'un air de défi.

— Mao Tsé-toung est le plus grand leader du monde. Répétez après moi, reprit-elle.

— Comment sait-elle qu'il est le plus grand ? chuchotai-je à l'oreille de Tséring.

Je fermai les yeux en imaginant le visage de Sa Sainteté.

— Aujourd'hui, le président Mao encourage l'honnêteté, poursuivait Li d'une voix doucereuse. Il veut que chacun d'entre vous exprime ses doutes au sujet du Parti communiste et critique les conditions de détention. Si vous avouez, vous bénéficierez d'un traitement plus clément.

De retour dans notre chambrée, nous apprîmes par la rumeur qu'à l'extérieur de la prison les jeunes soldats chinois s'étaient livrés à des actes de violence dans les rues, détruisant toutes nos statues religieuses et brûlant tous les textes sacrés qu'ils avaient trouvés. Ces jeunes recrues étaient en proie à une folie destructrice que rien ne pouvait arrêter. Elles s'étaient même retournées contre leurs supérieurs. C'était le début de la Révolution culturelle. Nous étions en 1966. Au cours des mois suivants, un fonctionnaire nous donna des leçons de politique.

— Le président Mao élimine les ennemis du Parti communiste. Vous devez éliminer vos idées rétrogrades.

Il annonça de nouvelles règles.

— Il est interdit de parler tibétain. Il est interdit de porter des vêtements tibétains. Il est interdit de pratiquer les coutumes tibétaines. Il est interdit d'entretenir un mode de pensée caduc.

Ses paroles faisaient écho à la nouvelle politique chinoise prescrivant l'abandon des « Quatre Vieilles » : culture, coutumes, habitudes et pensées. Les gardiens avaient reçu l'ordre de fouiller la prison et de confisquer tout objet considéré comme tibétain. Les quelques vêtements, les chaussures et les bols en bois qu'ils trouvèrent furent empilés dans la cour et brûlés. Des événements semblables se déroulaient dans tout le Tibet. Les Chinois dépouillèrent les monastères et les maisons des statues sacrées qui y avaient été rassemblées tout au long d'un millénaire. Et ce qu'ils ne purent voler, ils le détruisirent. Nos murs « de pierres à mani » servirent à paver les routes, nos textes sacrés furent brûlés, notamment ceux des grands monastères de Séra, Gandèn et Drépoung. Gandèn avait été construit par le grand maître Tsongkhapa [1] au XIVe siècle et certains des textes détruits étaient même antérieurs à cette époque. Pendant des semaines, la fumée emplit l'air. Celle qui s'élevait au-dessus du monastère de Séra me fut plus pénible que les coups. « Dordjé Phourba, venez en aide aux enseignements. »

Notre journée de travail se terminait par les séances d'études quotidiennes consacrées, entre autres, à la lecture du *Petit Livre rouge* de Mao. On nous projetait aussi des films montrant le président en train d'inspecter des troupes. Au moins une fois par semaine avaient lieu des séances spéciales de confessions et de critiques. Les séances normales d'autocritique se poursuivaient, moins dures qu'à Chamdo toutefois. « Quel est ton crime ? Est-ce que tu t'es améliorée ? As-tu abandonné tes espoirs inutiles ? T'es-tu corrigée ? » J'étais souvent l'objet de ces interrogatoires.

1. Tsongkhapa (1357-1419), grand maître et érudit dont la sagesse rayonna sur tout le Tibet, fonda la lignée Guélougpa.

Pendant la même période, l'endoctrinement s'intensifia. L'une des prisonnières qui m'avait vu lire *Shédja*, un magazine tibétain entré clandestinement dans la prison, me dénonça à Li. Je fus accusée de nourrir des « espoirs vains », c'est-à-dire d'espérer que le Dalaï-Lama reviendrait au Tibet qui serait à nouveau un pays libre. On m'accusa également de ne pas être une travailleuse assidue ni une prisonnière idéale et de ne pas critiquer les autres détenues.

On me battait parfois, mais ces mauvais traitements n'avaient rien de comparable avec les tortures de la prison de Silthog Tang.

— On fait cela pour t'aider. Pour t'aider à t'améliorer, disait Li en souriant.

Chaque fois que les soldats arrivaient dans le couloir et nous ordonnaient de nous mettre en rang pour assister à une réunion, je tremblais intérieurement, craignant qu'on ne m'appelle. Chaque fois je me demandais si on allait me tuer. S'il ne se passait rien, je me détendais jusqu'à la prochaine venue des soldats. À Drapchi, pas un seul jour je n'eus l'esprit tranquille. Tous les prisonniers vivaient dans cette même hantise.

Les jours s'écoulaient, devenant des années. Un jour, vers la fin de l'année 1970, je rencontrai par hasard une femme à l'extérieur des toilettes. C'était la fin de l'automne et le soleil filtrait à travers la brume légère. La lumière inondait la prisonnière en soulignant toutes les marques de son visage, les rides et les cicatrices sur son front et sur ses joues. Lorsqu'elle sourit, je m'aperçus qu'elle n'avait plus de dents. Je m'approchai. Elle s'inclina légèrement en signe de salutation.

— D'où venez-vous ? Comment vous appelez-vous ? murmura-t-elle.

— Je m'appelle Patchèn ; je viens du district de Gonjo dans le Kham. Et vous ?

— Je m'appelle Kundéling Kunsang.

En apprenant son nom, j'inclinai la tête en signe de respect. J'avais entendu dire que Kundéling Kunsang venait d'arriver à la prison de Drapchi. Mais nous étions tellement confinées et surveillées que je n'avais pas eu l'occasion de la rencontrer. Tout le monde avait entendu parler d'elle dans la prison. Elle avait organisé une grande manifestation de femmes à Lhassa plusieurs jours avant la fuite du Dalaï-Lama en Inde. Le courage avec lequel elle tenait tête aux Chinois forçait l'admiration. Je regardai son visage enflé et tuméfié. Qui aurait cru qu'elle venait d'une des plus grandes familles aristocratiques de Lhassa ? Avec ses cheveux coupés ras et ses vêtements chinois en haillons, elle ressemblait à une mendiante.

— Vous nous avez donné espoir, lui dis-je en joignant rapidement les mains en un nouveau geste de déférence.

Elle répondit par un simple signe de la main.

— On se donne de l'espoir mutuellement.

— Quelles sont les nouvelles ? Est-ce qu'on va nous libérer ? Va-t-on mourir ici ?

— Oh non, non. Ne dites pas ça ! Vous êtes jeune. Sa Sainteté est en Inde. Un jour, le Tibet retrouvera son indépendance. Il y a malgré tout des choses positives, des gens qui œuvrent pour notre cause.

Elle me regarda dans les yeux. Son visage était défiguré, mais son regard était clair et déterminé.

L'espace d'un moment, son expression me redonna espoir.

— Gardez toujours la force d'âme, chuchota-t-elle.

Puis elle pressa mes mains dans les siennes et disparut dans le couloir.

Après cette rencontre, nous nous vîmes assez souvent. Nous échangions parfois quelques mots à l'extérieur des toilettes.

— Ah, Patchèn, on se ressemble, toi et moi : on refuse d'être brisées, disait-elle souvent.

Quand nous allions à l'hôpital pour y être soignées, nous nous arrangions pour en rapporter un peu de nourriture. Un jour elle me donna deux petits morceaux de viande que je fis durer en ne mangeant qu'une petite bouchée chaque soir. Parfois, quand je me lavais les cheveux, elle arrivait derrière moi et me donnait une tape amicale dans le dos en témoignage d'affection. Bien que nous prenions soin l'une de l'autre, nous ne pûmes jamais nous lier d'amitié. Un tel lien était impossible en prison. Sa renommée lui valut de sévères restrictions. Théoriquement, personne n'avait le droit de lui parler. Si les gardiens nous surprenaient en train de bavarder, ils nous harcelaient de questions des jours durant. « Que disiez-vous ? Que complotez-vous ? » Nous ne leur avons jamais répondu.

Un matin, les soldats vinrent nous chercher comme d'habitude pour que nous assistions à une réunion dans la cour. Le ciel était couvert ; il pleuvait par intermittence. J'en avais tellement assez des discours interminables du Parti communiste que, tête baissée, je bousculai les gardiens en passant la porte. Nous étions entassés devant l'estrade. Quand j'entendis l'officier monter sur la plate-forme, je refusai de lever la tête. Mais lorsque je perçus les pas des autres prisonniers, je leur jetai un rapide coup d'œil. Ils étaient environ vingt à trente, placés en rang. Chacun portait autour du cou une planche de bois sur laquelle étaient inscrits des mots dans une langue que je ne comprenais pas. Sur le dos de certains un petit morceau de bois indiquait qu'ils allaient être exécutés. Désespérée, je secouai la tête en signe de dégoût. L'officier lut à haute voix les charges retenues contre eux puis il nous ordonna de crier : « Les opposants à la révolution doivent être mis à mort ! » Les chefs de cellule et les Tibétains que les Chinois favorisaient commencèrent à hurler : « Mort aux ennemis de la révolution ! »

— Regarde ! me chuchota une de mes compagnes près de moi.

Du regard elle me désignait une femme sur l'estrade. Son visage était couvert de meurtrissures récentes et ses yeux tellement enflés qu'ils étaient fermés. Sur sa nuque pendait le petit morceau de bois. « Kunsang ! » Je faillis hurler, mais son nom s'étrangla dans ma gorge en un gémissement. L'officier sur l'estrade énumérait les noms, dénonçait les « crimes » et rendait les verdicts. Mort, emprisonnement à vie, extension d'une condamnation. Il arriva à Kunsang.

— Kundéling Kunsang. Crime : contre-révolutionnaire. Ennemie de la mère patrie. Chef réactionnaire. Verdict...

Je regardai Kundéling Kunsang. Elle releva la tête.

— Mort, dit l'homme avant de passer au suivant.

Kunsang se tenait immobile. Son visage enflé respirait le calme. Elle ne tressaillit pas quand on lui lia les mains, pas plus lorsque les soldats vinrent la traîner de force pour l'emmener dans le camion qui l'attendait. Elle garda la tête haute, avec une expression de défi. Au moment où elle allait monter dans le camion, l'un des soldats lui donna un coup de pied et la poussa à l'intérieur. Je regardai le véhicule reculer puis avancer. En démarrant, les pneus projetèrent la poussière du sol. J'entendis le cliquetis des portes métalliques puis le ronflement du moteur s'estomper dans le lointain.

— Maintenant que les criminels sont partis, c'est le moment des récompenses, reprit l'officier sur le même ton.

Cette fois il lut la liste de ceux qui avaient coopéré avec les Chinois. On leur remit du dentifrice et des serviettes de toilette. Certains reçurent le *Petit Livre rouge*. Ceux qui étaient particulièrement zélés bénéficièrent d'une réduction de leur peine.

— La peine capitale est réservée à ceux qui n'opèrent pas de changements positifs, continua l'officier de sa voix monocorde. Vous venez de voir ce qui attend ceux qui ne veulent pas changer. Quant à ceux qui obtempèrent, ils reçoivent une récompense, dit-il en se retournant pour désigner les prisonniers qui étaient montés sur l'estrade.

Ce soir-là, les prisonniers qui avaient travaillé à la briqueterie du monastère de Séra nous racontèrent ce qu'ils avaient vu.

— Ils ont fait agenouiller les condamnés au bord de fosses et ils les ont tués de plusieurs balles dans le dos. La puissance des coups de fusil les a projetés dans les fosses qu'on a comblées avant même qu'ils n'aient expiré.

Tard dans la nuit, alors que le sommeil me fuyait, le visage de Gourou Padmasambhava se dessina devant moi dans l'obscurité. « Je suis toujours proche de ceux qui ont la foi... Ma compassion ne cesse de protéger mes enfants... »

« Révéré Gourou Rimpotché, guidez Kunsang Kundéling vers la voie de la claire lumière [1] », murmurai-je doucement.

Peu de temps après, je fis un rêve. Un homme se tenait à la porte d'une grande salle de réunion. Il modelait une statue de Mao dans une sorte de terre très dure. La représentation du président était debout, les cheveux coiffés en arrière, parfaitement ressemblante. Mais en la regardant de plus près, je discernai des lézardes à sa base. Elle ne va pas tarder à s'effondrer, pensai-je, juste avant de me réveiller.

Le lendemain, alors que j'empilais des briques aux côtés d'une prisonnière avec qui j'échangeais souvent quelques mots, celle-ci me demanda à voix basse :

— Comment vas-tu ? As-tu fait un rêve ?

Je fus surprise de la coïncidence. Confiante, car on la tenait pour une personne sûre, issue d'une bonne famille, je lui racontai mon rêve.

1. Dimension lumineuse de l'esprit que les êtres réalisés expérimentent en état de concentration profonde ou au moment de la mort.

— Ça veut peut-être dire que quelque chose ne va pas tarder à arriver. Que la mort de Mao approche, commentai-je.

Quelques jours plus tard, lors d'une réunion du soir, l'une des « animatrices » se tourna vers moi :

— Patchèn, on a entendu dire que vous prédisez la mort du président Mao. C'est une offense grave. Vous serez punie.

Un gardien s'approcha et m'assena trois coups violents sur le visage. Mais la trahison fut beaucoup plus douloureuse que les coups. J'avais accordé ma confiance, elle venait d'être brisée. Quand je rencontrai ma dénonciatrice, le *Petit Livre rouge* attaché à sa taille, je lui demandai si elle n'avait pas honte. Mais je compris qu'elle était sans doute désemparée et qu'elle m'avait dénoncée sous la pression ou dans l'espoir d'être bientôt relâchée. Je ne l'ai jamais critiquée devant d'autres prisonniers, mais à la suite de cet incident je mesurai mes propos.

Un soir, alors que j'étais assise sur mon lit en train de réciter mes prières mentalement, une gardienne apparut à la porte. Une visite si tardive était inhabituelle et j'appréhendai ce qui allait suivre. Elle se tint sur le seuil et appela plusieurs détenues :

— Zayul Bumo, Drolma, Kalsang Dolma, Patchèn, venez !

Je conclus rapidement mes prières : « Je prends refuge dans le Bouddha, je prends refuge dans le Dharma, je prends refuge dans la Sangha. » Puis j'enfilai ma veste. La nuit était froide et le ciel constellé. Deux gardiens montèrent avec nous à l'arrière du camion qui démarra. Étions-nous transférées ? Allait-on nous exécuter ? J'éprouvais une grande compassion pour tous ceux qui étaient morts et en même temps je redoutais ce qui nous attendait. Je souhaitais naïvement que les Américains survolent la prison avec leurs bombardiers et nous tuent tous. Cela nous aiderait, pensai-je, cela mettrait fin à ce cauchemar. Après un court trajet, le camion s'arrêta et on nous emmena dans une grande salle. À voir les infirmières aller et venir, je compris que nous nous trouvions dans une sorte d'hôpital. On nous fit boire un liquide doux et sucré puis on nous dit d'attendre. Sur le mur, je remarquai une craquelure qui avait la forme d'une conque dont les circonvolutions s'enroulaient en une spirale ascendante. La voix de notre précepteur Gonlha résonna à mes oreilles : « Que pleuvent les bénédictions, telle la conque de bon augure qui s'enroule vers la droite. » Je vis sa haute silhouette marcher de long en large, les longues manches de sa robe battant contre ses genoux. J'entendis son rire sonore et ventral. Je l'appelai dans un murmure.

Devant moi, un médecin chinois se tenait debout, un plateau plein de flacons à côté de lui. Il m'ordonna de tendre mon bras et prit une seringue tout en sortant de sa poche une longue aiguille. Il noua un garrot au-dessus de mon coude. « Ne bouge pas », dit-il. Et d'un coup sec, il inséra l'aiguille dans la veine située au creux de mon bras. Un liquide rouge jaillit dans le tube, remplissant un, deux, trois, puis de nombreux flacons. C'est mon sang, pensai-je sans rien éprouver de particulier, comme si je regardais de l'eau se déverser dans un pot. Ce n'est que de retour à la prison que nous pûmes enfin nous parler.

— Que s'est-il passé ? demandai-je.

— J'ai entendu dire qu'ils prenaient le sang des prisonniers pour le donner aux soldats, répondit Drolma.

Cette nuit-là, je ne pus dormir. Je revoyais sans cesse mon sang s'écouler comme un fleuve dans le bras d'un Chinois. Je le voyais se répandre dans ses veines, couler dans tout son corps. La pensée de ce fluide vidant mon corps pour nourrir celui d'un autre me hantait. J'avais le sentiment d'avoir trahi les miens. Certaines femmes s'affaiblirent. Cette perte de sang était plus que leur corps n'en pouvait supporter. Je rêvai encore du président Mao. Cette fois-ci, le rêve était clair et détaillé.

Je suis dans une grande salle de prière pleine de monde. Le plafond est haut et, des fenêtres situées dans la partie supérieure des murs, filtre une lumière inhabituelle. « Mao va descendre les escaliers », murmure une femme à côté de moi. « Il faut que je voie à quoi il ressemble », dis-je en relevant la tête. Tout le monde regarde le ciel. On attend un moment puis on le voit descendre. Un homme porte sa tête, un autre ses pieds. Je m'aperçois qu'il est mort et que son cadavre est celui d'une femme. Ses cheveux rouges pendillent sur ses épaules, son corps est noir. Pour avoir l'air si effrayant, il a dû être une terrifiante sorcière dans une vie antérieure, pensé-je. Quand il arrive au niveau du sol, on le porte jusqu'à la porte monumentale située à l'extrémité de la grande salle. Les hommes qui soutiennent le corps annon-

cent : « C'est Mao Tsé-toung. » « Il est mort », dis-je.

Je me demandai si mon rêve deviendrait réalité. Mais je n'en dis rien à personne. Mao mourut quelques années plus tard, en 1976. Sa mort mit fin à la Révolution culturelle et les conditions de détention s'assouplirent peu à peu. Mais les Chinois avaient déjà détruit plus de six mille monastères et tué ou emprisonné nombre de grands lamas. Ceux qui y échappèrent furent contraints de trahir leurs vœux et de se marier. Au nom de la Réforme par le travail, ils furent astreints aux tâches les plus dégradantes et aux travaux les plus ingrats.

Peu après la mort de Mao, on m'annonça que j'étais transférée de Drapchi à Kongpo Nyingtri où j'allais rejoindre la cinquième division de Tramo Dzong. Quelques jours avant mon départ, une gardienne pénétra dans notre cellule pour me remettre une lettre. N'ayant pas l'habitude de recevoir du courrier, je glissai l'enveloppe sous mon matelas. J'y pensai toute la journée, me demandant ce qu'elle pouvait bien contenir. Le soir, avant de me coucher, je la retirai de sa cachette. La nuit était froide ; la pluie commençait à tomber. J'entendais les gouttes taper sur le toit de tôle ondulée. Je m'assis les jambes croisées sur le lit, tirant la couverture tout autour de moi. Je retournai l'enveloppe dans ma main. Elle portait des traces de poussière et l'encre était effacée par endroits de telle sorte que je ne pouvais pas reconnaître l'écriture. Quand je déchirai l'enveloppe, je m'aperçus que la lettre avait été écrite par quelqu'un de Tramo Dzong que je connaissais.

« Votre mère est tombée malade et elle est morte. Dans ses derniers jours, un vieil homme qui avait été autrefois un moine s'est occupé d'elle. Il a été d'une bonté extraordinaire. Votre mère a mis de côté pour vous trois sacs d'orge et une chemise rouge enveloppée dans un sac en plastique. Elle aurait voulu vous les remettre elle-même. Je les garde soigneusement chez moi jusqu'à votre libération. »

Je parcourus la lettre plusieurs fois pour m'assurer d'avoir bien lu. Puis je la pliai et la mis dans un petit sac près de mon lit. Je restai assise à fixer le mur, incapable de saisir ce que je venais de lire. Quelle que soit la façon dont je m'y prenais, je ne parvenais pas à relier entre eux les mots de cette lettre.

Ma mère caressa et embrassa ma poitrine. « Je vais chercher du beurre. Ça te donnera des forces », murmura-t-elle. Je regardai sa petite silhouette en haillons disparaître au bout du chemin. « Maman ! » appelai-je.

Tôt le matin, un gardien arriva à la porte de notre cellule et m'accompagna jusqu'à un camion militaire. Mon petit sac contenait deux chemises rapiécées, un drap très déchiré et un peu de tsampa qu'une gardienne plus gentille que les autres m'avait donnée. L'arrière du camion était ouvert, me laissant voir le paysage environnant. Dans le lointain, au-delà de la prison aux murs bas, le brouillard se dissipait, découvrant les collines. Leurs formes incurvées se découpaient sur l'horizon. L'air était tiède et, pour la première fois depuis des années, il avait une odeur de renouveau. En passant le pont de Birikuri, j'entrevis le Potala. Le soleil éclairait ses toits d'or. On aurait dit que la lumière émanait de l'intérieur, comme si les représentations sacrées et les enseignements rayonnaient de leur propre éclat, comme si l'esprit de Sa Sainteté l'habitait toujours. « Que le Dharma brille comme le soleil. Puisse Sa Sainteté revenir bientôt en son lieu légitime et remonter sur le trône d'or. Puisse le Tibet être libéré », priai-je. J'éprouvais un désir profond de rester à Lhassa. Si je dois mourir, autant que ce soit ici, pensai-je. Le camion obliqua sur la gauche et prit la direction du Kongpo. La douceur de l'air sur mon visage, la tristesse de quitter Lhassa, la peur de retourner dans cette région alors que ma mère n'y était plus ; ces sentiments se nouaient en un nœud inextricable. Mais je ne pouvais rien à tout cela.

Nyingtri ne se trouvait pas loin de Chundo Dzong. Au fur et à mesure que l'on approchait, le paysage me devenait familier. Dans les champs, la nouvelle récolte qui commençait tout juste à sortir du sol me rappelait les terrains que j'avais défrichés. Chaque buisson de ronces m'évoquait ma mère. Le paysage raviva mes souvenirs là où les mots inscrits sur une page n'avaient pu le faire. Je me mis à pleurer. Le gardien qui nous accompagnait pensa que je pleurais de peur.

— Ce n'est pas si dur ici. C'est un camp de travail. Tu verras qu'il est bien mieux que ceux que tu as connus avant, tenta-t-il de me consoler.

Je rejoignis la section des femmes et l'on me remit une timbale en fer et un sac que je remplis plus tard de paille pour rembourrer mon matelas. Je connaissais plusieurs prisonnières de vue, mais aucune ne m'était vraiment proche.

Le troisième jour, on m'envoya avec d'autres dans la cinquième division pour arroser les champs. Les famines répétées avaient contraint les Chinois à cultiver des terres inexploitées. On nous envoya ramasser les excréments destinés à servir d'engrais. Une femme descendait dans la fosse septique pour y entasser à la pelle les déchets humains dans un bidon qu'une autre prisonnière hissait. Le bidon passait ainsi de main en main jusqu'au champ où la dernière de la chaîne déversait les excréments dont nous nous éclaboussions fréquemment. Conformément à sa réputation, la région de Kongpo était très humide. Après mon arrivée, il plut jour et nuit et nous travaillions sous des averses diluviennes. Comme nous n'avions pas d'autre tenue que celle que nous portions et que l'usage l'avait totalement élimée, au cours des premiers mois passés dans ce camp j'allai souvent me coucher avec des vêtements humides. Affaiblie par le travail des champs, l'humidité et le froid, je continuais à perdre mes forces. Toutes ces années de malnutrition me laissaient affamée en permanence. N'ayant presque rien pour se sustenter, mon estomac se nourrissait de sa propre substance. Je sentais qu'il me rongeait peu à peu. J'avais l'impression que mon énergie s'épuisait comme si elle s'écoulait par un trou au centre de mon corps.

Quelques années plus tard, ma division fut

envoyée travailler dans une forêt située à plusieurs kilomètres de la prison. Nous devions partir avant l'aube et traverser plusieurs vallées et collines. Celles-ci étaient totalement dénudées et les forêts avaient disparu. Les troncs d'arbres dépouillés de leurs branches gisaient épars sur le sol. Les prisonniers abattaient les arbres. Nous reçûmes des haches avec l'ordre de couper les branches des arbres les plus petits. Ma hache en main, je m'approchai d'un mince bouleau. Dans la lumière du matin, ses feuilles rondes d'un vert pâle se balançaient dans la brise comme des centaines de petites ailes. Le soleil filtrant à travers les branches m'évoqua les forêts proches du monastère de Guialtsé Rimpotché.

La sueur de la course imprègne encore Shindrouk. Dans l'air frais, une légère buée monte de son ventre, m'emplissant la tête d'une odeur âcre qui se mêle au parfum de la pinède.

Au-dessus de moi, les vieux arbres s'élancent vers le ciel. La lumière du soleil ondoie à travers les branches. Elle s'accroche par endroits aux aiguilles de pins qu'elle transmue en argent, joue sur le sol à former des motifs de dentelle. Le vent souffle, bruit impétueux au travers des branches. Anciennes divinités, présences vivantes... Assise sous leur ombre, je me sens bénie.

Une bourrasque se leva, agitant les branches du bouleau qui semblait danser. Les feuilles frémirent sous les rafales comme des centaines de papillons argentés. Je serrai la hache. *Om mani pémé houng*, murmurai-je en moi-même en m'approchant. Je m'attaquai aux plus basses branches. Des éclats volèrent. À chaque coup, un soubresaut secouait l'arbre. J'avais l'impression de couper mes propres bras et mes propres jambes. « La terre est une créature vivante. Vous devez la traiter avec respect. Toute vie est sacrée », avait dit un jour Guialtsé Rimpotché. À chaque branche qui tombait, je me sentais plus triste.

En 1979, nous apprîmes que Sa Sainteté avait reçu la permission d'envoyer au Tibet une délégation d'enquête chargée d'évaluer les changements qui avaient eu lieu dans le pays depuis son départ, vingt ans auparavant. Cette délégation, qui comprenait le frère cadet du Dalaï-Lama, Lobsang Samtèn, entra par l'Amdo et se dirigea vers Lhassa. Puis, faisant route vers le Kham, elle devait traverser Nyingtri où se trouvait notre prison. La rumeur se répandit dans le camp comme une traînée de poudre. « Lobsang Samtèn va venir », chuchotaient les détenus. « On dit qu'en Amdo des milliers de gens ont assiégé la délégation. La même chose s'est produite à Lhassa. » « Ils sont venus nous délivrer de nos tourments », disaient certains prisonniers. « Ils viennent vers nous. » « C'est l'aube d'un jour nouveau », espéraient d'autres.

Le soir où j'appris la nouvelle de leur venue, je m'assis pour écrire une lettre. « Continuez à œuvrer pour l'indépendance du Tibet. Nous qui avons tant souffert, nous vous soutenons. Quelle que soit l'intensité des tortures, nous ne perdons pas espoir. Comme le coucou sur la branche d'arbre, nous attendons patiemment le retour de Sa Sainteté. » Je remis cette lettre à la fille d'un prisonnier qui était venue lui rendre visite. Elle m'apprit plus tard qu'elle avait réussi à la remettre à son destinataire, mais je ne reçus jamais de réponse. La délégation resta deux jours à Nyingtri. Lors de son passage, aucun prisonnier ne fut autorisé à la rencontrer. Les Chinois nous confinèrent dans une partie du camp de peur que l'un de nous ne tente de s'échapper. Un moine âgé qui vivait dans une petite maison au bord d'un champ de pommiers les vit passer. « Ils ont regardé avec attention, ils ont pris des photos de tout ce qu'ils voyaient. » Ce furent les seules nouvelles qui nous parvinrent de cette visite.

Six mois plus tard, deux autres délégations arrivèrent d'Inde. Jetsun Péma, la sœur cadette du Dalaï-Lama, menait l'une d'elles. Quelques jours avant son arrivée à Nyingtri, nous apprîmes qu'elle y passerait la nuit et assisterait à une représentation de danse traditionnelle effectuée par des enfants. Ce spectacle était organisé par les Chinois. On avertit Surkhang Dolkar, l'une des prisonnières, que Jetsun Péma avait particulièrement insisté pour la rencontrer afin de lui remettre une lettre de sa fille qui vivait en Suisse.

— Enlève tes vêtements sales. Mets ceux-là qui sont propres et lave ton visage. On va te conduire auprès de la délégation, lui ordonna l'un des chefs du camp.

Avec quatre autres détenues, je décidai de suivre Surkhang Dolkar. Comme toujours dans ces cas-là, les soldats nous avaient confinées dans un espace restreint, loin de la manifestation. Nous convînmes donc de nous déguiser en Chinoises pour nous en approcher.

— Peut-être pourrons-nous rencontrer Jetsun Péma-la. Nous lui raconterons tout ce que les Chinois nous ont infligé, avança l'une d'entre nous.

Camouflées dans des vêtements chinois, des chapeaux de paille et des écharpes qui cachaient nos visages, nous réussîmes à tromper la vigilance des quelques gardiens qui n'assistaient pas à la cérémonie. Nous étions en plein été et la nuit était chaude. Nous courions d'un bâtiment à un autre en nous dissimulant dans chaque coin d'ombre. Je ruisselais de transpiration. Comme j'essuyai la sueur du revers de ma main, je remarquai qu'elle tremblait : « Même si nous sommes prises, ça vaut le coup. Je me dois d'essayer pour Sa Sainteté », pensai-je. Un gardien vint vers nous. Nous baissâmes la tête et poursuivîmes notre marche comme si de rien n'était. Il nous dépassa sans nous prêter la moindre attention. L'ombre de la pleine lune nous entourait. Les poteaux ressemblaient à des soldats, l'extrémité des bâtiments à des gardiens aux fusils pointés sur nous. Mon cœur battait à tout rompre, mais je continuai. Nous arrivâmes au centre du camp où l'on avait dressé pour l'occasion une sorte d'auditorium. Le bâtiment et ses alentours étaient bondés. Nous essayâmes de nous frayer un passage, mais la foule nous empêcha d'entrer. Heureusement, une petite fenêtre nous permit de regarder à l'intérieur. Je distinguai très vaguement deux femmes au premier rang de l'auditorium, face à la scène. L'une d'elles portait la tchouba et le tablier traditionnel. Sans doute Jetsun Péma, la sœur de Sa Sainteté. J'avais les larmes aux yeux. Je priai. Puis je reconnus plusieurs gardiens dans la foule.

— Ça ne sert à rien de rester ici plus longtemps, murmura l'une de mes compagnes. S'ils nous repèrent, nous risquons gros.

Elle tira sur ma manche et se détourna. Le cœur lourd, je la suivis. J'aurais aimé sentir la main de Jetsun Péma-la ; cela m'aurait rapproché de Sa Sainteté.

La visite de ces délégations venues d'Inde souleva un immense espoir chez les Tibétains et remonta leur moral, aussi bien dans les prisons qu'à l'extérieur. Tous y lurent l'annonce d'une indépendance prochaine. Ce résultat, comme le retentissement international que provoquèrent ces visites, obligèrent les Chinois à introduire de légères mesures de libéralisation. Les infirmes et les personnes âgées furent relâchés. Mais les jeunes et les gens robustes restèrent en prison. Conformément à la demande des délégations, ils accordèrent également à de nombreux détenus de séjourner dans leur village natal. J'envoyai de multiples messages aux autorités pour leur signifier que je ne m'étais pas rendue chez moi depuis vingt ans. La permission de partir pour deux mois, accompagnée de deux cents yuans pour ce séjour, me fut finalement accordée.

10

Le retour

J'atteignis Chamdo en fin d'après-midi. La ville avait bien changé depuis vingt ans que je n'y étais pas retournée : peuplée de nombreux Chinois, ses rues bordées de hauts bâtiments de béton et encombrées de camions et de charrettes. Les gens vendaient toutes sortes de choses sur le bord de la chaussée : des animaux entiers, écorchés, pendaient à des piquets ; des navets, des choux, des tomates et des pommes de terre étaient disposés en tas sur des couvertures, et des sacs de céréales, des briques de thé sur des caisses. Après les privations que j'avais connues, la vue d'une telle abondance me confondit. Je n'avais rien vu de tout cela pendant mes années de prison. Au bout du marché, je reconnus une amie de la famille.

— Tashi Délèk, vous vous souvenez de moi ? Je suis Ashe Patchèn, lui dis-je en courant vers elle.

La femme se recula pour mieux me regarder puis, toute surprise, elle m'entoura de ses bras :

— Vos cheveux sont si longs ! Je n'en crois pas mes yeux !

Elle me prit la main et, à mon grand soulagement, elle insista pour que je loge chez elle. Je restai plusieurs jours dans sa maison, mais la sensation d'être seule hors de la prison était si troublante que, les premiers temps, je n'osai pas m'aventurer dehors.

Au bout de quelques jours, j'éprouvai le besoin pressant d'aller dans la gorge située derrière le monastère où j'avais connu ma première détention, ce ravin où les Chinois jetaient les corps de tous les prisonniers. J'y arrivai en fin d'après-midi. À l'horizon s'étendaient des nuages qui par moments éclipsaient le soleil. Celui-ci réapparut juste avant de se coucher, diffusant une pâle lumière argentée sur le sol. Les tiges d'herbe se dressaient comme des milliers de petites flammèches. J'entendais l'appel des colombes dans le lointain. Je regardai le ravin rocheux. Des morceaux d'os et des crânes étaient encore éparpillés entre les rochers. Le souvenir de mes années à Chamdo m'envahit soudainement. Je me rappelai également la nature illusoire de toutes les choses de ce monde, l'impermanence de tout ce que nous chérissons. Les êtres chers, les biens ne durent que l'espace d'un instant. Ils disparaissent comme l'éclair dans le ciel, comme la rosée sur l'herbe. Les seules vérités pérennes et immuables sont les enseignements du Bouddha. Je restai une heure à observer la pénombre jouer sur les rochers et les crevasses en contrebas. Je pensai à Dékyong. Ses mots me traversèrent l'esprit. « J'ai peur de la torture... mais je n'ai pas peur de la mort. » Je pensai à tous ceux qui étaient morts. Je priai. « Que tous les êtres infortunés qui sont morts en ce lieu soient guidés sur la voie de l'ultime liberté, qu'ils atteignent le champ de la claire lumière. »

Le lendemain, je traversai le fleuve pour me rendre à Silthog Thang, la prison où j'avais tant souffert. Il tombait une petite pluie. Les prisonniers étaient en train de déblayer les pierres qui parsemaient les champs. Leur état pitoyable disait assez à quel point ils étaient affamés et manquaient de vêtements appropriés. Je me rappelai l'année 1965, quand Guialwa Yungdrung fut littéralement traîné dans ce même camp, pieds et mains liés. Je l'entendais encore hurler : « Longue vie au Dalaï-Lama ! » C'est dans les prisons de Chamdo que l'on entrava mes pieds avec une tige de fer pendant plus d'un an, dans la section de Silthog Thang que je fus confinée seule dans une cellule obscure. C'est là aussi que les séances d'autocritique furent si violentes que mes cheveux jonchaient le sol. C'est là encore que mon esprit faillit sombrer. Tous ces souvenirs me remplirent de douleur. Je pensai à mes compagnes et à mes compagnons qui étaient toujours retenus prisonniers et je récitai toutes les prières que je connaissais. « Seigneur Bouddha, je prends sur moi la souffrance de tous les êtres que j'endure comme si elle était la mienne propre. »

En me dirigeant vers Gonjo, le paysage me parut différent. Comme si la terre avait perdu son bonheur. Les gens étaient en haillons, leur corps affaibli, émacié, et leur visage blême. On les emmenait travailler dans un camion d'un gris terne ; ils portaient tous un panier sur le dos, un balai ou une pelle à la main. De part et d'autre de la route, les prés étaient labourés et le sol avait été préparé pour les récoltes, mais la terre semblait stérile. Le sol était sec et s'étendait à perte de vue en d'interminables rangées de sillons creux. À Sheng, un jeune homme originaire de Lemdha me prêta un cheval. En témoignage de loyauté à la mémoire de mon père, il me proposa de m'accompagner jusqu'à notre village.

Nous chevauchâmes par une nuit calme. La demi-lune, basse sur le quartier occidental du ciel, jetait une faible lueur. Tout autour de nous, la gelée étincelait sur le sol au point que j'avais parfois l'impression de chevaucher sur l'eau. Où s'arrête l'infinie souffrance ? pensai-je. Terre de douleurs, collines de douleurs, montagnes de douleurs. Où que portât mon regard, les serres de la souffrance avaient laissé leurs empreintes, des empreintes tenaces.

En approchant de ma maison natale, ce sentiment s'accrut. Je m'arrêtai sur une colline qui surplombait Lemdha et regardai la petite bourgade en contrebas. Le fleuve Martchou, à peine visible dans la lumière de la lune pâlissante, sinuait au fond de la vallée, résonnant comme un vent lointain. L'espace d'un instant, je crus voir des femmes dans l'eau, agitant leurs mains, essorant et rinçant du linge dans le courant. Elles parlaient en riant, tandis que d'autres étaient assises sur les rochers au bord du fleuve. L'image de ces souvenirs m'arracha un profond soupir. Nous amorçâmes la descente de l'étroit sentier plein d'ornières qui menait au village. De part et d'autre du chemin qui était toujours aussi étroit, les herbes paraissaient plus hautes. Nous dépassâmes plusieurs formations rocheuses qui m'étaient familières et les battements de mon cœur s'accélérèrent. En moi se mêlaient tout à la fois un sentiment d'excitation, de tristesse et un désir ardent. Le relief, plus plat, formait une sorte de petit promontoire qui s'abaissait abruptement vers le fleuve. À cet endroit, la berge incurvée était entourée de rochers. Ici, rien n'avait changé. Je me souvins de la chaleur du dos de Lhamo reposant contre le mien et de sa voix contre mon oreille. « Libres comme des oiseaux, mais pour combien de temps ? » Je revis son visage, ses yeux voilés et son corps s'affalant sur le sol. Une tristesse m'envahit, aussi profonde que si j'avais été frappée. « Maître vénéré, veillez sur les êtres sans défense. »

Quand le sentier tourna pour rejoindre l'embranchement qui menait au village, mon cœur se mit à battre si fort que j'avais peine à respirer. Une fine couche de givre enveloppait les roseaux que foulait mon cheval en un bruit de verre brisé. C'est alors que mon compagnon me tira par la manche pour me désigner du doigt l'autre berge du fleuve. Des silhouettes se déplaçaient sur la rive, on entendait leurs pas sur les cailloux. Soudain, je fus entourée d'un groupe de gens. Ils me dévisagèrent, puis me reconnurent :

— Ashe Patchèn ! Bienvenue !

Chaque visage portait les signes de la souffrance, des cicatrices ou des traces de douleur plus subtiles. Leur expression de joie ne parvenait pas à masquer l'angoisse gravée sur leurs traits. Le mélange de ces sentiments contradictoires m'emplit de peine.

— Venez chez moi.

— Non, venez à la maison !

Chacun tirait les rênes de mon cheval. Un homme fendit la foule. Je reconnus Sheldou Tulkou, le frère de Dirzong Rimpotché que j'avais connu autrefois. Je le saluai et il m'emmena chez lui. Quand nous atteignîmes sa maison, un attroupement s'était formé devant sa porte. Les villageois se bousculèrent pour entrer et, en un rien de temps, la petite maison de Sheldou fut bondée. Je m'assis.

« Racontez-nous ce qui s'est passé » ; « Où avez-vous été faite prisonnière ? » ; « Qu'est-il arrivé à votre mère et à Ani Rigzin ? » Les questions fusaient. On m'apporta une tasse de thé et un petit bol de tsampa et je commençai mon récit. Eux me racontèrent leur histoire, leurs souffrances et celles dont ils furent témoins.

— Les soldats ont suspendu Alog Rimpotché au plafond de sa maison. Ils ont fait brûler des plantes qui dégageaient une forte fumée au-dessous de lui. Et ils ont laissé le feu brûler jusqu'à ce qu'il meure. Alog Rimpotché a souffert en silence, raconta un vieil homme.

— Sonam Paldon et ses enfants sont les seuls survivants de la famille Gozetshang, raconta une femme d'une voix tremblante. Quand les soldats sont arrivés dans sa maison, elle n'avait plus que deux manteaux en peau de mouton que les Chinois lui ont pris avec le peu de tsampa qui lui restait. « C'est pour ceux qui sont dans le besoin. Il faut partager ce que tu as. Ça fait partie de la vie communautaire », lui ont-ils dit. Ils les ont complètement dépouillés.

Les histoires se succédaient.

— On devait se lever très tôt le matin, avant le soleil, et l'on travaillait jusqu'à la nuit, jusqu'à ce que nous n'y voyions plus rien. Ils nous ont dit que les vieillards, les malades et les jeunes enfants étaient exemptés de travail. Je suis vieux et infirme mais j'avais besoin de manger, je n'avais pas le choix. Une partie de ce que je gagnais a servi à alimenter une caisse commune. Même en travaillant toute la journée, il ne me restait que très peu d'argent.

— Si les soldats voyaient nos lèvres remuer quand nous disions nos prières, ils nous condamnaient pour « croyances aveugles », reprit quelqu'un. Si nous étions pris en train d'allumer de l'encens, nous étions accusés d'avoir provoqué un incendie criminel et obligés de porter une sorte de chapeau pointu sur la tête. Ils envoyaient même des enfants chasser les petits oiseaux.

Tout le monde voulait parler.

— En automne, les champs sont aux Tibétains, au printemps ils sont aux Chinois. C'est un de nos proverbes, raconta un vieil homme. On avait beau travailler dur, les Chinois nous prenaient toutes nos céréales. Pendant la récolte, j'ai mis le feu à mon champ pour empêcher les Chinois de se l'approprier. Mais après, des soldats armés sont arrivés pour garder les autres champs. On voit bien à qui bénéficie la collectivisation.

Il cracha sur le sol en signe de dégoût.

— On nous a attelés à la place des bœufs et des yaks pour labourer sans nous accorder un instant de repos. Le fer de la charrue était si lourd qu'il m'a blessé le dos. J'avais les mains en sang. Ce travail était plus que nous ne pouvions supporter.

On traitait nos animaux mieux qu'ils ne nous traitaient, pleura une vieille femme.

Tous ces récits m'accablèrent. Ils ont souffert autant que ceux qui étaient en prison, pensai-je. Personne n'a échappé à la main des Chinois. Serons-nous jamais libres ?

Quand le ciel commença à s'éclaircir, la plupart des villageois étaient rentrés chez eux. Il ne restait plus que Sheldou Tulkou, sa fille, mon vieil ami Goser Bumo ainsi que quelques autres. Libérée de ses occupants, la pièce m'apparut. Hormis les matelas sur lesquels nous étions assis, elle était dépouillée de tout mobilier et paraissait nue et froide. L'autel qui se trouvait jadis au fond avait disparu. Tout comme les bols à eau et les lampes à huile. Mais le plus affligeant était l'absence de représentation de Sa Sainteté sur les murs. Une maison tibétaine sans l'image du Dalaï-Lama n'est pas une maison tibétaine. Alors qu'il était tulkou, maître réincarné, Sheldou n'avait même pas pu conserver une image de Sa Sainteté. Cette pensée m'attrista profondément, mais je me tus. Sheldou vint s'asseoir à côté de moi. Son visage autrefois rubicond était devenu osseux. Bien qu'il fût plissé par la souffrance, il en émanait un éclat particulier ; plus que jamais, ses yeux débordaient de compassion. Je n'avais jamais été très proche de lui, mais sa présence me réconfortait.

— Khalé Rimpotché m'a dit que votre mère était morte, commença-t-il doucement. Il était à Kongpo à ce moment-là et il l'a appris par le vieux moine qui s'est occupé d'elle dans ses derniers jours.

Je ne répondis pas tout de suite. Est-ce que je voulais vraiment savoir ce qui s'était réellement passé ? Sheldou Tulkou dut lire dans mes pensées, car il reprit :

— Ça n'a pas été trop dur. Voulez-vous que je vous raconte ?

À contrecœur, je lui fis un signe de tête affirmatif. Il changea de position et rabattit ses jambes en tailleur sous son corps. Il se tourna de façon à me regarder.

— Un jour, votre mère a envoyé chercher un vieux moine défroqué. Elle lui a déclaré qu'elle ne se sentait pas bien et qu'elle était tombée malade trois jours plus tôt. Après l'avoir examinée, le moine n'a rien constaté de grave. « Je ne me relèverai pas de cette maladie, lui a-t-elle affirmé, mais je n'ai pas peur de la mort. Il y a longtemps, je suis allée au monastère de Guialtsé Rimpotché avec ma fille. De retour à la maison, je n'ai pas pu continuer à pratiquer, mais plus tard, quand ma fille a été emprisonnée, j'ai pu mettre en pratique ce que j'avais appris. Je n'ai pas peur de mourir. » Son seul souhait était de vous revoir avant de mourir, poursuivit Sheldou Tulkou, elle voulait vous laisser un testament, mais elle n'avait rien d'autre que trois sacs d'orge qu'elle avait mis de côté et une blouse rouge.

Quand il mentionna l'orge, mes yeux se remplirent de larmes. Il tendit le bras et me prit la main. Il me regarda pour savoir si je souhaitais qu'il continue. Je hochai la tête en signe d'assentiment.

— Le vieux moine a dit à Khalé Rimpotché que c'était une femme qui avait le cœur sur la main : quelle que fut la bassesse des gens, elle faisait tout ce qu'elle pouvait pour les aider.

Nous restâmes assis un long moment sans parler. Je me rappelai les paroles de Khalé Rimpotché : « Lorsque notre heure est venue, on doit mourir. Il n'y a rien à faire. » Des larmes ruisselaient sur mes joues.

Dès que le soleil se leva, je montai sur le toit en terrasse de la maison de Sheldou Tulkou. On voyait tout le village de Lemdha. Je fus immédiatement frappée par la disparition de tous nos temples et sanctuaires. Il y avait trois monastères autrefois. Ils avaient été détruits. Il n'en subsistait que des pans de murs nus. Puis je regardai à l'endroit où s'élevait autrefois ma maison. Il n'en restait quasiment plus rien. Je songeai au poète Milarépa [1] revenant voir les ruines de sa maison. La mienne ne ressemblait plus en rien à ce qu'elle avait été. Malgré le vent, une légère brume flottait dans l'air. L'espace d'un instant, je revis maman penchée sur une marmite, ses mèches de cheveux pendant sur son visage que le feu faisait rougeoyer. En haut des escaliers sombres, mon père se réveillait d'une sieste. Ses traits se dessinaient comme des rochers sur le flanc d'une colline, son visage brillait comme l'argile de la terre. « Petite Nyou. Nyouuuu. » Le bruissement du vent frappa

1. Jetsun Milarépa (1040-1123), le plus célèbre ermite et poète du Tibet. Au terme d'épreuves très difficiles que lui infligea son maître Marpa, il obtint les enseignements qu'il alla pratiquer dans une grotte jusqu'à l'Éveil. Il composa de nombreux poèmes d'une profonde spiritualité dont les *Cent Mille Chants* connus dans tout le Tibet.

mon oreille, la brume se dispersa. « Je suis là », murmurai-je. En regardant plus attentivement notre maison natale, je vis que seuls les murs de la face nord étaient encore debout. Cela me frappa de plein fouet. J'étais absolument seule.

Je me mis à sangloter. Je pleurai jusqu'à la dernière larme.

Les gens commençaient à sortir, divisés en groupes de travail. Certains portaient des paniers sur le dos, d'autres des pelles et des ballots. La plupart étaient transportés en camions jusqu'à leur chantier. Ils étaient tous couverts de poussière. Le vent se leva et je partis. Au-delà des rafales qui bruissaient dans mes oreilles, j'entendis la voix de Khalé Rimpotché : « Le monde est impermanent comme les nuages d'automne. La durée de vie des êtres humains est pareille à l'éclair dans le ciel, au torrent dévalant la montagne. Ce n'est qu'en épurant l'esprit que l'on trouve le bonheur inébranlable. Ce n'est qu'en suivant la voie de la liberté et de la libération que l'on atteint enfin la paix. »

Au cours des semaines suivantes, j'allai de maison en maison, des plus modestes aux mieux loties. Chaque matin, je me mettais en route de bonne heure et je ne rentrais qu'au crépuscule. Certains jours, je visitais une dizaine de maisons. Je craignais que ma présence n'attire des ennuis aux habitants, mais ils balayaient mes craintes :

— Nous avons déjà vécu l'enfer et traversé toutes les souffrances imaginables. Cela nous fait très plaisir que vous veniez nous voir. Quoi qu'il arrive, nous ne regretterons rien.

Et je fus surprise de constater qu'après tant d'années d'oppression et de tentatives de corruption, la loyauté des villageois était demeurée intacte. Ils n'avaient pas perdu leur foi en Sa Sainteté. Leur confiance dans le Dalaï-Lama et dans la libération du Tibet demeurait aussi inébranlable qu'auparavant.

Au bout de deux mois je repartis pour Nyingtri. Cela m'attristait, mais je n'avais pas le choix. Les Chinois exigeaient mon retour et si je restais, ils me retrouveraient. « Je reviendrai un jour », promis-je aux habitants de Lemdha. En route, je me remémorai tous les récits que j'avais entendus. Pas une seule famille, qu'elle fût riche ou pauvre, n'avait été épargnée par le malheur. Il restait très peu de gens âgés. Deux générations : celle de mes parents et la mienne, avaient quasiment disparu. Les enfants qui pouvaient à peine marcher lorsque j'étais partie rejoindre la Résistance avaient vieilli prématurément. Leurs visages étaient sillonnés de rides. Ceux qui possédaient autrefois de belles maisons vivaient maintenant dans des étables sans ouvertures. Tous vivaient dans la peur et l'appréhension.

J'arrivai à Nyingtri en fin d'après-midi avec deux jours de retard. On me fouilla et je fus réprimandée.

— Ton retard pèsera sur ta libération future, menaça le fonctionnaire qui enregistra mon arrivée.

Mais j'étais encore si émue d'avoir revu mon village et mes amis que c'est à peine si je prêtai attention à ses propos. Je remarquai qu'en mon absence la réglementation avait été assouplie et que nos allées et venues dans le camp n'étaient plus aussi surveillées qu'auparavant. Le bruit courait qu'un nouveau dirigeant chinois s'était rendu à Lhassa, et qu'il avait été si choqué par les conditions de vie qui y régnaient qu'il était retourné en Chine décidé à entreprendre des changements radicaux. Que ce fût à cause de cette visite ou des délégations de Sa Sainteté, les choses avaient quelque peu changé : l'espoir était dans l'air. Quelques semaines plus tard, nous fûmes libérés. Cela se passa si vite que je ne parvenais pas à croire que c'était réel. Un jour, on nous appela dans la cour. Puis on lut des noms. La liste était si longue que je craignis que le mien ne soit jamais cité.

Puis je l'entendis. « Lemdha Patchèn. » « Ce moment était enfin arrivé, pensai-je. Je vais bientôt être libre. »

— On est en quelle année ? demandai-je à un homme près de moi.

— Mille neuf cent quatre-vingt-un, me répondit-il.

Je fis le décompte sur mes doigts. Vingt et un ans. Le temps s'écoule lentement, chaque journée paraît sans fin, et tout à coup sans prévenir, le rythme s'accélère. Un jour capturée, le lendemain relâchée. Comme ça. Cette pensée me donna le vertige.

— Vous devez tous retourner dans vos villes et villages natals, annonça un fonctionnaire. Les habitants du Kham doivent rentrer au Kham, ceux de l'Amdo en Amdo, ceux de Lhassa à Lhassa. Tous les districts auront la liste des papiers d'identité que vous devez retirer ici.

Je m'efforçai de comprendre le sens de ses mots, mais je ne pensai qu'à une chose : je vais être libre ! Lorsque les prisonniers commencèrent à bouger autour de moi, je fus prise de peur. Où vais-je aller ? Lors de mon arrestation, j'avais été enregistrée à Chamdo, mais je voulais à tout prix gagner Lhassa. « Comment vais-je y aller ? » me demandai-je à haute voix.

— Tu n'as qu'à leur raconter un mensonge. Je vais t'aider à rédiger une lettre, me dit une femme de ma cellule.

— J'ai une parente malade à Lhassa, dis-je au fonctionnaire qui se tenait derrière le bureau. (Il avait l'air triste et paraissait débordé.) Elle m'a demandé de venir lui rendre visite avant qu'elle ne meure.

L'homme fronça les sourcils et prit la lettre falsifiée. Tandis qu'il lisait, je retins ma respiration. Il leva les yeux et me dévisagea. Puis il hésita, ouvrant la bouche comme s'il était sur le point de dire quelque chose, et revint à ma missive. Il chercha un collègue pour lui demander conseil, mais tous étaient très occupés. Tout à coup, comme pressé de passer à la personne suivante, il tamponna ma lettre et me remit les papiers me permettant de me rendre à Lhassa ainsi que des tickets de rationnement et trois cents yuans.

— Vous pouvez séjourner brièvement à Lhassa, mais vos papiers seront envoyés à Chamdo.

Quand je descendis du camion à Lhassa, j'étais complètement hébétée. Les rues étaient bondées de soldats, de camions, de fourgonnettes militaires et de voitures de police. Les citadins, Tibétains et Chinois, marchaient en tous sens. La poussière et la fumée des camions remplissaient l'air, les rues étaient jonchées de détritus, et le bruit des moteurs, des gens qui s'interpellaient et toussaient était assourdissant.

— Circulez ! me cria un soldat.

Les passagers du camion avaient disparu dans la foule et je regardai tout autour de moi, cherchant désespérément une connaissance. Je ne vis que des visages étrangers, certains plus familiers que d'autres, mais je ne connaissais personne. Le soleil était éclatant. Bien qu'il fasse froid, les bâtiments réverbéraient une lumière si éblouissante qu'il m'était difficile de garder les yeux ouverts. La poussière, la luminosité et le bruit me donnaient le vertige. Un instant, je dus m'adosser contre un poteau sur le côté de la rue. Essayant de m'orienter, je regardai tout autour de moi. Je remarquai que presque toutes les boutiques étaient chinoises et je me sentis soudain complètement perdue. J'avais l'impression de me trouver dans une ville étrangère et non dans la capitale du Tibet. Je sentis ma colère monter en constatant que les Tibétains avaient été expulsés de leurs boutiques et contraints de vendre leurs marchandises sur le bas-côté des rues.

— Puis-je vous aider ? me demanda un jeune Tibétain qui avait remarqué mon air égaré.

Soulagée, je m'inclinai en signe de salutation.

— Pouvez-vous me dire où se trouve le temple du Jokhang ? lui demandai-je.

Il fit un signe de la main et je me hâtai dans la direction indiquée, impatiente de voir des Tibétains. J'espérais y trouver des gens du Gonjo. Les habitants des trois provinces du Tibet venaient tous faire le tour rituel du plus grand sanctuaire de Lhassa. Lorsque j'atteignis la porte du Jokhang, je constatai que les Tibétains étaient plus nombreux que les Chinois et je commençai à respirer. Je contemplai le temple avec vénération. Le grand sanctuaire du Jokhang ! Après tant d'années, je le vois enfin ! Un frisson me parcourut.

— Ashe Patchèn !

Un homme vint à ma rencontre. Je ne le reconnus pas tout de suite.

— Jampa Téndzin, de la prison de Drapchi, se présenta-t-il.

« Jampa Téndzin ! » Bien que nous n'ayons jamais été proches, j'eus envie de me jeter à son cou, comme s'il appartenait à ma famille.

— Vous venez juste d'être relâchée ? me demanda-t-il.

Il avait dû comprendre à l'expression de perplexité de mon visage que je venais d'arriver à Lhassa. Il me proposa de loger chez lui jusqu'à ce que je rencontre quelqu'un du Gonjo. J'emménageai dans sa petite chambre. Je me retrouvai totalement libre. Il me fallut un certain temps avant de me sentir en sécurité.

J'entends des pas qui se rapprochent sur le palier. Petits bruits secs sur le sol en ciment. On frappe à la porte.

Je me réveillai en sursaut. Dans la pénombre un rideau tibétain retombait devant la porte. Je me rendormis avec soulagement.

— Je suis libre, je suis libre, me répétai-je sans cesse. Je peux aller où je veux.

Mais cette pensée était si nouvelle que j'avais du mal à l'accepter pleinement. Je regardais souvent par-dessus mon épaule pour vérifier si un gardien ne rôdait pas par là. Il m'était difficile de parler sans retenue, d'une voix normale. Je m'arrêtais avant de franchir le seuil d'une porte pour voir si personne ne me surveillait. Si j'apercevais un Chinois, je me reculais brusquement en baissant la tête, me camouflant derrière une porte ou un pilier. Au cours des semaines qui suivirent, je me rendis en pèlerinage à Lho-nas et Tsang-nas. Mais mon véritable désir était d'aller en Inde pour rencontrer Sa Sainteté. J'allai trouver un lama originaire de Pelbar, dans le Kham, pour lui faire part de mon souhait.

— Si je peux simplement voir Sa Sainteté, alors ça m'est égal de mourir ensuite, lui dis-je.

— Ce n'est pas indiqué pour le moment, me répondit-il en regardant les grains de son chapelet. Comme vous venez juste d'être libérée, il vous faut ralentir votre activité. Si les Chinois vous reprennent alors que vous fuyez le Tibet, ils vous feront endurer les pires traitements. Il est sage de retarder ce projet.

— Je n'ai plus de famille. Mon père et ma mère sont morts. Il est très important pour moi que j'aille rendre visite à Sa Sainteté.

Pelbar Tulkou me regarda avec compassion.

— Je comprends, mais il vaut mieux reporter ce voyage.

Chaque matin, je récitais des prières pour mes parents ainsi que pour ceux qui étaient morts en prison et les innombrables Tibétains encore détenus. Je priais afin que leur karma négatif soit purifié. J'exprimais également toute ma gratitude au Bouddha pour avoir eu la chance d'être libérée.

J'allai aussi rendre hommage aux grands monastères de Séra, Drépoung et Gandèn. Ils avaient tous été détruits, mais l'ensemble monastique de Gandèn avait le plus souffert. Il n'en restait qu'un petit sanctuaire. Je demeurai sur place une semaine pour participer à la reconstruction du monastère avec les centaines de Tibétains qui consacraient leur temps à cette entreprise. Nous déplacions les pierres et transportions de la terre du lever au coucher du soleil. Travailler à Gandèn m'attristait énormément : c'était comme si une main gigantesque s'était abattue sur le monastère, écrasant les bâtiments et brisant les statues sacrées. Leurs morceaux jonchaient le sol : têtes, torses, membres. L'or, l'argent et le corail, eux, avaient été emportés en Chine. Tout en travaillant, je priais. « Que les enseignements du Bouddha se lèvent comme un soleil éclatant. Qu'ils se répandent dans tout l'univers. Que le Tibet connaisse à nouveau le bonheur. »

J'étais animée de l'ardent désir de consacrer toutes mes heures de veille à la vie spirituelle. Après avoir séjourné plusieurs mois à Lhassa, je décidai de partir un an en pèlerinage. Cela faisait des années que je désirais le faire. Je me rendis tout d'abord au monastère de Lhoka, puis à ceux de Shédra, de Drolma Lhakang et de Dhalakhampo. Lorsque j'arrivai à Samyé, je restai huit mois dans les grottes situées au-dessus du monastère. Seules les structures extérieures de l'ensemble monastique étaient intactes. La plupart des nombreux bâtiments construits à l'intérieur du haut mur d'enceinte avaient été gravement endommagés. Là aussi des Tibétains reconstruisaient les grottes et les sanctuaires environnants. Cet endroit était particulièrement révéré, car Gourou Padmasambhava y avait médité pendant des années. Cent huit grottes et autant de sources se dispersaient sur les flancs de la montagne. La grotte de Gourou Padmasambhava, la plus sacrée de toutes, avait été comblée par les Chinois ; il était impossible d'y pénétrer. Pendant la Révolution culturelle, les soldats détruisirent ce qui ne l'avait pas encore été et la montagne fut abandonnée. D'épais buissons et des arbustes se développèrent alors, entravant les sentiers menant aux grottes et camouflant celles-ci. Quelque temps après la Révolution culturelle, un tulkou âgé se mit à leur recherche, entreprit de déblayer les chemins et d'enlever les pierres qui obstruaient l'entrée des cavités. Près du sommet de la montagne, se trouvait une grotte appelée Tamdrin Drouphouk, d'après le nom de la divinité protectrice du lieu. C'est là que je demeurai. Au-dessous, une autre portait le nom de Ma Rintchèn Tchok, l'un des grands disciples de Padmasambhava. Et à quelque distance s'ouvrait une quatrième, si peu profonde qu'elle protégeait à peine le pratiquant des intempéries. Il aurait été difficile de la localiser si un petit drapeau rouge n'en avait marqué l'entrée. Une nonne originaire de l'Amdo et âgée de quatre-vingt-quatre ans y vivait. Elle s'appelait Amdo Jetsun. Elle devint mon maître, elle m'aida à retrouver nombre d'enseignements qui s'étaient effacés de ma mémoire pendant mes années de détention.

Au cours de ces mois de méditation, je demeurai dans un état de grande paix. Je n'éprouvais aucune crainte envers quiconque. Aucune peur excepté celles issues de mon propre esprit. Les gens qui venaient en pèlerinage à Samyé nous apportaient de la nourriture. Tous les jours, je me levais deux heures avant l'aube pour faire mes pratiques. L'une consistait à détruire l'attachement au moi considéré comme une entité solide. L'après-midi, je lisais les textes que me donnait Amdo Jetsun en essayant de garder l'esprit concentré. Le soir, je récitais d'autres prières et m'endormais peu après le coucher du soleil. Je parvins ainsi à atteindre une grande concentration d'esprit. Cet état exempt de toute distraction créait une luminosité intérieure et un sentiment d'espace en moi. Plus je demeurais concentrée, lors des méditations ou des prières, plus mon esprit devenait calme et clair. Je compris que quel que soit le lieu où je me trouvais, que je sois en méditation ou dans le monde extérieur, si j'étais capable de maintenir cette puissante concentration sur ce que je faisais, cet état de calme perdurerait. Je ne dépendrais plus de quiconque, je serais parfaitement libre. C'est la dispersion de l'énergie qui affaiblit les êtres et crée une dépendance.

— Ce que nous appelons démons ne sont pas des entités matérielles, me rappela Amdo Jetsun. Tout ce qui entrave notre accomplissement de la libération [1] porte le nom de démon. Par consé-

1. Ici, le terme « libération » est employé dans son sens spirituel. Il désigne l'abolition du cycle des renaissances et l'atteinte de l'Éveil pour le bien d'autrui : la Connaissance ultime.

quent, même des amis gentils et affectueux peuvent se révéler des démons dans la perspective de la libération ultime. Mais le pire des démons est l'attachement à l'ego. Tous les démons apparaîtront tant que l'on n'aura pas tranché cette puissante forme d'attachement.

Nous étions assises sur le petit surplomb rocheux à l'extérieur de ma grotte. Il avait plu la veille et le sol était encore humide. Une nappe de mousse accrochée à un rebord laissait tomber des gouttes d'eau de ses vrilles touffues. Elle ressemblait à une forêt miniature dont les branches d'arbres auraient attrapé des petites lunes.

— Il faut trancher l'attachement. Comme ça, poursuivit Amdo Jetsun en étendant le bras pour enlever d'une chiquenaude l'eau des petits tendrons. L'une des méthodes les plus efficaces est la pratique du Tcheu. Elle consiste de manière générale à offrir son corps aux bouddhas, aux divinités et aux démons [1]. Vous devez souhaiter renoncer à tout ce que vous avez, même votre corps, dans le but d'accomplir le bien d'autrui. C'est la perfection de la générosité. Imagine ta divinité tutélaire Dordjé Phourba devant toi. Elle tient dans sa main droite un couteau à la lame légèrement incurvée. À l'aide de cette dague, elle détache la peau de ton

1. La pratique du Tcheu fut introduite au Tibet par Padampa Sanguié (XIIe siècle) et la grande Matchik Labdreun (1055-env.1153), fondatrice de cette lignée. Les divinités font ici référence aux Trois Joyaux : le Bouddha, le Dharma et la Sangha ainsi qu'au maître spirituel, aux protecteurs et détenteurs de la sagesse. Dans certains cas, le maître peut demander au disciple d'effectuer cet exercice dans des lieux effrayants.

corps qu'elle étend sur le sol et sur lequel elle empile les restes de ce corps. La peau devient un sol d'or, le sang et la lymphe sont des lacs d'eau parfumée. Les doigts et les orteils forment un pourtour montagneux et le torse est la montagne qui se situe au centre. Les quatre membres représentent les quatre continents. La tête est la résidence des dieux. Les yeux sont respectivement la lune et le soleil. Le cœur est le joyau qui exauce tous les souhaits.

Amdo Jetsun se pencha vers moi, observant ma réaction. L'un de ses yeux était d'un blanc de lait, comme recouvert de givre. L'autre était noir. J'essayai de ne pas ciller et de soutenir son regard.

— Les divinités et les démons vont se repaître de l'ambroisie de ton corps et s'en rassasier, reprit-elle, apparemment satisfaite de ma concentration. Cela sera d'un grand bénéfice pour tous les êtres, et, en outre, ce processus te permettra de trancher l'attachement à toutes choses d'ordre physique et d'éliminer toute souillure mentale.

Elle me regarda puis se leva brusquement.

— Continue ta pratique, me dit-elle.

Puis elle se retourna et descendit d'un pas malaisé sur le sentier abrupt qui menait à sa grotte.

Un jour, alors qu'elle était d'humeur plus bavarde, Amdo Jetsun me raconta sa première expérience du Tcheu dans un cimetière [1], lieu pri-

1. Il ne s'agit pas de cimetière au sens occidental du terme, mais de grandes dalles sur lesquelles on découpe les cadavres des défunts que les vautours viennent ensuite dévorer. On avait recours à cette pratique pour les corps des laïcs. Dans le Tibet oriental, les bébés, les mendiants et les lépreux étaient jetés dans les fleuves alors que dans la province

vilégié pour cet exercice spirituel. Elle avait commencé à pratiquer et à méditer dès son enfance. Lorsque sa famille décida de lui choisir un mari, elle s'enfuit de chez elle pour ne plus jamais y revenir. Elle se rendit en pèlerinage dans tous les lieux saints du Tibet et vécut dans les grottes des montagnes sacrées. Elle rencontra alors un maître qui lui dit que le moment était venu d'accomplir le Tcheu dans des lieux funéraires. Elle eut peur, mais son maître insista sur l'importance de cette pratique et elle finit par y consentir.

— J'ai sellé mon cheval et je suis allée aux abords d'une ville qui possédait un grand cimetière. J'y suis arrivée tard dans la soirée. Comprenant soudain que j'allais être totalement seule et livrée à moi-même, la peur s'est emparée de moi. J'ai élevé un petit muret de pierres pour me protéger du vent qui commençait à souffler, puis je me suis assise et j'ai commencé ma pratique du Tcheu. J'en étais à peu près au milieu quand j'ai entendu un chien aboyer au loin. Les aboiements se sont rapprochés et m'ont distraite car je craignais que le chien ne m'attaque. Mais j'ai continué. Le chien s'est approché de moi. Je l'entendais aboyer tout à côté. J'ai battu mon tambour rituel. À ma grande surprise, l'animal s'est enfui. Le rituel terminé, j'ai compris qu'il s'agissait d'une épreuve. Si j'avais cédé à la crainte, si je

---

d'U-Tsang les bébés étaient enterrés dans des cercueils. La crémation était réservée aux maîtres spirituels. Ces différents traitements des morts répondaient également à une préoccupation écologique : le bois étant rare au Tibet, il était considéré comme sacrilège de brûler le corps d'un laïc.

m'étais enfuie au milieu du Tcheu, je ne l'aurais pas surmontée. Cela m'a appris à contrôler ma peur et à tenir bon. Depuis je n'ai plus jamais eu peur.

Lorsqu'elle termina son récit, l'après-midi touchait à sa fin et les nuages avaient recouvert le soleil. L'air était glacial, mais son récit me glaçait davantage encore.

— Bientôt, je t'emmènerai pratiquer le Tcheu près de dalles funéraires, dit-elle en partant.

Cette nuit-là, je ne dormis pas.

Le terrain s'étend devant moi. Pâle, de la couleur de l'os. Plus loin, je vois un profond ravin creusé dans la terre, j'entends des gémissements d'outre-tombe. Pareils aux rafales de vent, aux cris d'un animal en proie à la douleur. Ces sons s'amplifient. Une force que je ne contrôle pas me pousse vers le bord. Au fond, des corps se tordent de douleur, écorchés vifs, simples ossements. J'essaie de me retenir à un rocher sur le bord du précipice, mes doigts glissent. Je tombe lentement. Une main se tend vers moi. Les plaintes se font plus vives.

Toute la journée mon corps fut convulsé de peur. Je m'asseyais pour méditer et immédiatement la sueur m'inondait. Parfois, je croyais entendre un gémissement venant du fond de la grotte, les parois semblaient vaciller et se tordre. Je tentai de prier dans le silence, mais je crus entendre un bruit de pas se rapprocher dans un couloir. Mon estomac se serra : « Aidez-moi à briser les peurs de mon esprit. » Avec le temps, ce bruit s'estompa et mon esprit se calma. J'étais déterminée à suivre Amdo Jetsun méditer sur un charnier. Je me jurai de trancher mes peurs.

Quelques mois plus tard, nous nous rendîmes au monastère de Séra. Son cimetière était le plus grand de tout le Tibet, une immense dalle où l'on brisait les os des cadavres pour les laisser aux vautours. Amdo Jetsun planta une tente près de la dalle funéraire. Peu avant le coucher du soleil, nous effectuâmes les visualisations du Tcheu. Quand vint l'obscurité, nous rentrâmes dans la tente. Au loin, nous entendions les voix des gens qui terminaient leur journée et, tout près, le murmure d'un torrent. Amdo Jetsun s'endormit immédiatement. Dès que je fermais les yeux, j'avais l'impression que quelque chose me tirait par les pieds. Je les ouvrais alors : rien. Je les refermais, et chaque fois je ressentais la tension, qui tentait de m'extraire de la tente. Je me rapprochai d'Amdo Jetsun. La chaleur de son corps me calma un moment, mais le tiraillement ne tarda pas à se manifester de nouveau. Quelle que fût ma position, il revenait. Je priai. Alors que j'étais allongée, en train de prier, un violent coup de tonnerre claqua au-dessus de nous. Le ciel s'ouvrit, se fendit en deux moitiés, et des éclairs illuminèrent le faîte de la tente. Il pleuvait à verse. Les gouttes s'abattaient furieusement contre la toile. J'appelai, mais Amdo Jetsun continuait à dormir. Le bruit du torrent s'amplifia. Je pensai qu'il n'allait pas tarder à déborder. Je me souvins de l'époque des inondations à Drapchi d'où nous avions dû être évacués. C'est la même chose, pensai-je ; il faut partir à tout prix ! Je secouai Amdo Jetsun jusqu'à ce qu'elle se réveille.

— Il y a de l'eau partout. Il faut partir ! lui dis-je.

Les piquets de la tente commencèrent à s'affaisser, puis deux d'entre eux se détachèrent et un pan de la tente se mit à battre dans le vent. Amdo Jetsun et moi sortîmes en rampant. Tout autour de nous, la pluie tombait à seaux. Je ne pouvais m'empêcher de frissonner de froid et de peur. Nous nous mîmes à rassembler nos affaires. Soudain, Amdo Jetsun se ravisa. Elle se retourna vers moi.

— Nous ne partirons pas d'ici, dit-elle.

— Nous allons être noyées, plaidai-je.

— Qu'il en soit ainsi. On ne part pas. Replante les piquets de la tente.

Tremblante de peur, je fis ce qu'elle m'avait demandé. Près de nous, le torrent avait débordé et s'approchait de la tente. Amdo Jetsun rentra à l'intérieur et s'allongea. Je rentrai à mon tour et, raidie par l'angoisse, je m'allongeai aussi. Au bout d'un moment, la tempête se calma et les eaux du torrent baissèrent.

— La peur est souvent une illusion créée par les pensées de notre esprit, déclara la nonne le lendemain matin. Une fois qu'on en a reconnu la nature illusoire, on sait qu'il n'y a rien à craindre. Des obstacles peuvent surgir sous la forme de calamités naturelles ou de pensées et distraire le pratiquant de sa méditation. Dans un cas comme dans l'autre, il est important de ne pas céder.

Plus tard, je compris qu'Amdo Jetsun avait fait le bon choix. Elle avait utilisé une expérience de la vie quotidienne pour dispenser son enseignement. Cela me fit une profonde impression. Depuis ce moment-là, je n'ai plus éprouvé la peur de la même façon qu'avant.

11

La liberté

La manifestation du 27 septembre 1987 commença comme une protestation non violente. Les jours précédents, des affiches rédigées à la main étaient apparues sur les murs de Lhassa.

— Nous devons tous être prêts à mourir pour notre pays. C'est ce que disent les moines de Drépoung sur les affiches qu'ils ont collées, murmura Tashi, l'un de mes amis résistants.

Nous étions dans l'entrée d'une maison où j'étais venue rendre une visite. Tashi parlait vite tout en regardant furtivement derrière lui afin de s'assurer que personne ne nous voyait. D'un geste rapide, il me remit une pile de papiers dans les mains.

— Distribue ça. Il y a une réunion dans la maison de Yongdro ce soir.

Puis il se retourna brusquement et partit. Ce soir-là, nous étions six dans la petite pièce de Yongdro, désirant en savoir davantage sur la manifestation prévue par les moines du monastère de Drépoung. Tashi nous exposa le contexte de l'événement.

— Sa Sainteté est apparue devant le Congrès des États-Unis et a formulé plusieurs demandes : que le Tibet soit une zone de paix et de désarmement, que la Chine mette fin à sa politique de transfert de population chinoise au Tibet, que les droits de l'homme et la liberté démocratique y soient respectés et l'environnement naturel restauré et protégé. Enfin, il a émis le souhait que les Chinois s'engagent à discuter sérieusement avec lui de l'avenir du Tibet, insistant sur le fait qu'il cherchait une solution qui soit dans l'intérêt de la paix mondiale.

Nous levâmes les mains en signe se solidarité.

— La réponse des Chinois aux propositions du Dalaï-Lama a consisté à obliger quinze mille personnes à assister à l'exécution de trois dissidents tibétains. Huit autres ont été condamnés à la prison. C'est contre ce verdict que les moines de Drépoung protestent, poursuivit Tashi.

Nous étions consternés.

— Que pouvons-nous faire ? chuchota quelqu'un d'un ton pressant.

— Réunir autant de gens que nous le pouvons pour assister à la manifestation, répondit Tashi. Il faut faire savoir aux Chinois que nous soutenons la proposition de Sa Sainteté. Libérons le Tibet ! dit-il en levant les mains.

— Libérons le Tibet !

— Comme un fleuve qui ne cesse de couler, on ne peut arrêter la volonté et la détermination du peuple tibétain ! Soyez au temple du Jokhang demain matin, ajouta-t-il avant de partir.

Le lendemain, dès le lever du soleil, je me rendis au temple. Le matin était calme et rien ne laissait présager la manifestation qui devait se dérouler deux heures plus tard. Quelques rares passants arpentaient les rues, une brise tiède soufflait de l'ouest. Tout paraissait normal. Je fis la circumambulation rituelle avec d'autres personnes, allumai des bâtons d'encens et retournai à la maison que je partageai avec des amies. Une matinée normale. Mais tandis que je récitais mes prières, je remarquai que les battements de mon cœur s'accéléraient.

Alors que je prenais une tasse de thé avant de ressortir, le banc sur lequel j'étais assise bougea et le sol sous mes pieds se mit à gronder.

— Qu'est-ce que c'est ? demandai-je à mon amie qui se leva à ce moment-là.

— Ils nous bombardent ?

Je bondis sur mes pieds. Les murs de la maison parurent trembler et le bruit d'un grand vent dans les arbres emplit la pièce. Nous nous serrâmes l'une contre l'autre. Puis tout redevint calme.

— Un tremblement de terre, murmura-t-elle.

— Un présage, dis-je.

— Longue vie au Dalaï-Lama !

Deux cents personnes menées par trente moines de Drépoung marchaient vers moi en criant des slogans et en brandissant des drapeaux tibétains cousus à la main.

— Le Tibet est un pays indépendant. Les Chinois, dehors !

Je me joignis à eux. Nous fîmes trois fois le tour du temple du Jokhang. Nous nous rassemblâmes ensuite devant le sanctuaire, près d'un saule qui aurait été planté par l'épouse chinoise de

Songtsèn Gampo [1]. Les feuilles jaunissantes commençaient à tomber. Le soleil levant les rendait semblables à des gouttes d'or tombant sur le sol. Cela me fit penser aux innombrables larmes versées dans tout le Tibet. « Je suis ici au nom de tous ceux qui sont morts. Un jour, je verrai Sa Sainteté. En attendant, je me bats pour le Tibet. »

— Le Dalaï-Lama est le véritable chef du Tibet. Vive l'indépendance du Tibet ! cria la foule.

Nous levâmes la main en signe de solidarité et nous nous dirigeâmes vers le siège du gouvernement du Peuple de la région autonome du Tibet. Nous venions juste de dépasser les boutiques du quartier de Darpoling, un peu avant les bureaux gouvernementaux, lorsque nous entendîmes les avertisseurs de véhicules qui se dirigeaient vers nous.

Soudain, l'armée chinoise fondit sur nous. En Jeep, en camions, motos. Les soldats frappèrent les moines à coups de bâton et de fusil. Puis ils s'en prirent aux laïcs. Tout se passa si vite que je n'eus pas le temps de réfléchir. Devant moi, un jeune moine cassait le trottoir à l'aide d'un marteau.

— Prenez les pierres, cria quelqu'un dans la foule.

Nous nous bousculâmes pour nous emparer des pavés de la chaussée. Près de moi, un homme arracha un rideau à une fenêtre dont il fit des frondes ;

1. Roi du Tibet au VIIe siècle, il fut le premier à y introduire le bouddhisme. La tradition veut que ses deux épouses bouddhistes, la Népalaise Brikhuti et la Chinoise Weng Chen, contribuèrent elles aussi à l'implantation de cette foi.

à tour de rôle nous lançâmes nos projectiles contre les soldats. Quelques étrangers se joignirent à nous et toutes les pierres qui se trouvaient à notre portée y passèrent. Je me précipitai vers une policière appuyée contre sa moto et, en criant « Vive le Tibet libre ! », je lui jetai une poignée de terre au visage. Puis je me retournai et dévalai la rue avec plusieurs compagnons. Je butai et tombai, hors d'haleine et étourdie, mais je pus me relever et continuer ma course. J'atteignis enfin la maison de Téndzin, un ami de Lemdha, qui me cacha.

La police visita toutes les maisons, à la recherche des manifestants. Nous nous apprêtions à nous coucher lorsqu'on frappa à la porte.

— C'est la police, dit Téndzin. Cache-toi.

Tout le monde était affolé, ne sachant que faire de moi. La maison ne comportait qu'une seule pièce. La femme de Téndzin me saisit par la main et me poussa dans les toilettes.

— Qui est là ? Combien de gens vivent ici ? demanda le policier dans la pièce.

On frappa à la porte des toilettes.

— Qui est à l'intérieur ?

L'homme frappa à grands coups et commença à forcer la porte. La panique s'empara de moi. Je n'eus d'autre solution que de me montrer.

Un policier se tenait près de moi tandis qu'un autre vérifiait les noms des habitants de la maison sur une liste.

— Où est ta carte d'identité ? me demanda-t-il.

— Je n'en ai pas.

J'espérais avoir l'air innocent.

— C'est une amie qui est arrivée de Motogongka. Elle n'a pas pu rentrer chez elle à cause de l'agitation qui a eu lieu dans les rues, intervint Téndzin.

À ce moment-là, cinq autres policiers entrèrent à leur tour dans la pièce. Voyant que leur collègue m'interrogeait, ils s'approchèrent. *Om mani pémé houng*, murmurai-je en mon for intérieur, c'est la fin. Celui qui me questionnait eut un haussement d'épaules vers les autres.

— Ramène-la dans son village demain matin, dit-il à Téndzin, nous viendrons vérifier.

Puis sa voix décrut et ils franchirent la porte. Je respirai. « Par la grâce du Bouddha, ils ne m'ont pas reconnue. » Quatre jours plus tard, le 1er octobre, les moines de Séra firent le tour du Jokhang. Les drapeaux tibétains à bout de bras, ils scandaient des slogans indépendantistes et demandaient la relaxe des Tibétains emprisonnés. Un peu plus tard, une passante nous annonça l'arrestation des moines.

— Ils les ont frappés avec des gourdins et des pelles et les ont emmenés au poste de police qui se trouve en face du Jokhang. Venez ! Les gens ont commencé à se rassembler.

J'enfilai mes chaussures et la suivis en courant. Une foule énorme s'était massée devant le poste de police. Peut-être deux à trois mille personnes en colère exigeaient la libération des manifestants.

— Ils battent les moines ! cria quelqu'un.

L'armée commença à charger. Plusieurs manifestants renversèrent des Jeep et des motos garées à l'extérieur du poste de police et y mirent le feu. Il s'enflamma d'un coup.

— Sortez les moines ! Ils risquent de périr brûlés, s'écria un manifestant.

— Reculez ! hurla la police par-dessus le bruit.

Des gens crièrent. Des flammes jaillirent du bâtiment.

— Il y a une fenêtre à l'arrière. Si on la casse, les moines pourront sortir, dis-je à ma voisine.

Nous ramassâmes une barre de fer sur le bas-côté et courûmes derrière les bureaux. Dix, quinze fois, nous frappâmes de toutes nos forces les panneaux de bois qui recouvraient la vitre, mais ils résistèrent. Deux jeunes gens nous remplacèrent et réussirent à les fendre tandis que d'autres jetaient des pierres contre la porte adjacente.

Le feu se répandait dans tout le bâtiment.

— Ils vont être brûlés ! hurlai-je.

— Que personne ne bouge ! Celui qui fait un geste est un homme mort ! ordonnèrent les policiers.

De l'intérieur, un moine parvint à la fenêtre, les yeux égarés par la peur. Des flammes s'élevaient juste derrière son dos. Il passa une jambe par-dessus la fenêtre, mais il fut abattu avant d'avoir pu sortir. À la vue de son corps qui s'effondrait, terrassé, je m'assis sur le sol en pleurant. Tout était allé si vite.

La police fixa un ultimatum à la reddition des manifestants. Deux semaines plus tard, elle sévit et des quartiers de Lhassa furent bouclés. Il y eut plus de mille arrestations. La police avait pris des photos des manifestants depuis les toits des bâtiments proches du Jokhang. Ceux qui ne furent pas arrêtés durent se cacher. J'allai de maison en maison, vivant chez les uns et les autres, parfois des connaissances, parfois non. Un soir, alors que je dînais chez une famille du Gonjo, nous entendîmes quelqu'un frapper à la porte.

— Les policiers arrivent. Ils vont de porte en porte, nous avertit un inconnu à l'extérieur.

Une jeune fille qui assistait au dîner me proposa de la conduire chez elle. Elle habitait la maison en face, de l'autre côté d'une cour. Les policiers s'étaient déjà rendus chez elle. Elle me prit la main et, le cœur battant, nous traversâmes l'espace qui séparait les deux maisons. Lentement, comme une mère et sa fille : « Une jambe après l'autre, pensai-je, garde l'esprit concentré sur chaque pas. Ne le laisse pas dériver vers la peur. » J'entendis la voix d'Amdo Jetsun : « La peur est une illusion. Il est essentiel de ne pas s'y laisser prendre. »

Les policiers, occupés à inspecter d'autres bâtiments, ne firent pas attention à nous. Nous réussîmes à atteindre mon nouvel asile sans être interceptées. Mes hôtes étaient pleins de bonté et je pouvais leur faire confiance. Une fois encore, j'échappai à l'arrestation.

Ma vie itinérante dura cinq mois. Dans la plus grande discrétion je retrouvais de temps en temps deux ou trois compagnons pour organiser la résistance. Nous passions les messages de bouche à oreille, évitant toute trace écrite. Comme nous ne disposions d'aucun moyen pour imprimer des affiches, nous nous regroupions à quatre ou cinq et les rédigions à la main. Elles étaient distribuées dans les régions de Séra, de Drépoung, de Gandèn et collées de nuit sur les murs. Parfois, j'emmenais avec moi huit ou neuf personnes pour les placarder et nous nous partagions les différents quartiers, nous faufilant dans les ruelles. Je me risquai même à en coller de jour. Les étrangers acceptaient volontiers de se charger des lettres destinées aux Nations unies ou au gouvernement en exil. Lorsque nous voulions en envoyer, nous nous rendions au Potala et nous attendions de rencontrer un touriste qui voulait bien s'en charger. À cette époque-là, nous n'étions pas regroupés en une organisation digne de ce nom et dirigée par un chef. Nous étions seulement des Tibétains entièrement voués à la cause de notre pays.

Le 5 mars 1988, une troisième grande manifestation eut lieu. Dans les jours qui la précédèrent, j'allai de maison en maison afin d'avertir les gens de ce qui se préparait et de les mettre en rapport avec les organisateurs. Dépourvus de voitures et de téléphones, nous faisions toutes ces démarches à pied. La fête de la Grande Prière de Monlam Chènmo [1] commença le 3 mars. Craignant des incidents, les moines hésitaient à la célébrer. Mais les Chinois, voulant prouver qu'ils respectaient la liberté de culte, contraignirent les moines à y assister.

— Ils appellent ça liberté de religion ! Mais de quelle liberté s'agit-il quand on oblige les moines à prier ? gronda Téndzin.

Une semaine avant le Monlam, des milliers de policiers et de véhicules militaires effectuèrent des manœuvres devant le Jokhang. Des barrages routiers quadrillaient la ville et des Jeep militaires

1. Grande célébration de Lhassa qui réunit tous les moines des grands monastères environnants pendant plusieurs jours.

patrouillaient toutes les nuits. Les deux premiers jours de Monlam furent calmes. Le troisième, les moines, qui pénétrèrent dans le temple du Jokhang en portant une grande statue de Maitreya, le futur Bouddha [1], se mirent à scander des slogans : « Le Tibet est un pays indépendant ! Les Chinois, dehors ! » La foule ne tarda pas à se joindre à eux, réclamant la libération de tous les prisonniers tibétains, dont Yulu Rimpotché, un lama arrêté pour avoir accordé à un journaliste italien un entretien dans lequel il exprimait son soutien à l'indépendance du Tibet. Elle venait juste de se rassembler autour du Jokhang quand des soldats chinois armés surgirent et l'encerclèrent. Ils lancèrent des bombes lacrymogènes et emmenèrent de force des moines, y compris ceux qui priaient. Ultime sacrilège, ils jetèrent des grenades sur le temple.

La manifestation s'étendit à toute la ville de Lhassa. Jusque tard dans la nuit, des coups de feu retentirent. Trente moines furent tués.

— Patchèn ! cria une voix venant d'une échoppe au bord de la rue.

Je regardai en direction de la voix et je vis un vieil homme derrière une pile de châles en laine. C'était un vendeur avec lequel je bavardais volontiers lors de mes allées et venues quotidiennes au Jokhang. Il me fit signe d'approcher.

— Je vous observe depuis un certain temps. Chaque fois que vous passez, il y a un Chinois qui

1. Le bouddhisme considère trois temps principaux ; à chacun correspond un bouddha : au passé, le Bouddha Dipankara ; au présent, le Bouddha historique Shakyamaini (IVe-Ve siècles av. J.-C.) ; au futur, le Bouddha Maitreya.

vous suit. C'est toujours le même, murmura-t-il en désignant un homme qui venait de s'arrêter quelques échoppes plus loin.

Je m'inclinai et repris ma route d'un pas rapide. Quelques rues plus haut, je m'arrêtai devant une autre échoppe. Faisant semblant d'examiner un chou, je jetai un bref coup d'œil de côté. L'homme venait de s'arrêter deux éventaires plus bas. Il baissa les yeux. Je repris ma marche. Puis je tournai brusquement dans une allée étroite. J'avançai en zigzaguant à travers les ruelles et les rues sans me retourner. Mon cœur battait à tout rompre. Je ne tardai pas à être à bout de souffle. Je me cachai dans l'encoignure d'une porte et regardai furtivement derrière moi. L'homme avait disparu. Pendant tout le trajet de retour jusqu'à la maison où je séjournais, je regardai de temps à autre par-dessus mon épaule, mais je ne le vis nulle part.

Le lendemain, un ami qui avait été arrêté par les Chinois puis libéré vingt jours auparavant vint me voir.

— Les Chinois parlent de toi. Ils se renseignent sur ton compte. En fait, tu les intéresses plus que moi. Le danger s'accroît. Tu devrais quitter Lhassa dans les dix jours qui viennent. Et quitter le Tibet. Tu n'y es plus en sécurité.

Je le regardai, incrédule.

— C'est un miracle qu'ils ne t'aient pas encore arrêtée, reprit-il. Ils t'observent. Ce serait de la folie de rester plus de dix jours.

— Je ne veux pas partir, lui répondis-je.

Je ne voulais pas abandonner le but que je m'étais fixé en redescendant de ma grotte de Tamdrin Drouphouk : oser parler au nom du Tibet. Je connaissais bien Lhassa à présent et il m'était facile de participer aux activités politiques. J'estimais que ma contribution serait plus efficace à l'intérieur du pays. Et puis, ne connaissant d'autre langue que la mienne, je me demandai comment je pourrais survivre à l'étranger. Mais, plus que tout, je ne voulais pas quitter tous ces lieux sacrés du Tibet. J'avais interrompu mon pèlerinage par nécessité, pour participer à la défense de mon pays. Mais j'espérais toujours retourner dans ma grotte et y mener la calme vie des contemplatifs. Le lendemain, j'allai trouver le lama Pelbar Tulkou afin qu'il effectue une divination. Il compta à nouveau les grains de son chapelet. Puis il secoua la tête.

— Il n'est pas bon que vous restiez au Tibet.

Je n'avais pas le choix. Mais j'allais enfin rencontrer Sa Sainteté.

Avant de quitter Lhassa, je me rendis au Jokhang une dernière fois pour prier devant la représentation sacrée du Bouddha. C'était la fin de l'après-midi et le soleil avait disparu derrière les montagnes. Bien qu'à l'intérieur du temple la lumière fût faible, la représentation du Bouddha, entourée de milliers de lampes à beurre, brillait comme sous le soleil. J'apposai mon front contre ses pieds et offris une écharpe cérémonielle d'un blanc immaculé. J'ajoutai une petite lampe à beurre à toutes celles qui brûlaient déjà. Je restai un long moment en prière : « Que l'esprit de tous les êtres s'ouvre à la sagesse des enseignements, pour qu'ils acquièrent la compréhension de la nature de toutes choses et deviennent conscients de la lumière et de l'immensité de leur nature primordiale. » Les jours suivants, je fis mes préparatifs de départ dans le secret le plus total.

J'avais prévu de me rendre en voiture au mont Kailash, la montagne la plus sacrée du Tibet, puis de traverser la barrière himalayenne à pied en redescendant vers le Népal et l'Inde.

Je n'informai que trois amis. Il eût été trop dangereux de révéler mon départ à d'autres gens. Je ne l'annonçai même pas à mon hôte du moment.

— Je ne resterai pas longtemps. Juste le temps d'avoir une entrevue avec Sa Sainteté, assurai-je à ma plus fidèle amie.

Elle se demandait avec inquiétude si je supporterais un tel voyage compte tenu de mon âge, cinquante-six ans, et de tout ce que j'avais enduré en prison.

— Je t'écrirai pour te tenir au courant des changements ici. Mais jusqu'à preuve du contraire il vaut mieux que tu restes en Inde, me réponditelle en essayant de masquer son inquiétude.

Et après que nous nous fûmes étreintes, elle me mit de force un peu d'argent dans la main.

— Prends ça. Tu en auras besoin.

Nos fronts se touchèrent une dernière fois et je montai dans une voiture en compagnie de trois voyageurs. Nous passâmes plusieurs contrôles de police. Trois fois, les policiers passèrent leur tête à l'intérieur de la voiture et nous dévisagèrent. Je retins mon souffle en baissant les yeux. Ils me regardèrent d'un air soupçonneux, mais se turent et firent signe à la voiture de continuer. Je regardai le paysage défiler par la fenêtre, méditant sur le temps qui passe. J'avais vingt-cinq ans quand j'avais décidé de participer à la défense du Tibet et de préserver nos enseignements spirituels. J'avais passé la plus belle partie de ma vie en prison, ma jeunesse s'était écoulée sans que je la vive vraiment. Mais il était inutile de nourrir des regrets. Parfois, j'éprouvais à nouveau une violente colère contre les Chinois. Plus d'un million de victimes, tués ou morts de faim. Des forêts dépouillées de leurs arbres, des métaux précieux extraits de nos montagnes, des animaux abattus. Ma vie, comme celle de tant d'autres, s'était déroulée dans la souffrance. Sa Sainteté avait déclaré que nous ne devions pas haïr les Chinois, que c'était la politique de quelques personnes et non d'un peuple qui avait provoqué tant de mal au Tibet. Nous devions pardonner à nos ennemis. Malgré ma confiance dans sa sagesse, il ne me semblait pas facile d'agir ainsi. Le pardon vient du tréfonds du cœur. Or si mon corps avait été libéré de prison, mon cœur, lui, n'était pas libre. Même ma longue méditation dans la grotte n'avait pas totalement dissipé ma colère.

Soudain, à la sortie des plaines, le mont Kailash apparut. Telle la demeure des dieux, cette haute montagne s'élançait dans le ciel au-dessus du haut plateau poussiéreux. Des nuages étaient suspendus de part et d'autre de la cime comme un cortège de serviteurs. Le large sommet en forme de diamant étincelait, un joyau dans la lumière du soleil. Et si calme qu'on avait l'impression de pénétrer dans un espace intemporel, proche du centre de l'univers. Au fur et à mesure que nous nous en rapprochions, ma tristesse s'intensifiait. S'il avait été possible d'empiler les unes sur les autres toutes les douleurs que nous avions endurées ces trente dernières années, elles atteindraient la hauteur du mont Kailash. Des douleurs aussi hautes que cette montagne. J'entendis la voix de papa à mon oreille. Je le vis sur son cheval, ses longs cheveux ondulant derrière lui, son corps flamboyant fendant l'air. La main de maman tendue vers moi, sa tête sur ma poitrine. Je revis Dékyong partir, un soldat derrière elle. Une douleur après l'autre...

Je me joignis à plusieurs personnes qui effectuaient la circumambulation rituelle du mont Kailash [1]. Nous commençâmes au lever du jour et marchâmes deux heures après le coucher du soleil. Le sentier était abrupt et accidenté. Des pèlerins avançaient pieds nus, leurs chaussures à la main. Ils s'étendaient de tout leur corps sur le sol, se relevaient, puis recommençaient un peu plus loin, tout au long des cinquante kilomètres du trajet. Pendant que je marchais, une clarté commença à poindre en moi, et mon cœur à s'ouvrir. C'était comme si une énergie particulière se dégageait du centre de la grande cime sacrée et me pénétrait davantage à chaque pas. Me souvenant que cette montagne avait le pouvoir d'exaucer les plus profondes prières, je priai : « Que tous les êtres soient libres de la souffrance et des causes de la souffrance... qu'ils trouvent la paix. » Au moment de dormir, je me sentis épuisée et tout endolorie. Mais la puissance de la montagne demeurait en moi. Mon cœur s'était profondément ouvert et, par

1. La circumambulation rituelle du mont Kailash s'étend sur 55 km que les pèlerins parcourent en deux ou trois jours. Outre le froid cinglant, même l'été, l'altitude oscille entre 4 500 et plus de 5 000 mètres.

moments, la compassion pour mes ennemis me remplissait.

Le lendemain, je pris un autocar à destination de Purang où je rencontrai un ami qui fuyait également vers le Népal. De Purang, nous continuâmes à pied, accompagnés par un guide qui connaissait le chemin.

— Il y a trois contrôles de police entre Purang et la frontière népalaise. Il faudra marcher de nuit. Mais d'abord, nous devrons traverser un col de jour, nous expliqua-t-il.

La journée était claire. Je ne portais que des chaussures de toile, une veste par-dessus ma tchouba et un sac. À Purang, je l'avais vidé de plus de la moitié de son contenu, mais il pesait encore lourd. À la limite des neiges éternelles, mon ami prit mon sac avec le sien sur son dos. Mais au fur et à mesure de notre ascension, je remarquai qu'il se tenait de façon particulière. Quand il se pencha en avant, j'aperçus une blessure ouverte dans son dos. Sans lui dire que je l'avais remarquée, je repris mon sac.

— Je me sens mieux si je le porte moi-même, lui expliquai-je pour ne pas blesser sa fierté.

La neige qui recouvrait le sentier devenait de plus en plus épaisse. Très vite, nous en eûmes jusqu'à la taille. Nous avancions très difficilement, comme s'il nous fallait fendre l'eau d'un fleuve. Et l'essoufflement provoqué par la raréfaction de l'air ralentissait encore notre progression. Au moment où le soleil commença à baisser, le vent se leva, fouettant les rabats de ma veste. La neige tournoyait en petites étoiles glacées qui me piquaient le visage. Je posais mes pieds dans les trous laissés par les pas de mon compagnon, mon regard rivé sur le prochain trou : je ne voyais pas au-delà. Mon esprit s'engourdissait, mon corps me faisait mal. Je me sentis faiblir au point de ne plus percevoir que le crissement de mes pieds dans la neige. Les paroles d'Amdo Jetsun résonnèrent à mes oreilles : « Des obstacles peuvent surgir... il est important de ne pas s'y abandonner... » Je continuai à marcher. Ce soir-là, nous nous abritâmes sous un surplomb rocheux pour y passer la nuit. Mes mollets étaient enflés comme s'ils étaient pleins d'eau. Je passai la plus grande partie de la nuit éveillée et tremblante de froid.

Une légère traînée rose apparut à l'horizon. C'est à peine si je la remarquai tant j'étais encore hébétée par la journée précédente. Lorsque la lumière devint plus vive, je m'assis. Aussi loin que portait mon regard, les montagnes ondoyaient en vagues d'argent pâle. Accompagnant le lever du soleil, elles passèrent du rose clair au corail, puis au rouge. Le spectacle d'une telle beauté changea mon état d'esprit et, pour la première fois depuis que nous étions partis, l'espoir monta en moi. Pas un grand espoir, juste une lueur, mais elle était bien là. Non loin de nous se dressait un petit tas de pierres au-dessus duquel flottaient des drapeaux à prières accrochés à des hampes de bois. Leur tissu décoloré claquait au vent. La vue de ces lambeaux sacrés ondulant dans le vent me bouleversa. Je me levai et, faisant face au Tibet, j'invoquai toutes les divinités et tous les protecteurs [1] de

1. La notion de protecteur au Tibet est complexe. Au sens spirituel, ce terme désigne les êtres qui ont pour mission

notre pays, leur demandant de ne pas faillir à leur mission. « Tenez bon. Faites tout ce qui est en votre pouvoir pour que le Dalaï-Lama revienne. Aidez le peuple tibétain à se libérer de l'oppression. » Ce matin-là, lorsque nous commençâmes la descente, mon ami et le guide durent me soutenir. Mes jambes enflées tremblaient tant qu'elles ne me soutenaient plus. La veille, la réverbération de la lumière sur la neige avait temporairement aveuglé mon compagnon qui voyait à peine. Ralentie par nos maux respectifs, notre descente fut très longue.

— Ce n'est pas rare. J'ai vu bien pire, remarqua le guide.

Je savais qu'il disait vrai. On m'avait raconté dans quelles circonstances les Tibétains fuyaient : à cause du froid, certains avaient perdu leurs doigts et leurs orteils, d'autres leurs pieds. Les engelures étaient si profondes que de nombreux enfants en bas âge qui en étaient victimes recevaient encore des soins des mois après leur arrivée en Inde.

— Mais quelle que soit l'intensité de leurs souffrances, les Tibétains continuent à s'enfuir, ajouta le guide.

Au terme d'une longue journée de marche, nous descendîmes dans une vallée et le soir nous passâmes près d'un poste de police. Il faisait nuit et on ne pouvait pas nous voir. Mais un chien qui avait dû

---

d'écarter les obstacles et de réunir les conditions favorables à la pratique du Dharma, aussi bien au niveau individuel qu'au niveau collectif. À un niveau de croyance plus populaire, il désigne les divinités locales qui protègent les lieux.

nous flairer se mit à aboyer. Quelques instants plus tard, la lumière de torches éclaira l'obscurité. Le guide et mon ami détalèrent. Je courus pour essayer de les rattraper. « N'allez pas si vite. Il fait nuit, nous risquons de nous perdre », conseillai-je à voix basse.

Ils promirent de ralentir, mais ne tardèrent pas à me distancer. La nouvelle lune n'était pas assez claire pour éclairer le sentier et je trébuchai à plusieurs reprises dans les broussailles qui le bordaient. Malgré la pente raide, j'accélérai pour essayer de tenir le rythme. En traversant un torrent, je glissai sur l'un des rochers et tombai à l'eau. Les deux autres ne me virent pas basculer et, quand je me relevai, je ne les entendis plus. Un nuage passa devant la lune et le sentier s'assombrit davantage. Impossible de savoir quelle direction ils avaient prise. En me retournant, j'aperçus à nouveau la lumière des torches et j'entendis les aboiements d'un chien qui se rapprochait. Je crus entendre quelqu'un marcher sur les rochers non loin de moi et je me mis à courir. Le bruit s'estompa, je m'enfonçai dans un bois. Les ténèbres s'obscurcirent. Pendant un moment, j'eus l'impression d'avoir perdu mon chemin. Les broussailles étaient hautes et j'étais entourée d'arbres. Au-dessus de moi, leurs branches dénudées et noueuses ressemblaient à des serpents qui se lovaient. Parfois, j'eus l'impression que, caché derrière un tronc, quelqu'un m'observait. Je détournai la tête pour ne pas être reconnue, et je me hâtai. Je tombais souvent sur le sol inégal ; je me relevais et je trébuchais de nouveau. Je gravis une colline abrupte et redescendis dans une vallée. Puis je sentis des herbes sèches et piquantes sous mes pieds, un champ peut-être. Ensuite, le sol s'aplanit en un sentier étroit juste assez large pour les moutons et les chèvres. Je le suivis, espérant retrouver mes compagnons. Chaque fois que je m'arrêtais pour tenter de me repérer, me demandant si je les retrouverais jamais, je prenais peur et perdais toute volonté de continuer. Me souvenant alors de mes pratiques avec Amdo Jetsun, je concentrai mon esprit sur le sentier. Si je canalisais mon attention sur chacun de mes pas, mon esprit n'aurait pas le loisir de vagabonder. Ce n'est qu'ainsi que je pus continuer.

Bientôt, je distinguai la lueur d'un feu un peu à l'écart du sentier. Mes amis ! Je me précipitai mais je vis plus de deux personnes serrées les unes contre les autres devant les flammes. Sans doute des villageois. Toutefois, rien ne m'assurait de leurs bonnes intentions. Baissant la tête et pliant les genoux, je m'approchai en rampant. C'est alors que je butai sur un rocher et tombai, m'étalant dans un buisson sur le côté du chemin. Autour du feu, des voix appelèrent. Mon cœur se mit à battre à tout rompre et je fus prise de panique. Ils allaient me trouver ! On alluma une torche et la flamme vacillante vint dans ma direction. Je m'aplatis contre le sol et demeurai immobile, en essayant de ne pas respirer. « Dordjé Phourba, écartez-les d'ici. » Mon cœur cognait si fort que je craignis que quelqu'un ne l'entendît. Je pressai ma poitrine contre le sol comme s'il pouvait en étouffer le bruit. La torche se rapprocha, toujours plus près, jusqu'à n'être plus qu'à une coudée de moi. Puis elle passa. Mais avant que je puisse reprendre haleine, elle revint. Je retins mon souffle. *Om mani pémé houng*. L'homme à la torche repassa sans me voir et retourna vers le feu.

Au cours des quatre jours suivants, j'errai tantôt sur un sentier, tantôt à travers des prairies, des champs ou des forêts. Quand j'hésitais sur la direction à prendre, je faisais des divinations avec mon chapelet. Un poste de police m'obligea à un long détour, mais, quels que fussent les obstacles, je continuai à marcher. Le quatrième jour, je parvins à un petit village. À l'entrée, je m'arrêtai dans une maison pour demander où je me trouvais. Une vieille femme m'apprit que j'étais dans le village de mon guide.

— Il est ici avec quelqu'un d'autre. Ils sont partis à la recherche de leur compagnon. Ils ont dit qu'ils allaient revenir, m'annonça-t-elle.

Notre séparation avait duré dix jours. Lorsque je les retrouvai, je les étreignis.

— Le Bouddha nous a réunis : désormais, j'ai le sentiment qu'on ne courra plus de risques, dis-je.

Notre voyage se prolongea encore plusieurs jours : cols escarpés, vallées luxuriantes... J'avais parfois l'impression que nous n'arriverions jamais et j'éprouvais l'ardent désir de m'arrêter. J'étais à bout de forces, incapable de poursuivre, lorsque nous atteignîmes une petite clairière nichée au pied des montagnes.

— Nous y sommes, annonça le guide en désignant le petit champ verdoyant.

Enfin ! je levai les yeux vers les hautes montagnes qui nous entouraient et m'inclinai.

Le car paraissait se cramponner à la falaise qui bordait la route. Je fermai les yeux et serrai mon chapelet. Je priai pendant tout le reste du trajet afin que tous ceux qui avaient eu moins de chance que nous puissent être aidés comme nous l'avions été. Je rendais grâces au Seigneur Bouddha de nous avoir permis de nous échapper.

— Nous sommes bientôt arrivés, me prévint ma voisine.

Il y avait tant de gens sur cette route, et si différents ! Des femmes au corps drapé de tissus de couleurs vives, des bottes de paille sur la tête, des hommes vêtus de pantalons et de chemises, d'autres en tchouba qui faisaient tourner des moulins à prières, des enfants qui gambadaient main dans la main avec de petits sacs sur leur dos, des étrangers, les cheveux en bataille, des vestes de couleurs vives sur les épaules. La vue des longues robes monastiques bordeaux m'émut profondément. J'étais stupéfaite de voir autant de moines et de nonnes. Ils marchaient côte à côte sans se cacher, parlaient librement, priaient à haute voix. Cela faisait si longtemps que je n'avais pas vu pareille scène que j'éclatai en sanglots. Au détour d'un virage, ma voisine me désigna des bâtiments : Dharamsala ! Nous gravîmes une colline raide et arrivâmes devant un ensemble de boutiques. Il y avait des Tibétains partout. Et des camions, des voitures, des motocyclettes, des chiens, des vaches, des klaxons, des voix, des aboiements, tous évoluant en un fourmillement inextricable. Mais il n'y avait pas un Chinois. Je descendis du car. Devant moi, le flanc de la colline descendait en pente abrupte vers une large vallée verdoyante. Derrière s'élançaient les dents blanches et acérées des montagnes. L'air était froid et clair. Tous les visages paraissaient sourire. Je sentis mes yeux se remplir à nouveau de larmes et je baissai la tête. C'est là qu'habitait Sa Sainteté.

— Ani Patchèn, appela une voix douce à travers la porte de la petite pièce où j'habitais, près du monastère de Sa Sainteté, à Dharamsala, Ani Patchèn !

On frappa sur le battant de bois. Un jeune homme en pantalon et chemise blanche bien repassée se tenait dehors une lettre à la main.

— Je viens vous emmener voir Sa Sainteté, dit-il.

— *Ama, ama* [1], je n'ai pas eu le temps de me préparer.

Je me dépêchai de rassembler mes affaires, tirant de mon sac une écharpe cérémonielle blanche et une petite perle de corail. Dehors, le soleil venait juste de se lever et l'air était frais comme au printemps. En toute hâte, je suivis le jeune homme dans la rue qui descendait jusqu'au temple de Théktchèn Choling. Nous passâmes devant des gardes au regard profond et au béret garni de plumes puis nous montâmes une allée menant à un bâtiment entouré de jardins. En haut d'une volée de marches, un homme vêtu d'une tchouba grise nous accueillit. C'était le secrétaire personnel de Sa Sainteté. Il m'emmena dans une pièce qui surplombait un jardin de roses. Elle était

1. Interjection que l'on pourrait traduire par « maman, maman », ou « Mon Dieu, mon Dieu ».

claire et percée de nombreuses fenêtres. Sur les côtés étaient disposés des petits bancs tibétains ; sur le sol, un tapis de couleur crème rehaussé de vert et de rouge corail, et dans des vitrines adossées aux murs, des objets sacrés en or, en argent et en turquoise. Un homme apparut avec une tasse de thé :

— Encore quelques minutes, me dit-il.

Tout s'était passé si vite que j'en étais abasourdie. En prenant la tasse de thé, je m'aperçus que mes mains tremblaient. Le thé était doux et parfumé comme un nectar. Au fur et à mesure que le liquide descendait dans ma gorge, j'avais l'impression que mon corps se purifiait et que mon esprit commençait à s'éclaircir. Je restai assise un moment à regarder le jardin rempli de fleurs : roses, rouges, jaunes, corail. Le soleil filtrait à travers le sommet des arbres, effleurant de sa lumière les pointes des pétales.

Des pétales roses, bleus, jaunes tombent sur mes épaules, sur mes genoux. Ils attrapent la lumière au passage. Anya saupoudre ma tête de fleurs jusqu'à ce que j'en sois recouverte.

— La petite Ashe Patchèn est en sécurité, chante-t-elle.

Le secrétaire de Sa Sainteté revint. Je lissai les plis de ma tchouba, pris mon sac et le suivis. Il me conduisit à travers un couloir qui menait à une grande pièce décorée de lumineuses thangka. Après avoir franchi le seuil de la porte, je commençai à me prosterner. Mais avant même d'avoir accompli les trois prosternations, une voix profonde s'éleva :

— Relevez-vous ! Relevez-vous !

Sa Sainteté se tenait debout devant moi, tout près. Elle était plus grande que je l'imaginais, avec un long visage. Elle souriait et tendit le bras pour m'aider à me redresser. Quand ses mains touchèrent les miennes, je me mis à pleurer. D'un geste rapide, je lui glissai l'écharpe de soie et la perle de corail dans les mains. J'essayai de parler, mais les mots s'étranglèrent dans ma gorge. Chaque fois que j'ouvrais la bouche, j'éclatais en sanglots. Sa Sainteté attendit patiemment. Enfin, je réussis à me calmer. Je me mis à parler sans pouvoir m'arrêter. Je lui parlai pendant plus d'une heure, lui relatant tout ce que je savais, tout ce qui me venait à l'esprit. Je ne voulais rien omettre. Le Dalaï-Lama me posa des questions très détaillées sur mes origines, mon emprisonnement. Je lui racontai tout ce que j'avais vu et vécu. Des larmes perlaient à ses yeux. L'émotion me submergeait et je devais m'interrompre. Parfois, nous éprouvions une si forte douleur à évoquer les tourments infligés aux Tibétains que nous pleurions ensemble. À l'issue de notre entretien qui dura peut-être une heure et demie, un homme vint me chercher. Sa Sainteté me mit autour du cou une écharpe cérémonielle blanche. Puis elle me regarda dans les yeux. Et doucement, prenant ma main dans la sienne, elle inclina son front vers le mien. Ce fut comme si un soleil étincelant venait de traverser les ténèbres. Toutes ces années de souffrance n'avaient pas été vaines. J'étais enfin libre.

Épilogue

En 1989, l'année du Cheval d'eau, je m'établis à Dharamsala. Depuis j'ai pris part à toutes sortes d'activités pour soutenir le Tibet, j'ai rencontré des amis et des gens du monde entier. Mais pardessus tout, j'ai effectué ma pratique spirituelle. Chaque jour, je me lève tôt. Après avoir rempli d'eau les bols à offrandes de mon autel placé audessus de mon lit, je descends la route jusqu'au chemin sacré qui entoure le temple de Sa Sainteté. Là, je me joins à tous ceux qui font la circumambulation quotidienne.

Je m'appelle Lemdha Patchèn, cheffesse de la tribu de Lemdha. Je suis née en 1933, l'année de l'Oiseau d'eau femelle. Le lama de mon enfance m'enseigna que rien n'est permanent en ce monde. Mais à cette époque-là, je n'ai entendu que des mots. Aujourd'hui je les ai vus devenir réalité.

Nous étions riches, nous avions du bétail, des chevaux, des serviteurs et nous régnions sur les nomades. J'avais une précieuse famille qui m'aimait. Mais cette époque est révolue. Aujourd'hui je suis seule.

Les gens de ma génération meurent doucement. Votre génération prend le relais. Mais elle vieillira, puis mourra et une autre lui succédera. Ainsi vont les choses.

Mon père était connu pour son ardeur, son courage et son discernement. Il n'y avait personne dans tout le Gonjo qui puisse le défier ou le vaincre. Mais il n'est plus aujourd'hui qu'une légende du passé. Quand je mourrai, la lignée des Phomda Gonor Lemdha s'éteindra.

Et il ne restera plus que mon histoire.

Note au lecteur

C'est par hasard que je me suis trouvée associée au projet de ce livre. Lors d'une conversation anodine au cours d'un déjeuner, un ami me parla d'une nonne remarquable qui vivait auprès du Dalaï-Lama en Inde. Quelque temps après, comme par enchantement, je me retrouvai devant Ani Patchèn, dans sa chambre de Dharamsala.

De nombreuses étapes ont mené à cette première rencontre. En 1996, Richard Gere séjournait à Dharamsala. Au cours d'une conversation avec Tashi Tséring, de l'Amnyé Matchèn Institute, il apprit l'existence d'Ani Patchèn. Tashi, qui avait recueilli l'histoire de cette nonne extraordinaire, émit l'idée d'en faire un livre.

Plusieurs de mes amis qui se trouvaient également là me persuadèrent de les rejoindre pour y rencontrer cette femme au courage exceptionnel.

J'arrivai à la fin de la mousson, en pleine averse. Lhasang Tséring m'accueillit et me guida à travers les rues inondées de Dharamsala jusqu'à la cellule monastique où vivait Ani Patchèn. Au moment où nous entrâmes dans sa chambre,

Ani-la se leva de son lit pour nous accueillir. Elle était plus petite que je ne le croyais et une longue tchouba brune rapetissait encore son corps ; ses joues roses et ses cheveux noirs étaient rehaussés par une blouse de soie jaune. Elle avait quelque chose d'un elfe. Pendant des mois j'avais longuement contemplé sa photographie accrochée au mur. La voir en personne tenait du miracle. Elle s'avança et, lorsqu'elle fut près de moi, elle prit mes mains dans les siennes et s'inclina avant de relever la tête. Ses yeux étaient si rayonnants et si débordants de compassion que j'en fus émue jusqu'aux larmes. Un lien instantané et mutuel se créa entre nous. Notre rencontre parut l'enthousiamer autant que moi.

Au cours des deux mois suivants, je gravis chaque matin la colline en pente raide qui menait de mon petit hôtel à sa chambre, dans le couvent de Gadèn Cheuling. Cette cellule était petite, humide et encombrée. Deux lits bas étaient alignés le long des murs ; des sacs en plastique contenant ses affaires étaient pendus à des crochets. À l'extrémité de l'un des lits, des couvertures, des duffel-coats, des couvre-lits matelassés de couleurs vives étaient empilés sur une malle. Dans une sorte de placard mural se trouvait un réchaud à kérosène muni de deux brûleurs.

Tous les jours, après qu'elle eut préparé du thé au beurre et une sorte de galette de pain, nous nous asseyions en tailleur sur son lit, face à face. Avec l'aide de Téndzin Shérab, une jeune interprète tibétaine, Ani-la me raconta l'histoire de sa vie. Certains jours, la pluie tombait si fort que nous devions presque crier pour couvrir le vacarme des averses sur le toit métallique. Nous nous enveloppions souvent dans des couvertures pour nous protéger du froid. Mais quel que fût le temps, Ani-la était si désireuse de me raconter les détails de son histoire qu'elle parlait des heures durant, sans s'arrêter.

Au cours de ces conversations, ses mains étaient toujours en mouvement, son corps bougeait au rythme de son débit ou pour souligner certains moments de son récit. Son visage était expressif, parfois enjoué, sa voix insistante, claire et animée. Notre relation était si naturelle qu'il m'arrivait souvent d'oublier à quel point nos vies avaient été différentes. Mais une ou deux fois, en relatant des épisodes particulièrement douloureux, Ani-la éclata en sanglots. Je me rappelai alors brutalement que la femme assise à côté de moi avait perdu toute sa famille, avait passé vingt et un ans en prison et subi d'atroces tortures. Qu'elle ait survécu à cette période effroyable atteste de son courage et de sa foi.

Je voudrais insister sur le fait que le fruit de ces efforts conjoints est une histoire fondée sur la vie d'Ani Patchèn. Il s'agit davantage d'un récit que d'une biographie à proprement parler. J'ai ainsi pris la liberté d'inclure des histoires et des détails qui ne faisaient pas partie du récit d'Ani Patchèn afin de donner une image plus complète de la tragédie qui s'est déroulée — et se déroule toujours — au Tibet. Je voudrais également ajouter à l'intention de ceux qui connaissent le bouddhisme tibétain que je me suis efforcée de rester fidèle à l'essence même de ses enseignements plutôt que de décrire des pratiques spécifiques. Toute inexactitude est imputable à cette approche globale et non aux souvenirs ni *a fortiori* à la narration même d'Ani Patchèn.

J'ai puisé des informations et des anecdotes dans de nombreuses sources. Parmi celles-ci, citons : *Exil au pays des neiges* de John Avedon, *Tears of Blood* de Mary Craig, *Warrior of Tibet* de Jamyang Norbu et tant d'autres.

Les enseignements attribués à Khalé Rimpotché et à Guialtsé Rimpotché ont été empruntés à divers personnages, entre autres Sa Sainteté le Dalaï-Lama, Sogyal Rimpotché, Dilgo Khyentsé Rimpotché, Lama Thoubtèn Zopa Rimpotché, Shantidéva, Lama Tartchèn, Tulkou Thondoup, Gomo Tulkou, Lama Thoubtèn Yéshé, Lama Surya Das et puis dans le *Livre des morts tibétain* et *Tibetan Buddhism* de John Powers.

Je tiens à remercier Ani Patchèn pour avoir partagé son histoire et nous avoir ainsi offert le récit de sa vie. Tout au long des entretiens, son désir de me faire connaître et comprendre les tortures subies par le peuple tibétain n'a jamais faibli. Son courage hors du commun a constitué pour moi un modèle de force et une grande source d'inspiration. Notre rencontre a changé ma vie. Comme elle le dit souvent, je pense que « c'est notre karma qui l'a provoquée ». Ani Patchèn et moi-même espérons que ce livre trace un portrait fidèle du peuple tibétain et rend compte de la profondeur de sa sagesse spirituelle. Car la force d'âme des Tibétains et la sagesse de leurs enseignements peuvent être un modèle de compassion pour le monde entier.

A. Donnelley

Table

"L'art d'aimer"

Une vie à se dire

Jacques Salomé

Jacques Salomé illustre, en mettant en scène des êtres qui nous ressemblent, les difficultés que rencontrent les couples. Partageant les émerveillements, les enthousiasmes, mais aussi les désespoirs, les révoltes et les tâtonnements des femmes et des hommes, il nous fait part de la méthode qu'il enseigne depuis plusieurs années afin d'accéder à plus d'autonomie et de liberté. Pour rester un couple heureux qui continue à s'aimer, chacun doit être prêt à introduire des changements personnels dans sa vie.

(Pocket n°11736)

Achevé d'imprimer sur les presses de

BUSSIÈRE

GROUPE CPI

à Saint-Amand-Montrond (Cher)
en octobre 2003

POCKET - 12, avenue d'Italie - 75627 Paris Cedex 13
Tél. : 01-44-16-05-00

— N° d'imp. : 35427. —
Dépôt légal : octobre 2003.

Imprimé en France